KB077603

경기도 근현대 생활문화 Ⅱ

www.ggcf.kr

경기도
근현대 생활문화 Ⅱ

경기문화재단

이 책은 경기문화재단이

경기도의 고유성과 역사성을 밝히기 위한 목적으로 발간하였습니다.

경기학연구센터가 기획하였고 관련전문가가 집필하였습니다.

2008년 연말쯤 경기문화재단 관계자로부터 경기도사람들의 근현대 생활문화 공간을 조사해보지 않겠느냐는 제안을 받았다. 건축 전문가도 아니고, 한국 근현대사를 전공한 역사학자도 아니어서 살짝 망설였으나, 흥미에 이끌려 해보기로 작정했다. 기자 시절 지역사의 현장을 찾아 헤매던 향수 때문이었는지 모르겠다.

2009년 초에 두어 차례 예비 탐사를 갔다가 낭패감을 느꼈던 기억이 새롭다. 소략한 설명을 길잡이 삼아 찾아간 곳에서 어떤 의미 있는 취재도 하지 못했다. 돌아오는 차 안에서 프로젝트를 해낼 수 있을지 고민이 깊어졌다. 운전 못 하는 남편을 위해 직장에 휴가까지 내고 함께 나섰던 아내가 다른 방식을 고민해보라고 위로해 주었다.

누구를 먼저 찾아가고, 어떤 자료를 우선 검토할 것인지 궁리를 거듭한 끝에 일단 부딪쳐 보자고 마음먹었다. 운전과 사진 촬영은 동생(양훈철)에게 부탁했다. 마침 동생은 이직한 상태여서 시간을 낼 수 있었다. 2009년 2월부터 답사가 시작됐다. 거리가 먼 곳부터 주1회 2박3일 혹은 1박2일 일정을 잡았다.

운이 따랐다. 시·군 문화원, 향토사 연구자들, 지역 주민들은 기대 이상으로 협조해 주었다. 현장에 가지 않았다면 입수하기 어려운 증언과 옛 사진들을 상당히 확보해 돌아오기도 했다. 지금 생각해보면, 지역의 근현대사에 대한 관심이

막 시작되던 시절이라 그랬는지도 모르겠다. 물론, 순조롭게 취재가 이뤄지지 않은 곳도 많다. 10곳을 목표로 떠났다면, 보고서 작성이 가능할 만큼 성과를 얻어 온 장소는 3곳 정도에 불과했다.

2009년부터 2010년까지 경기도를 세 바퀴쯤 돌았다. 한여름과 한겨울만 피하고, 2년 동안 부지런히 돌아다녔다. 돌아보고 싶은 장소가 외져서, 내비게이션으로도 찾기 어려운 곳이 적지 않았다. 어찌어찌 찾아갔어도, 인터뷰를 거절당하거나 입증 자료가 없는 경우도 많았다. 사정이 생겨 2009년 10월부터는 운전과 사진을 후배(한영호)가 맡게 되었다. 그러나 다시 생각해도 운이 좋았다. 2년 사이 100편 가까운 보고서를 제출할 수 있었으니 말이다.

2011년 관련 예산이 삭감되어 부득이 작업은 중단되었다가 2018년에야 재개되었다. 다시 한 번 동생과 길을 나섰다. 10년 사이 경기도 사정이 꽤 달라져 있었다. 1차 작업 때만큼 운이 따르지 않기도 했다. 경기도를 최소한 한 바퀴는 더 돌아보고자 했으나 20여 곳 정도 취재를 마치는 선에서 마무리해야 했다.

보고서 양식이 정해져 있지는 않았다. 답사를 통해 파악한 내용과 자료를 검토하여 정리하면 되었다. 하지만 신문에 연재기획물을 쓰는 작업과 비슷하면서도 달랐다. 길이가 딱 정해져 있는 신문 기획물이라면 쓰지 않아도 좋았을 세세한 내용을 담고 싶다는 욕심이 생기기도 했고, 사실(史實)을 지루하게 나열해서는 안 되겠다 싶어 구성에 신경이 쓰이기도 했다.

책을 내기 위해 보고서를 다시 읽어보니 얼굴이 화끈거린다. 글맛도 밋밋하고, 충실한 역사 기록이라기에는 부족한 면이 많다. 사실, 2012년 『거기 삶이 있었네 – 경기 근현대 답사』(도서출판 글을읽다)라는 제목으로 1차 작업 보고서 가운데 35편을 엮어 펴냈다. 당시에도 비슷한 변명을 했던 기억이 난다. 다시 책을 내게 되면 원고를 모두 다시 써야겠다고 느꼈으나, 그로부터 7년이 지났는데도 손을 대지 못했다. 게으른 탓이다.

이번 책에는 그동안 작성한 보고서 120여 편 가운데 108편의 보고서를 골라 실렸다. 경기도 사람들이 살아 낸 근현대 삶의 자취를 더듬어볼 수 있다고 판단되는 장소를 최대한 찾아가 보고, 듣고, 조사한 내용을 정리했다. 보고서 수록 순서는 지역과 답사장소를 가나다순으로 실었다. 지난 10년 동안 경기도는 계속 변해왔다. 보고된 장소 가운데는 사라지거나 훼손된 곳이 꽤 된다. 지역 연구자들의 노력으로 새로운 내용이 밝혀지기도 했고, 일부 공간은 등록문화재로 지정되기도 했다.

처음에는 변화와 변동을 반영해 기록해두어야 하지 않을까 싶었다. 그러나 10년 전의 기록은 그것대로 가치가 있다는 경기문화재단 경기학연구센터의 조언을 받아들였다. 충실도와는 무관하게 보고서 자체가 이미 경기도 근현대 생활문화의 일부다. 일부 보고서 말미에 변화와 변동 상황을 짧게 기록했다가 최종 교열 단계에서 모두 삭제하고 말았다. 보고서에 쓰인 '현재', '오늘날', '지금' 따위 표현은 모두 답사 당시를 가리킨다.

보고서의 일관성과 사진에 관해서도 변명을 해 두어야겠다. 보고서가 그때그때 작성되다 보니 문체는 말할 것도 없고, 문장부호도 통일되지 않았다. 부호나마 마지막 교정에서 최대한 잡고자 했으나 놓친 부분이 많다. 사진의 경우 원 보고서에 첨부된 사진은 책에 수록된 사진보다 훨씬 많다. 선별 과정에서 부주의로 중요한 사진이 빠졌을 가능성이 있다. 독자들이 일관성과 사진 문제를 너그럽게 보아주시기를 바랄 뿐이다.

이제는 108편 보고서 가운데 일부라도 경기도 근현대에 대한 관심을 조금이나마 높이는데 기여하기를 바라는 일만 남았다. 역사적 사실과 해석 오류는 모두 견문 짧은 보고자의 책임이다.

경기문화재단 경기학연구센터 김성태 선생, 동생 양훈철과 후배 한영호에게 감사의 마음을 전한다. 불쑥 찾아온 사람에게 친절하게 좋은 정보를 알려주신 모든 분께 지면으로나마 인사를 올린다. 곁에 있다는 사실만으로도 힘을 주었던 아내, 더는 답사길 뒷얘기를 들어주지 못하게 된 아내에게는 어떻게 감사해야 좋을지 모르겠다.

2019년 12월 9일

집필자 양훈도 씀

※ 경기도 근현대 생활문화 1권과 3권의 차례는 판권 앞 페이지에 수록

13부

수원

01
수원 구천동 공구상가

답사일 : 2010년 12월 7일

수원시 팔달구 구천동 46-23 명일공구종합상사 대표 박명희 씨는 1960년대 중반 구천동으로 왔다. 박 대표는 1948년생이므로 17세 무렵이다. 고향이 수원 정자동(옛 일왕면)인 그는 10대 때 대장일을 배웠다. 그 인연으로 현재 구천동 공구상가라고 불리는 거리의 터줏대감이 되었다. 그는 구천동이 공구상가로 불리기 훨씬 전부터 수없이 많은 공장과 상점과 기술자와 상인이 구천동으로 왔다

복개천변 공구상가

명일대장간 전경

명일대장간에서 직접 제작한 각종 문배 장식

아성공업사 내부

경기고무

가 떠나는 걸 목격했다. 그는 구천동 공구상가 연합회 전 회장을 지냈다.

"구천동 공구상가의 유래요? 글쎄요. 제가 알기로는 전쟁 후에 구천동에 다양한 업종의 공장들이 들어선 걸로 알고 있습니다. 여기서 수원과 송탄 비행장이 가깝지 않습니까? 거기서 나오는 물건이 구천동으로 총집합해서 활용되었지요, 철

강남 아크릴 상회

재상 고물상 목재소 대장간 산업용품 생산공장 등등이 그때부터 자리를 잡은 겁니다. 수원이 경기도의 중심이고, 수원천변 구천동이 그런 업종의 영업에 적합했다고나 할까요."

현재 구천동 공구상가는 매교다리에서 리젠시 호텔(옛 브라운 관광호텔) 앞까

금성종합공구

대광상사

덕원상사

동신종합공구

매일공구

지 형성된 기계, 건축 관련 점포와 공장을 일컫는다. 행정구역상으로는 구천동
과 중동 일부가 해당된다. 수원천 건너 인계동이라든가 교동 쪽으로도 비슷한
업종의 공장과 점포가 있으나 이들은 구천동 공구상가라 부르지 않는다.

구천동 공구상가에 등록된 업체는 현재 68개다. 2005년 공구상가가 정식
등록될 때만 해도 96개였으나 5년 사이 28개 업체가 다른 곳으로 이전하거나
폐업했다. 90년대에는 더 많았고, 70년대에는 세는 것조차 힘들었다. "수원의
청계천이었지요. 없는 업종이 없고, 없는 물건이 없었습니다. 마음만 먹으면 못
구하는 게 없었어요. 1990년대까지 그랬다고 할 수 있지요. 삼성전자 가전 부문
이 이전해 가기 전에는 구천동에 협력업체가 즐비했습니다. 점포가 수백 개는
됐습니다."

수원천이 복개되기 전에는 수원천을 따라 공장과 점포가 다닥다닥 붙어 있었다. 하천 쪽 아랫부분을 활용해 작업장을 만들고 그 위 천변은 점포 형식으로 제방을 다 활용했다. 나중에 철제 건물이 하천을 따라 지어지고 업체들이 입주해 있다가 하천 복개가 이뤄지면서 철제건물도 철거됐다. 박 대표의 명일공구도 수원천변에 있다가 20년 전 쯤 현 위치로 옮겼다.

명일공구 안에는 가정용은 물론 산업용 각종 공구가 빼곡하다. 펜치에서부터 전동톱, 소형엔진 등이 진열돼 있다. 수입공구와 실습정비공구, 작업공구는 국내외에서 구할 수 있는 모든 품목을 취급한다. 현재 영업 중인 업종만 해도 공업, 건축과 관련된 것이라면 무엇이든지 살 수 있을 듯하다.

부광철망

"대광상회가 서병익-서상범 부자가 2대째 운영하는 곳이고, 김원소 씨네 매일공구도 오래됐지요, 신흥공구도 오래된 곳인데, 최희태 씨가 작고했고 지금은 부인 한인옥 씨가 하고 있습니다. 금성종합공구, 동신종합상사도 오래된 곳입니다. 수도배관과 부속을 전문으로 하는 업체로 오래된 곳은 신한건설이 있구요. 이화목재도 구천동에 자리 잡은 지 상당히 된 곳입니다. 한병철 씨가 하다가 작고했고 아들 한기철 씨가 하지요. 리젠시 웨딩홀 쪽으로는 덕원상사가 있군요. 원래 새끼줄과 가마니가 전문이었는데 지금은 조경자재를 전문으로 하는 업체가 되었습니다."

박 대표에 따르면 대장간으로는 명일대장간과 제일대장간이 오래됐다고

성원알곤

신흥공구

한다. 명일대장간 주인 김기철 씨(53세)는 요즘은 손을 다쳐 일을 하지 못하지만, 어려서부터 대장일을 배워 구천동에서 장인으로 성장했다. "용인에 민속촌이 생길 때 명일대장간 김기철 씨가 옛날 무기 등을 여기서 제작해서 납품했습니다. 그 후로도 텔레비전 사극용 화포, 우마차 부속품을 김 씨가 전문으로 만들기도 했습니다. 지금도 전국의 문화재를 보수할 때 경첩이라든가 문 고리장식 따위를 제작해서 보냅니다."

공작기계 업체로는 아성공업사를 꼽는다. 박 대표는 아성공업 이만식 사장이 구천동에서 50년 이상 기계공업 한 우물을 팠다고 했다. 아성공업은 정밀기계 제작과 수리가 전문이다. 아성공업에 가면 30년 이상 쓰고 있는 전동드릴을 볼 수 있다.

"구천동 황금시대는 1980년대입니다. 1990년대도 초반까지는 괜찮았는데, 중반 들어서면서 사양길로 접어들었어요. 지금은 공구업종이 공급과잉 상태지요. 수원에만 공구상가가 평동과 고색동에 있잖아요. 예전에는 수원 화성 용인 일대에서 구천동이 유일한 공구도매 상권이었습니다. 지금은 화성에만 해도 공구상가가 열군데입니다. 예전 주먹구구로 장사하던 시절에는 구천동에서 돈 많이 번 사람도 있지만, 지금은 영⋯⋯."

구천동 공구상가는 요즘 활성화 방안을 놓고 많이 고민하고 있다. "현재는 화성 행궁과 관련해서 목공예, 철공예, 대장간 등을 활성화시키는 방안을 시와 협의 중입니다. 예로부터 행궁 주변에서 공예품 생산과 판매가 성했다고 합니다. 그런 전통을 살려야 하지 않을까 싶습니다."

| 도움말 주신 분 |

박명희 수원 구천동 명일공구종합상사 대표(공구상가 상인회 전 회장)
조대영 수원 구천동 진영닥트(공구상가 상인회 회장)
윤복순 수원 구천동 명일대장간 안주인

02
농천교회

답사일 : 2010년 11월 30일

농업도시 수원, '농촌의 샘' 농천교회

한국기독교장로회 농천교회는 한자로 農泉敎會라 쓴다. 농촌의 샘이란 뜻이다.
농천교회는 전쟁 직전인 1950년 4월 1일 처음 예배를 올렸다. 당시 서울대학교

농천교회 전경 (「농천교회 60년사」 수록 사진)

동쪽 측면에서 본 농천교회 전경

농과대학 교수였던 이태현 교수를 비롯하여 현신규 교수, 그리고 이 교수가 조직한 서울농대 기독학생회 회원들이 초기 신도였다. 유서 깊은 농업도시 수원의 정신과 기독교 정신이 만나 교회를 이룬 것이다.

"우리 교회 설립은 농대교수 몇 분이 캠퍼스 선교 차원에서 시작했습니다. 당시로서는 서울 농대가 서울대에서도 수재들이 모이던 대학이었지요. 산업화 훨씬 이전이고, 말 그대로 농자천하지대본 시절 아닙니까? 이들을 복음화 시키면 전국 농촌에 기독교 정신이 샘처럼 흘러넘치게 할 수 있다, 그렇게 좋은 세상을 만들자는 게 교회를 설립하신 분들의 뜻이었지요." 정건영 현 담임목사가 들려준 교회 이름에 담긴 뜻이다.

농천교회가 2010년에 펴낸 『농천교회 60년사』 기록도 이러하다. "1950년 4월 1일 농천의 이름으로 이태현 교수 사가에서 창립 예배를 드렸다. 이 땅에 농천교회가 탄생한 역사적 순간이다. 처음 교회 구성원들은 서울 농과대학과 관계있는 이들이며, 학생들이 주를 이루었다. 이들은 모두 고향인 농촌, 농민 속으로 들어가 솟아나는 샘물처럼 그리스도의 복음을 전하고 한 알의 썩은 밀알로 살자는 의미에서 "농사 농農", "샘 천泉"- 교회 이름을 농천이라 하였다."(90쪽)

　　1971년 교회가 현 위치인 팔달구 고등동 277-1에 자리 잡기 이전에도 농천교회는 고등동 일대를 떠난 적이 없다. 서울농대에서 수원 역전으로 들어오는 길목이자 수원 농업의 또 다른 상징인 농촌진흥청에서 수원 시내로 진입하는 지점이었기 때문이다. "우리 교회 역대 장로님 절반 이상이 농대나 농촌진흥

1972년 신축

신축 당시 농천교회 사진 (「농천교회 60년사」 수록 사진)

1966년 주보 사진

청에 몸담았던 분입니다."(강준오 부목사) 농대 학생 시절 농천교회와 인연을 맺었거나, 농진청에 몸담게 된 농대 졸업생이 농천교회의 신도가 된 사례는 헤아리기 힘들 정도로 많다.

첫 예배당 자리조차 의미심장하다. 이태현 교수가 교회를 얻기 위해 교섭한 대상이 신안공사였다. 신안공사는 식민지 농촌 수탈로 악명 높은 동양척식회사의 적산을 관리하던 곳이다. 그러나 창립예배는 건물 수리가 되지 않아 이태현 교수의 개인 집에서 올렸다. 하지만 곧 전쟁이 발발했다. 피란을 갔다가 돌아와 보니 교회로 쓰려던 신안공사 소유 건물은 폐허처럼 변해 있었다. 이교수가 다시 교섭하여 얻은 자리가 고등동 268 동산농장 사무실이었다. 동척 관련 농장 사무실이 해방 후 농촌 복음화를 위한 거점이 된 것이다.

이 건물은 예전 수원 역전 육교주유소 자리였다. 역전에서 안산, 인천 방면으로 넘어가는 길목이다. 그러나 육교주유소가 도로로 편입되면서 현재 그 자취는 사라졌다. 예전 농천교회 건물은 1950년대와 1960년대 사진으로만 남아 있다. 50년대 사진을 보면 '농천 예배당'이라는 간판과 '서울 농대 기독 학생회'

라는 간판이 나란히 걸려 있다. 당시의 유물이 딱 하나 남아 있는데, 현 농천교
회 지하 성가대 연습실 구석에 놓인 오르간이다. 이 오르간에는 뚜껑에 자물쇠
가 달려 있어 당시 얼마나 귀중한 물건이었는지 엿볼 수 있다.

　"구舊 동산 농장(동양척식회사) 건물로 일제가 36년 동안 우리 민족을 수탈한
장소가 해방이 되고 역사가 바뀌어 복음을 전하는 하나님의 성전으로 바뀌었
다. 상전벽해桑田碧海라는 말이 있지만 하나님의 섭리는 우리가 알 수 없는 곳에
계셨다. 1950-1960년대의 교인들에게는 말할 수 없는 애환이 서린 곳이고 잊
고 싶은 지난 날의 상흔이 서린 교회당이었다."(『농천교회 60년사』, 134쪽.)

고 이태현 장로 사가

농천교회가 처음 시작했던 집 (『농천교회 60년사』 수록 사진)

농천교회 교육관

　　1969년 교회 신축 논의가 시작되었다. 수원시 도시 계획에 따라 일부 부지가 도로에 편입되었고, 교통 통행량이 급증하여 예배당 구실을 하기 어려웠기 때문이다. 이에 따라 고등동 227-1번지 대지 300평을 구입하고 연건평 116.5평 규모의 본당 건축이 시작되었다. 당시 담임 목회자는 백형기 목사였다. "백형기 목사도 심혈을 기울여 성전 신축 공사에 눈코 뜰 새 없이 분주하게 일하였다. 허름한 작업복을 입고 일에 몰두하는 그를 교회 목사인 줄을 몰랐던 사람들은 "그 일꾼 참 부지런하다. 저렇게 일에 빠져 사는 사람은 처음 보았다"고 혀를 내두를 정도였다."(앞의 책, 135쪽.) 농천교회 본당은 1971년 5월 12일 봉헌 예배를 올렸다.

기하학적 건축미를 구현한 본당

약 40년 전에 지어진 농천교회 본당은 남향이다. 주 출입구도 원래 남향이었다. 하지만 현재는 교회 입구에 들어서면 널찍한 주차장과 본당의 동쪽 측면이 두드러진다. 1960~70년대에 일반적이었던 교회 건축 양식이 아니기 때문이다. 교회는 현재 지하 1층, 지상 2층이다. 그러나 동쪽 측면에서 보자면 지상 3층처럼 보인다. 동서 경사를 활용하여 지하층을 두었기 때문이다.

김성환 전도사 이임 & 윤주택 목사 부임('66.2)

1966년 농천교회 사진 (『농천교회 60년사』 수록 사진)

농천교회 팻말

본당 부분은 길쭉한 스테인드 글라스 창들을 횡으로 배열하고, 각 창에는 밑이 터진 사각형 블록 형태의 돌출형 장식틀을 둘렀다. 이들 창과 틀은 일정한 간격으로 촘촘하게 배열되었기 때문에 기하학적 건축미가 돋보인다. 아래 창들도 같은 형태의 틀을 두었다. 사각 콘크리트 틀이 미색으로 칠해지고, 스테인드 글라스가 어울리면서 둔중하고 무거운 느낌보다는 오히려 경쾌한 감이 앞선다. 서쪽 측면도 마찬가지다. 더구나 사이사이 역삼각 기둥 형태의 외벽 돌출 기둥이 자리 잡아 기하학적 미에 악센트를 더한다.

본당 내부도 독특하다. 외벽 안쪽으로 양편에 기둥을 일렬로 세우고, 양편 기둥을 가로질러 보를 설치했다. 이들 기둥과 보는 드러나도록 설계되어 역시 기하학적인 건축미를 강조하였다. 벽체의 창은 이중창이다. 내창을 열면 스테인드 글라스 외창이 있다. 물론 예배당 내부는 2000년대 초반 리모델링했지만, 내부 건축양식은 그대로 살렸다.

예배당의 규모는 처음부터 현재의 규모였던 건 아니다. "처음에 본당 면적은 약 40평이었습니다. 1980년에 107평을 증축했지요. 증축할 때 초기 건물과 똑같은 형식으로 이었습니다."(정건영 목사) 교회의 대지도 1970년대 초 300평에서 계속 인근 땅과 가옥을 사들여 넓혔다. 그 결과 현재는 852평이 되었다.

독특한 교회 건축양식을 설계한 사람은 임종순 건축사였다고 한다. 해외

유학파 건축가이자 대구의 교회 장로였던 그는 종탑부에도 상징성과 건축미를 부여하는 자신만의 건축문법을 구사했다. 현재도 남아 있는 종탑부는 하늘을 향해 높아 오른 종탑에 성부 성자 성령을 상징하는 세 개의 십자가와 그 밑에 말구유를 형상화했다. 이 구유는 "하늘의 생수를 담아 이 교회에 드나드는 사람들이 영원히 목마르지 않는 생수를 마시며 이 물로 세례를 받고 정결케 되기를 염원"하는 뜻이 담겨 있다고 한다. 하지만 현재 종탑부의 십자가와 말구유는 육안으로 선명하게 드러나지 않는다. 남쪽 출입구 부분이 근처 주택과 인접해 관찰이 쉽지 않기 때문이다.

"요즘 같으면 이렇게 성전을 짓기 어렵습니다. 이런 라멘조 양식으로 지으려면 건축비가 많이 들지요. 외관은 좋지만, 실용성에서도 좀 의문입니다. 성전

농천교회 입구

농천교회 졸업생 송별 기념('56.2.26)

1950년대 중반 농천교회 사진 (『농천교회 60년사』 수록 사진)

내부 강단에서 보면 양쪽 기둥 주변이 사각死角이 되거든요. 또 내부 공간이 좁
아지기 때문에 의자를 더 많이 놓지 못하는 불편도 있지요. 창틀을 다 둘러놓아
서 외벽 청소를 하거나 도색을 한번 다시 하려 해도 손이 많이 갑니다.”

　현재 농천교회 교인은 어린이 신도 포함해서 800명쯤 된다. 이 교인이 예
배드리기에 현 본당이 좁은 건 아니다. 하지만 고등동이 재개발되어 앞으로 교
인이 늘면 예배당이 비좁아질 우려가 높다는 게 교인들의 고민이다. 고등동 재

개발로 인해 교회 마당의 북쪽 부속 건물인 친교관은 이미 보상까지 받은 상황이라고 한다.

'농촌의 샘'에서 '지역의 샘'으로

정건영 목사에 따르면 교회를 어떻게든 다시 손봐야 한다는 결정은 이미 내려진 상태라고 한다. 다만 건축방식에 대해서는 의견이 분분한 상태다. 첫째 방안은 기존 본당을 살리고, 주차장 부지를 활용해 예배당을 올려 이어 붙이는 방식이다. 즉 교회 부지가 동서로 경사 차이가 나므로 아래쪽에 넉넉한 주차공간을 두고, 그 위로 같은 양식의 교회를 짓자는 견해다. 둘째, 현 예배당은 실용성이 없으므로 아예 새 교회를 짓자는 의견도 팽팽하다. 두 번째 의견이 우세해질 경우 기하학적 건축미를 드러내면서 수원에서도 독특한 건축 양식을 40년간 간직해 온 건물이 사라질 것이다.

서쪽 측면에서 본 증축 연결부. 지하층은 후에 증축되었다

농천교회는 '농촌의 샘'이 되겠다는 설립 취지를 살리기 위해 무던히 애써 왔다. 사실 농대 학생을 중심으로 한 교회이기에 말 못 할 고민도 많았다. 한동안

본당 내부

농천교회의 별칭이 '역전교회'였다는 사실이 그 고민의 단면을 들여다볼 수 있게 해 준다. '역전교회'란 단순히 역전에 있다고 해서 붙은 별칭이 아니었다. 수많은 뜨내기가 오고 가는 역전과 같다는 의미다. 농대에 입학해서 몇 년 교회에 나오다가 졸업과 동시에 떠나는 학생들도 많았기 때문이다.

하지만 오늘날 농천교회가 직면한 고민은 본질적이다. 이미 농대는 관악으로 옮겼고, 농진청도 2012년이면 전라도로 간다. 이제는 무엇의 샘이 될 것인가. "이제는 지역의 생명 샘이 되어야 한다고 봅니다. 올 4월 60주년 기념행사를 치르면서 많은 고민들을 나눴습니다. 그 결과 이제는 세상 속의 교회, 교회 속의 세상을 지향하자고 다짐했지요."(정건영 목사)

농천교회가 수원 시내 교회 가운데 최초로 노인대학을 열었던 사실이나, 지역의 이웃들을 위해 사랑의 쌀 나누기 연탄 나누기에 적극 나서고 있는 것은

교회 초창기 오르간 사진

교회 종탑부

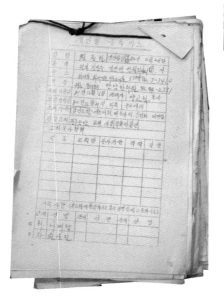
교회에 보관된 예전 등록카드

이 때문이다. 물론 농촌을 잊지 않기 위해 농촌교회들을 지원하기도 하고, 농산물 직거래도 한다. 하지만 수원이 더 이상 농업도시가 아닌 만큼 농천교회도 새로운 사명을 찾아 적극 나서는 수밖에 없을 것이다.

농천교회는 자동차를 운영하지 않는다. 교회들의 차량 운행이 보편화 되었을 때도 농천교회는 이 전통을 지켜왔다. 대형 백화점이나 마트가 고객을 저인망식으로 긁어모으는 것과 무엇이 다르냐는 성찰 덕이다. 정 목사는 온 교인이 교회 성장에 연연하지 않고 마을 안에서 마을 사람들과 함께 살아가는 것이 농천교회의 목표라고 믿는다고 했다. "교회를 새로 건축하는 방식도 지역복지와 연결 시키는 방안을 적극 구상 중입니다."

| 도움말 주신 분 |

정건영 농천교회 담임목사
강준오 농천교회 부목사

| 참고자료 |

농천교회 60년사 편찬 위원회, 『농천교회 60년사』, 2010.

03
농촌진흥청

답사일 : 2009년 8월 25일

근대농업의 발상지 권업모범장

수원시 권선구 서둔동 250번지에 자리한 농촌진흥청은 수원에 소재한 유일한
중앙정부 기관이다. 농촌진흥청의 역사는 1906년으로 거슬러 올라간다. 고종

권업모범장 표석

농진청 본관

43년인 그해 4월 일제 통감부는 당시 행정구역상으로 수원군 일형면 서둔리日荊面 西屯里였던 이곳에 '권업모범장勸業模範場'이라 명칭 한 농업기관을 설치했다. 서호천이 흐르는 너른 들판을 낀 이곳은 조선 정조대왕 이래 한반도 전통농업의 요람 구실을 했던 터여서 일제 역시 이 역사를 무시할 수는 없었던 듯하다. 이렇듯 한국 근대농업은 역사지리적 특징을 매개로 같은 장소에서 새 출발 했다고 할 수 있다.

　　이곳이 '권업모범장'이었음을 알리는 표석들이 현재 농촌진흥청 앞마당에 보존되어 있다. 농진청 정문을 지나자마자 왼쪽으로 난 오솔길을 따라가면 이들 표석을 볼 수 있다. 표석은 모두 세 개다. 가장 왼쪽에 있는 표석은 기단 위에 대를 세우고, 그 위 직육면체 화강석에 한자로 '勸業模範場'이라 음각했다. 1906년 권업모범장이 세워질 때 길 가 쪽으로 설치되었던 표석인 듯하다. 이길섭 농진청 농업과학도서관장은 "이들 표석이 원래 수원 권업모범장 자리에 있었는지는 확실치 않다. 전국의 지장支場들에도 표석이 있었으므로 그 가운데 남은 표석을 옮겨다 놓았을 수도 있다."고 말했다.

가운데 있는 표석은 마름모 기둥이다. 한쪽 면에는 역시 한자로 '勸業模範場'이라 음각되어 있고, 옆면에는 '父子講習所'로 읽히는 글자가 새겨져 있다. 하지만 윗부분이 깨져 확실히 '父子'인지는 확인하기 어렵다. 맨 오른쪽은 표석이라기보다는 흉상 또는 동상을 세웠던 대의 모양을 하고 있다. 그 위에 무엇이 있었던 흔적은 남아 있고, 대에도 글자가 있지만, 판독이 어렵다. 현재의 직원들은 누군가의 흉상이 있었던 자리라는 소문만 들었다고 증언했다. 이 도서관장 역시 "그 부분에 대해서는 확실히 모르겠다."고 말했다.

그렇다 하더라도 이들 표석이 매우 중요한 자료임을 부인하기 어렵다. 일제 통감부가 농업기술의 시험, 조사 및 지도를 위해 서둔리에 권업모범장을 세운 역사적 사실은 엄연하기 때문이다. 그런데, 권업모범장을 한국 근대농업의 기점으로 반성 없이 받아들이는 것은 문제가 있다. 한국 근대농업은 일제가 가져다 준 것처럼 오해될 여지가 크기 때문이다. 전통 농업 국가였던 조선은 끊임없이 농업의 발전을 위해 노력했고, 개항 이후에는 근대농법 도입에 적극적이었다. 예를 들어 1884년 고종은 서구농법을 도입하여 보급하기 위해 '농무목축시험장農務牧畜試驗場'이라는 모범농장을 설치한다. 오늘날 한국 농업사를 연구하는 학자들은 이 모범농장을 한국 근대농업의 효시로 친다.

농무목축시험장의 관리인은 최초의 미국사절단인 보빙사報聘使를 수행한 최경석崔景錫이었다. 민영익을 전권대신으로 하는 보빙사 일행은 1883년 9월에서 10월에 걸쳐 40여 일 동안 미국의 주요도시를 돌면서 서구문물을 견학했다. 특히 보빙사 일행은 보스턴 시에서 열린 박람회 및 월코트 모범농장(J. W. Walcott Model Farm)을 견학한 후, 새로운 농법을 바탕으로 하는 모범농장 설치를 구상하게 되었다. 1883년 12월 20일 홍영식洪英植이 미국시찰에 대한 보고와 함께 모

가장 오래된 건물의 전면

가장 오래된 건물의 측면과 후면

본관 뒤 운동장과 여기산

범농장의 설치를 건의하자, 고종은 망우리 일대의 적전^{籍田}을 주는 등 적극적인 뒷받침을 했다.

이듬해 시험장은 이곳에서 수확한 종자를, 재배법과 사용법을 소개한 해설서를 첨부하여 305개에 달하는 지방 군현에 보내 재배토록 권장했고, 1885년에는 궁중 및 외국인 거주자에게 다량의 야채를 공급했다. 또한 가축의 품종 개량, 사육 방법의 개선 및 버터 · 치즈까지 만들 수 있는 낙농업도 추진했다고 한다. 그러나 농무목축시험장은 설치된 지 3년째인 1886년 농장의 설립자이자 관리관인 최경석이 죽은 뒤, 방치되고 말았다. 그로부터 10년 뒤 통감부가 '권업모범장'을 설치한 것이다.

권업모범장은 1907년 대한제국 정부에 이양되었다가 경술국치를 당하면서 다시 조선총독부 산하가 되었다. 그해 서울대학교 농생명과학대의 전신인 수원 농림학교가 권업모범장으로 통합되어 장장이 교장을 겸하기도 했다. 권업모범장은 1929년 농사시험장으로 개편되었고, 해방되기 직전에는 농업시험장으로 개칭했다. 해방 후인 1946년엔 미 군정청에 소속된 중앙농사시험장이 되었다가, 1957년엔 농사원이 발족했다. 현재와 같은 농촌진흥청이 된 것은 1962년 4월 1일이다. 이처럼 이름과 명칭은 숱한 변화를 겪었고, 기구와 조직도 많이 바뀌었으나, 한국 농업의 근대화와 과학적 발전을 꾀한다는 기본목적만큼은 '권업모범장' 시절 이래 한결같았다. 권업모범장 표식비는 이 모든 과정을 말없이 지켜보았을 터이다.

본관과 옛 도서관 건물

농촌진흥청 정문에서 오른쪽으로 보면 두 채의 건물이 있다. 첫 번째 건물은 직원 자녀를 위한 '어린이집'이고, 두 번째 건물은 '농업과학기술자문위원단'이라는 현판이 붙은 붉은 벽돌 건물이다. 바로 이 두 번째 건물이 현재 농진청에 남아 있는 가장 오래된 건물로 꼽힌다. "그게 세종사업단 건물입니다. 본관보다 훨씬 오래되었지요. 권업모범장이 시작된 건물로 알고 있습니다." 이길섭 농촌진흥청 농업과학도서관 관장뿐만 아니라 이재수 농진청 운영지원과 시설 담당도 그 건물이 가장 오래되었다고 증언했다.

사진으로 남아 있는 일제시대 권업모범장 건물과 대조해 보면 이 건물이 예전 권업모범장 건물이 아닌 것은 확실하다. 수인산업도로변에서도 보일 정도로 농진청 담장 쪽에 가까이 위치한 이 건물은 건축형대로 미루어 적어도 본관

옛 도서관

(1960년대 초)보다 오래되었을 것으로 추정되나 정확한 건립연대는 찾지 못하였다. 도로 쪽이 현관인 이 건물의 전면은 조적조처럼 보이지 않도록 조형미를 살리고 흰색 칠을 해 놓았으나, 옆면과 뒷면은 한눈에 붉은 벽돌 건물임을 알 수 있다. 건물 후면에는 벙커처럼 보이는 부속 건물이 붙어 있는데, 지금은 화

옛 도서관 건물 벽면의 조형물

장실과 창고로 쓰인다. 벽돌 굴뚝이 뒷면에 두 개, 옆면에 하나 설치되어 있다.

농진청 본관 신축은 1958년 유엔계발계획(UNDP)의 한국농업진흥 사업의 일환으로 시작되었다. 당시 명칭으로는 농사원이다. 미국 전후복구 경제원조 조절단(USOM) 측이 설계자를 선정하여 1959년 착공해 1962년 완공한 것으로 기록돼 있다. 연면적은 6,246m^2이고 지하 1층, 지상 2층이다. 지하층은 반지하 형식이며, 전면은 모두 유리를 이어붙여 처리하였다. 좌우로 길게 지어진 본관 건물은 학교 건물을 연상시킨다. 그런데, 좌우 양측은 증축한 것으로 추정된다. 당시 같이 지어졌던 강당과 교사校舍는 철거되어 흔적을 찾을 수 없다.

새 도서관

본관 오른쪽 건물은 옛 도서관 자리다. 도서관은 1970년 완공되었는데, 연면적 2,754㎡ 지상 3층, 철근콘크리트조 건물이다. 원래 이 자리에는 1907년 지어진 2층 벽돌 건물이 있었으나 한국전쟁으로 파괴되었다고 한다. 건물은 한번에 완공된 것이 아니라 68년에 1층이 지어졌고, 70년에 3층 제 모습을 갖추었다고 기록되어 있다. 이 건물의 건축기법은 모더니즘 건축의 정결한 표현이 돋보인다. "예전 도서관은 현대 정주영 회장이 직접 진두지휘를 해서 지었다고 해요. 지을 당시 직원 2명을 미국 시찰도 보내 미국 도서관 시설을 견학하고, 요즘 말로 '벤치마킹'하도록 했지요. 그래서 영화상영관에 최신 어학훈련센터까지 갖추었지요. 그러나 농진청 기구가 늘어나면서 다른 사무실들이 하나둘 밀고 들어오면서 결국 새로 도서관을 짓기로 했지요." (이길섭 관장) 옛 도서관 건물은 현재 고객지원센터로 사용되고 있다.

새로운 도서관은 2005년 본관 앞 왼쪽에 지어졌다. 이곳 도서관은 장서 36만권을 갖추고 있어, 국내 전문도서관으로서는 가장 큰 규모다. "농진청 발간도서만 해도 연간 400권에 이릅니다. 하루 한 권이 넘지요. 62년부터 연구성과가 꾸준히 축적되어 있습니다. 논문만 6만 8천 편에 이르지요. 이 모든 자료를 디지털화해서 원문서비스를 제공하고 있습니다. 원문서비스만 하루 500명이 이용합니다."(이길섭 관장)

농촌진흥청의 미래

농촌진흥청은 1980년대 초까지 중요한 정부 기관이었다. 1990년대만 해도 대통령이 1년에 꼭 1~2차례 씩 순시하여 현황을 챙겼다. 하지만 수원 농진청을 대통령이 순시하던 관행은 2000년대 들어 사라졌다. 오는 2012년 농진청이 예정대로 전북 완주군 이서면으로 이전하고 나면 수원 시절은 자취도 없이 사라질지도 모른다.

"박흥수 장관 시절에 이곳 수원 농진청 자리를 농업박물관으로 만들어서 농업 메카로 하자는 얘기가 나왔습니다. 그래서 연구용역까지 했지요. 하지만 그 후 유야무야되고 말았습니다. 수원이 농업 도시로서 가지는 역사성 상징성을 감안하면 아무런 대책 없이 이전해 버린다는 건 말이 안 됩니다." 한국농업사학회 사무국장직도 맡고 있는 이길섭 관장은 이전 후 수원 농진청 자리에 대한 대책이 아직도 뚜렷하지 않다는 사실에 큰 불만을 표시했다. 물론 경기도와 수원시, 그리고 인근 서둔동 주민들 역시 농진청 이전 자체를 반대하고 있다.

현재까지 알려진 바로는 이전 이후 농업실용화재단을 만들어서 이곳에 둔다는 것 말고는 확정된 계획이 없다. 농업실용화재단은 2009년 9월 발족해 수인산업도로 건너 건물에 자리 잡았다. 하지만 대부분의 부지와 건물은 매각될 예정이다. 만약 매각된다면 50년 역사를 자랑하는 본관과 옛 도서관은 헐려 없어질 가능성이 높다. 이를 막기 위해 현 위치에 중부연구소를 설치하는 방안, 국립농업도서관을 설립하는 방안 등이 거론된다. "공교롭게도 관련 법률상 2012년까지 국립 농학도서관을 설치해야 합니다. 저는 바로 현 농진청 자리에 그 도서관을 설립하자는 입장입니다. 하지만 결정이 미루어지고 있습니다. 오죽 답답하면 삼성그룹과도 접촉을 해 보았습니다. '삼성농학도서관'을 만들면 어떻겠느냐고요. 삼성 측에서는 긍정적인 반응을 보이고 있습니다."(이길섭 관장)

어떤 방안이 되었든 한국 근대농업이 새 출발을 하였던 자리의 역사성은 보존되어야 한다. 이를 위해서는 현재 남아 있는 건물들에 대한 정밀한 조사가 시급하다. 농진청과 경부선 철로 사이에 있는 넓은 시험포전과 서울대학교 농

4H 운동 50주년 기념조형상

생명과학대 건물까지 포함한 광범위한 조사가 선행되어야 한다고 판단된다. 막연한 이전 반대 주장을 앞세우기보다는 실증적이고 구체적인 조사작업을 통해 설득력 있는 보전의 당위성을 제시해야 할 것이다.

| 도움말 주신 분 |

이재수 농촌진흥청 운영지원과 관리계 시설담당
이길섭 농촌진흥청 농업과학도서관 관장

| 참고자료 |

수원시사편찬위원회, 『수원시사』, 1986
농촌진흥청, 『농촌진흥30년사』, 1993
경기도, 『경기도 근대문화유산 조사 및 목록화 보고서』, 2004
기전문화재연구원, 『수원시의 역사와 문화유적』, 2000

04
북수동 성당

답사일 : 2010년 8월 31일

주교의 관 혹은 노아의 방주

화성행궁 주변 약간이라도 높은 곳에 서면 북수동 성당의 짙은 연두색 지붕이
보인다. 십자가가 서쪽을 가리키는 지붕은 배 모양을 닮았다. 성당 교인들조차

북수동 성당 현 본당

북수동 성당 옛 본당 자료사진. 현 본당의 뒤쪽 지금의 사제관 자리에 있었다

'노아의 방주' 형상이라고 믿는 이가 있다. 실제로는 주교主教가 쓰는 관冠을 본 뜬 것이라 한다. 설명을 듣고 나서 성당 앞에 서면 파사드(facade)의 상단이 주교 관 운두를 닮았다는 걸 확연히 느낄 수 있다. 연둣빛 지붕은 2010년 8월 현재 31년 풍상을 견디는 중이다. 이 성당은 1979년 4월 신축되었다.

　　공소 시절부터 따지면 성당 역사는 이보다 90년 이상 거슬러 올라간다. 수

현 본당 현관 위의 미카엘대천사 조각과 십자가
성미카엘대천사는 북수동 성당의 주보성인이며, 십자가는 옛 본당 건물의 십자가를 그대로 옮겨왔다

북수동 성당 내부

원면 남수리 황학정에 25칸 한옥을 매입하여 화양학교華陽學校와 천주당天主堂이
라는 간판을 건 때가 1890년대 초반이다. 화양학교는 구한말에 유행했던 초등
교육과정의 사설강습소였다. 왕림 본당(갓등이 본당)의 공소였던 이곳은 1897년
수원면 북수리(북수동 316번지 현 위치) 팔부자八富者 집 가운데 두 채를 사들여 이
전했다. 팔부자는 정조正祖가 신도시 화성을 흥성케 하기 위해 이주시킨 부유한
상인들이다.

　　수원 공소는 1923년 수원 본당으로 승격했다. 공식 성당 역사는 88년인 셈
이다. 수원 본당은 1932년 11월 수원 최초의 고딕 성당을 지어 봉헌했다. 고딕
성당은 식민지 시절과 일제 패망, 해방 정국과 6·25, 4.19와 5.16, 유신 치하를

거치면서 46년간 버티다가 헐렸다. 그 위에 지어진 성당이 주교관을 닮은 현 성당이다. 주교관 형상 성당도 5공과 88올림픽, 민주화 시기 등 한 세대를 지켜보았다.

과거 고딕 성당의 유물이 몇 가지 현 성당에 남았다. 정운석 북수동 성당 총회장에 따르면 주교관 성당 가장 높은 곳에 세워진 십자가가 고딕 성당 시절의 것이라 한다. "현 성당 현관 처마 모서리의 연꽃 봉오리 조각도 옛 성당의 것을 떼어 옮겼지요." 현관 위 미카엘 대천사 조각 역시 고딕 성당 시절부터 있었던 것이라고 한다. 전사戰士 복장을 한 날개 달린 미카엘 대천사가 왼손엔 칼을 들고, 오른손에 든 창으로 뱀(사탄)을 내리찍는 장면을 형상화한 조각이다. 성 미카엘 대천사는 고딕성당 시절 북수동 성당의 주보 성인으로 모셔졌다.

현 사제관. 이 자리에 옛 본당이 있었다

제대 아래쪽 성체함. 김대건 성인의 발뼈가 모셔져 있다.
북수동 성당에는 이 외에도 성인 6분의 유골이 봉안돼 있다.

관련된 흥미로운 얘기가 전한다. "미카엘 대천사가 무찌르고 있는 뱀은 곧 미신을 상징한다고 합니다. 왜냐하면 천주교 박해 당시 나라에서 무당짓을 할지언정 천주학쟁이는 되지 말라고 하는 바람에 그때부터 이 근방에 무당과 점쟁이가 많이 살았다고 하더군요."(정운석 회장) 1994년 발간된 『북수동성당 70년사』의 발간사(당시 주임신부인 장덕호(갈리스도) 신부의 글)에도 이런 표현이 있다. "그 내력은 잘 알 길이 없지만, 대천사 성 미카엘을 성당 주보로 모시게 된 것도 아마 수원 지역에 미신이 만연되어 있었음과 무관하지 않을 것입니다."

성당의 종도 고딕 성당 시절부터 울렸던 유물이다. 이 종은 고딕 성당 봉헌 이듬해(1933년) 봄 프랑스에서 건너왔다. 당시 4대 주임신부였던 심응영沈應榮 (Desideratus Polly, 1984~1950) 신부의 고향 프랑스 비비에 지방에서 보내졌다는 것이다. 1931년 5월부터 1948년 8월까지 햇수로 18년간 주임신부로 재임한 심 뽈리 신부의 삶은 그대로 성당의 역사로 기려진다. 뽈리 신부 고향에 사는 한 가난한 프랑스 신기료장수가 구입하여 보내주었다는 종은 일제 말기까지 아침 정오 저녁으로 하루 세 번 삼종을 맑게 울려 '잠자는 영혼들'을 깨우는 역할을 했다.

"일제 말기에 모든 쇠붙이를 공출할 때 이 종을 옛 우물 속에 감춰 빼앗기지 않았다고 하더군요." 그러나 공식 역사 기록은 정운석 회장의 증언과 좀 다르다. 일본인 수원 읍장이 교회 종을 떼러 왔을 때 심 뽈리 신부가 이렇게 말했다는 것이다. "우리 성당 종으로 말하면 일본의 적성국敵性國인 불란서에서 선교 목적으로 만들어져 보내온 것인데 이것마저 가져다가 대포알을 만들 만큼 일본 경제가 다급해졌다면 기꺼이 바치겠소만, 그러나 수천 명 우리 교우들에게 그 이유를 설명하자니 심히 난감하외다." 일본인 읍장은 일본의 약점을 교묘하게 물고 들어가는 뽈리 신부의 재치 있는 언변에 그냥 돌아갔다 한다.

본당 오른쪽에 있는 순교자 현양비

대형 걸개그림이 덮고 있는 교육관. 원래는 소화초등학교 본관이었다. 뒤쪽에 건물이 그대로 있다.

어느 설이 맞든지, 성당 종은 무사히 위기를 넘겼다. 지금은 1980년 11월에 낙성을 본 성당 정문 옆 새 종각 위에 자리 잡았다. 여덟 개의 철근 콘크리트 원주圓柱로 떠받쳐진 17m 높이(5층 건물 상당)의 종각은 일반 성당에서는 보기 드물다. 종각과 종탑은 성당과 붙어 있거나 바로 옆에 설치되게 마련이기 때문이다. 사실 고딕 성당 시절엔 종탑이 붙어 있었다. 그러나 지금은 이렇듯 정문 옆 현 성당사무실 위로 과감하게 대로변에 지어졌다. 흰색 원주가 높이 솟은 이 종각은 미끈하고 미려한 자태로 세인의 눈길을 사로잡는다.

고딕성당 복원 계획

몇 가지 유물이 옛 성당과 현 성당을 이어주기는 하지만 북수동 성당 교인들은 사라진 성당을 못내 아쉬워하고 있다. 플라잉 버트레스(flying buttress)와 아치와 첨탑이 웅장한 본격 고딕 성당은 아니지만, 수원에 처음 들어선 고딕식 성당이기 때문이다. 옛 사진을 보면 성당 뾰족탑 아래 한옥들이 정겨워 보이고, 성당 앞에서 기념촬영을 한 이들은 개화기 사람을 연상케 한다. 되돌릴 수 없는 그 시절에 대한 아련한 향수가 사진 속에 있다. 더구나 고딕 성당 46년은 고스란히 북수원 성당의 영욕과 발전의 역사이기에 사라진 성당이 더 아쉬울 터이다.

"그래서 옛 성당 복원 사업을 시작했습니다. 신도들이 벽돌 5만 장을 목표로 헌금을 하고 있고, 복원이 이루어지게 해 달라고 묵주기도 50만 단을 드리고 있는 중이지요."(정 회장) 1932년 성당을 처음 지을 때도 그랬다. 가난한 신도들이 한 푼을 아껴 모았다. 심 뽈리 신부는 자신을 파송한 파리 외방전교회에 기금 지원을 요청했고, 고향 프랑스의 홀어머니가 삯바느질로 푼푼이 모아 보내준 돈까지 보탰다. 건평 75평 붉은 벽돌 성당은 그렇게 지어졌다. 공사 기술자

뽈리 화랑. 소화초등학교 초기 건물이다. 석조 건물의 외양이 그대로 남아 있다.

심 데시데라또 뽈리 신부 기념비

로사리오의 길은 화성의 봉돈을 본뜬 모형이 묵주의 수만큼 놓여 있다.
신도들은 이 큰 돌 묵주를 만지며 기도와 묵상으로 이 길을 돈다.

는 중국인을 고용했지만 현장 잡일은 본당과 공소 교인들이 일정을 정해 교대로 나와 거들었다.

　복원 장소는 성당 입구에서 오른쪽 지금 성물 판매소가 있는 자리가 유력하다. 원래 옛 성당은 현 성당 뒤쪽 지금의 사제관 자리 가까이에 있었다고 한다. 원래 자리에 복원은 불가능하므로 성물판매소 자리에 복원하자는 논의가 한창이다. "복원하면 성체조배 장소로 항시 개방할 예정입니다." 성체조배는 성체 앞에서 특별한 존경을 바치는 행위다.

　북수동 성당 안 제대祭臺 뒤편에는 특이한 성체 함이 모셔져 있다. 감실龕室

안에 안치된 성체함은 커다란 황금빛 공 모양을 가운데 두고 그 둘레를 도끼를 연상시키는 특이한 방패 모양의 조형물이 보호하듯 감싸 안은 형상이다. 일반적으로 성체 함은 네모반듯하다. 제대 아래엔 김대건 성인의 발뼈가 모셔져 있고, 이 성체 함엔 그 외 성인 6위의 유골이 모셔져 있다고 한다.

북수동 성당이라는 명칭을 수원 성당으로 환원하자는 논의도 시작되었다. 원래 이곳 성당은 본당 승격 당시엔 수원 본당이라고 불렸다. 북수리 본당이라고도했으나 공식 명칭은 수원 성당이었던 셈이다. 도시 명칭에서 동 명칭으로 바뀐 것은 1959년 수원의 두 번째 성당인 고등동 성당을 따로 꾸려 내보냈기 때문이다. 이를 시작으로 1970년엔 지동 성당, 1976년엔 조원동 성당(주교좌

교육관 입구 왼쪽에 놓인 형틀. 가운데 구멍으로 밧줄을 꿰어 천주교인들을 교살하던 끔찍한 도구다.

^{성당}), 1981년엔 매교동 성당이 분당되었다. 이후에도 권선동 성당과 동수원 성당이 갈라져 나갔다. 수원의 모든 성당은 북수동 성당이 모태인 것이다. 따라서 이제는 수원 성당이라고 해도 되지 않느냐는 주장이 제기되고 있다 한다.

소화학교와 뽈리 화랑

북수동 성당 울타리 안에서 가장 오래된 건물은 현재 '뽈리 화랑'이라고 불리는 석조 건물이다. 성당 입구에 들어서서 정중앙에 보이는 건물이 교육관(옛 소화초등학교 본관)이고, 그 왼쪽 건물이 '뽈리 화랑'이다. 이 석조 건물은 1954년 6월에 지어졌으므로 2010년 8월 현재 56년 역사를 자랑한다. '뽈리 화랑'에 들어가기 전에 우선 소화학교의 약사를 살펴보자.

소화초등학교는 1934년 10월 소화강습회로 설립되었다. 설립자이자 교장은 역시 심 뽈리 신부다. 심 신부는 1932년 고딕 성당을 봉헌한 뒤 곧바로 교육 사업을 구상했다. 『북수동성당 70년사』에 따르면 지역의 문맹 어린이들에게 우리글을 가르쳐 민족혼을 불어 넣고 장차 교회의 일꾼으로 삼자는 의도였다고 한다. 폴리 신부는 마침 팔부잣집 몇 채가 매물로 나왔다는 소식을 듣고 이를 구입해 일부는 교실로, 일부는 수녀원으로 개조했다. '소화'라는 명칭은 성녀 소화 데레사의 이름에서 따왔다.(평택 서정리 성당 편 참조) 4년제 초등 과정으로 개교한 소화강습소는 정규학교에 입학하지 못했거나 가난한 어린이 150명가량을 모집하여 문을 열었다. 소화강습회는 해방이 될 때까지 2회의 졸업생 74명을 배출했다고 한다.

소화국민학교가 6학급으로 정식 인가를 받는 것은 1946년 1월이다. 교사^{校舍}도 새로 마련했다. 최상희(안토니오) 회장이 당시로서는 거금인 3만원을 희사하

고 수원읍내 유지들과 신자들로부터 20만 원을 모금하여 목조 교실 3칸을 지었다. 하지만 이 교실은 1·4 후퇴 당시 폭격으로 소실되었다. 그 자리에 1954년에 지은 석조 건물이 바로 지금의 '뽈리 화랑'이다.

1967년엔 석조 교사 옆에 9개 교실을 갖춘 학교 건물을 새로 더 지었고, 1984년엔 이 건물 4층을 증축하여 강당 등을 마련했다. 소화초등학교는 2002년 영통구 원천동으로 이전하였고, 신축 교사는 북수동 성당의 교육관이 되었다. 심 뽈리 신부가 '애주애인愛主愛人'을 교훈으로 가난한 집 자녀를 가르치려고 설립한 소화학교는 이후 수원의 유명한 사립초등학교로 발전을 거듭하였다. 소화초등학교가 배출한 졸업생은 2010년 2월 현재 총 62회 5,072명에 이른다.

소화초등학교 옛 건물들은 본디 모습을 간직하고 있다. '뽈리 화랑'이 된 1954년 석조 건물은 합각지붕에 화강암을 붙인 2층짜리다. 북측 벽면엔 직사각형 창들이 기하학적으로 배치되어 있다. 이로 인해 건물은 단아하고 가지런한 느낌을 주는 동시에 본디 층수 보다 높은 건물처럼 보인다. 남측 벽면 바깥으로 드러난 굴뚝 역시 동일한 화강암 석재를 붙여 일관성을 살렸다. 돌붙임 굴뚝은 건물에 고풍스러운 자태를 더해 준다. 내부 천장과 마룻바닥은 교실로 쓰이던 당시 그대로라고 한다.

'뽈리 화랑' 1층 3개 교실 가운데 한 방에는 심 뽈리 신부가 쓰던 유물과 당시 사진이 보전돼 있고, 다른 두 방에는 성당 마당에 심어 기르는 무려 800종의 야생화와 나무를 찍은 사진들이 전시돼 있다. 사진 속 심 뽈리 신부는 흰 두루마기 차림에 갓을 쓰고 곰방대를 든, 수염이 긴 할아버지다. 엄격함과 자애로움이 동시에 보이는 이 이방 신부의 초상은 현 본당 제대 오른쪽에도 크게 걸려 있다. 북수동 성당이 심 뽈리 신부를 얼마나 높이 기리는지 짐작할 수 있다. 북수동 성당은 심 뽈리 신부에 대한 기억과 기념을 중심으로 현재의 모습을 갖추고 있다 해도 과언이 아니다.

앞서 성당 종과 관련된 뽈리 신부의 일화를 언급했다. 『북수동성당 70년사』에는 이 밖에도 그와 관련된 일화가 많이 소개되어 있다. 이 성당 출신으로서 축사를 쓴 김남수(안젤로) 주교도, 본당 주임신부를 지낸 정덕진(루가) 신부도 엄한 뽈리 신부에게 혼이 난 어린 시절 추억을 기꺼이 들려준다. 많은 일화 가운데 두 가지만 들어보자.

일제 말 일본인 순사가 한글 교리를 가르치는 소리를 듣고 성당으로 들어왔다. 순사는 서슬 퍼렇게 일본어를 쓰라고 강요하다가 뽈리 신부로부터 오히려 훈계를 듣는 처지가 됐다. 순사는 기가 꺾였으나 그냥 물러가기엔 자존심이 상했던지 우리말(한글)이 "나쁘다"고 했다. 그러자 뽈리 신부가 맞받아 소리쳤다. "일본말 나빠! 일본말 나빠!" 이 일로 뽈리 신부는 일경의 감시대상이 되었다. 고등계 형사가 찾아와 발언의 진위를 따지자 뽈리 신부는 이렇게 말했다. "그 사람 누구한테 배웠는지 조선말 실력이 모자라다는 뜻을 '나쁘다'고 표현하길래 나도 일본말이 서투르다, 능하지 못하다는 뜻으로

한복을 차려 입은 심 뽈리 신부. 뽈리 화랑 전시

'나쁘다'고 말했을 뿐이외다. 내 말이 틀렸소?"

　해방 직후인 1945년 11월 신풍초등학교 교정에서 상해 임시정부 요인 귀국 환영 수원 시민대회가 열렸을 때 뽈리 신부는 이런 요지로 대중 연설을 했다고 한다. "나는 이 나라에 온 지가 40년이 가깝다. 이 나라는 나의 제2의 고향으로 여기기 때문에 일제 치하로부터 해방된 기쁨은 여러분 못지않게 크다. 그러나 이 기쁨에 도취한 나머지 서로 의견을 달리하고 단합이 안 되면 우리가 바라는 국가 독립 대사를 그르치기 쉽다. 들건대, 이 시각에도 무슨 무슨 정당이 수없이 난립하고 있다니 통탄할 일이라 아니 할 수 없다…."

　뽈리 신부는 수원 본당 재임 만 17년 만인 1948년 8월 천안 본당으로 발령 받았다. 거기서 6·25를 맞은 그는 8월 23일 체포되어 대전 목동 프란치스코 수도원에 수감되었다가 9월 23~26일경에 피살된 것으로 추정된다. 하지만 시신을 찾지 못하여 장례식도 치르지 못하였다고 한다. 피난을 권유하는 신도들에게 그는 이렇게 말하였다고 전해진다. "신자가 한 사람이라도 남아 있는 한 떠날 수 없다."

심뽈리 신부가 건립한 옛 성당 정면. 뽈리 화랑 전시

심뽈리 신부와 당시 학생들 기념촬영 사진

'뽈리 화랑'은 현재 교육관으로 쓰이는 소화초등학교 옛 본관과 연결되어 있다. 교육관 외관은 1960년대 초등학교 건물과 크게 다르지 않다. 그러나 지금은 대형 걸개그림이 전면을 덮을 정도로 드리워 있어 외관을 구경하기 어렵다. 교육관 입구에는 흥미로운 유물이 하나 있다. 천주교인을 박해하던 시절에 쓰이던 형구다. 가운데 구멍이 뚫린 큰 맷돌만 한 돌로서 얼핏 보아서는 용도를 알기 어렵다.

"예전 성당 사무장 이원규(시몬) 형제네 집에서 나온 거예요. 행궁 복원 사업 때문에 그 집이 헐렸는데 이런 게 있었대요. 고증해 보니 저 구멍 가운데로 밧줄을 연결해서 천주교인들 목에 걸고 잡아당겨 처형하던 기구라고 하더군요."(정원석 회장) 행궁을 중심으로 천주교인을 잡아다 고문하고 죽이던 장소가 도처에 있었으므로 그러한 형구도 남았을 것이다. 2000년 지정된 수원 성지의 중심이 북수동 성당이므로 이 형구를 여기에 가져다 놓았다고 한다.

민주화 시대의 북수동 성당

북수동 성당은 1970~80년대 수원지역 대규모 가톨릭 행사를 치를 수 있는 적지였다. 시내 중심에 위치해 교통이 편리한 데다 소화초등학교 운동장이 있어 넓은 터를 제공할 수 있었기 때문이다. 길지만『북수동성당 70년사』223~224쪽에 소개된 대표적 사례를 그대로 인용한다. 한 시대 상황에서 북수동 성당이 감당한 역할을 잘 보여주기 때문이다.

> "신심행사뿐 아니라, 1970년대 후반부터는 나라를 위한 시국 기도회 모임도 초본당적으로 북수동 성당에서 개최되곤 했다. 교통이 편리하여 우선 모이기가 용이하고, 적은 인원이 모이더라도 성당이 작으므로 보기에 그리 흉하지 않았다.
>
> 그래서 그런지 북수동 성당은 늘 경찰의 주시의 대상이 되었다. 당시 본당 주임이던 최경환 신부의 일거일동을 감시하고, 본당 회장이나 청년회 회장까지 감시를 하며 제재를 가하는 것이었다. 심지어 거리에서도 미행하며 감시했다. 수원 경찰서 형사들은 무슨 기미만 보이면 미사시간에 와서 강론을 듣고 동태를 파악하는가 하면, 본당 사무실에도 자주 나타나 정보를 수집하려 하였다. 1978년 안동교구 가톨릭 농민회 오원춘吳元春 사건 때는 조원동 주교좌 성당

십자가의 길에 설치된 14처 부조. 유럽에서 들여온 수백년 된 사암 조각彫刻이다

에서 대규모의 기도회가 있었지만 대통령 직선제 개헌을 거부한 5공화국 정권에 대한 국민적 항쟁이 최고조에 달했던 1987년 6월 26일에는 북수동 성당에서 대대적인 집회가 열렸다.

수원교구 정의구현사제단 주최로 집회가 있다는 공고가 알려지자, 수원 경찰서는 바싹 긴장하였고 서장이 직접 이명기 신부를 방문하고 최루탄 무제한 발사, 시위 원천 봉쇄 등 경찰의 강경 대응책을 통보했다.

그러나 기도회는 예정대로 6월 26일 오후 6시 이명기 신부의 주례와 수원교구 사제들의 공동 집전으로 개최되었으며 한연흠 신부의 열띤 강론은 모인 사람들을 후련하게 하였다. 이날 저녁 모인 사람은 성직자, 수도자, 평신도,

대학생, 비신자 3천여 명에 달했다.

참석자들이 기도회를 마치고 구호를 외치며 성당 대문 밖을 나서자, 그 앞에 겹겹이 진을 치고 있던 전경戰警들이 최루탄을 마구 쏘아댔다. 그래도 시위대는 산발적으로 밤 늦도록 역전까지 진출했다. 이날 거리에는 눈을 뜨고 다닐 수 없었고 상인들은 일찌감치 가게 문을 닫았다. 이튿날 아침 성당 대문 앞과 거리에는 최루탄 가스가 여기저기 허옇게 널려 있었다.

3일 후 이른바 6 · 29선언(대통령 직선제 개헌 추진 선언)이 나옴으로써 민주 국민은 마침내 승리했다.”

수원성지와 북수동 성당

2000년 수원교구장 최덕기(바오로) 주교는 수원 화성의 중심인 북수동 성당을 성지로 선포했다. 화성에서 목숨을 바친 순교자 78위와 약 2,000명으로 추정되는 수많은 무명 순교자를 현양하기 위해서였다. 천주교 박해 당시 북수동 성당 옆에서 종로사거리까지가 인근 지방에서 잡아온 천주교인들을 압송하여 고문하고 처형하던 토포청이었다.(수원 종로교회 편 참조)

천주교 수원교구 수원성지 홈페이지(http://www.suwons.net)에 따르면 현재까지 확인된 화성 일대 박해지는 8곳이다. 중영, 이아, 화성행궁, 동남각루, 남암문, 팔달문 밖 장터, 장안문 밖 장터가 그곳들이다. 이 외에도 사형터(화령전과 화서문 사이), 종로사거리(화성행궁 앞), 동장대(군사훈련장)에서도 공개처형이 이루어진 것으로 추정된다. 종로사거리가 앞서 말한 토포청이다.

수원성지 지정 이후 북수동 성당은 성당 앞마당을 묵주기도의 길로 꾸몄다. 길의 이름은 방화수주訪花隨珠 길이다. 화성을 30분의 1로 축소한 이 길은 둘

레에 화성 봉화대 모양의 봉주 로사리오(묵주)를 배치했다. 묵주 숫자만큼 놓인 돌로 깎은 로사리오를 차례로 쓰다듬으며 천천히 기도하며 도는 길이라는 의미다. 북수동 성당 주임신부이자 수원성지 전담 신부인 나경환(시몬) 신부는 다음과 같이 기도하며 이 길을 매일 밤 돈다고 한다. "오늘날에도 달맞이꽃처럼 어두운 밤을 새워가며 가느다란 희망의 끈을 붙들고 살아가는 비천한 이들을 성모님께서 돌보아 주시기를 두 손 모아 기도드립니다."

나 신부는 방화수주길과 뿔리 화랑 옆 '십자가의 길'에 야생화 800여 종을 심었다. 나 신부는 또한 미루나무에 매달아 처형된 순교자들을 기리기 위해 어린 미루나무 7그루를 마당 곳곳에 심어 가꾸고 있다. 예전에 무성했던 미루나무들은 공해에 약한 탓에 거의 사라졌고, 종로교회 쪽에 있던 순교의 미루나무도 베어 버린 지 오래기 때문이다. 특이한 점은 야생화와 미루나무 사이 잡초들도 무성하게 내버려 두고 있다는 사실이다. "잡초도 하느님이 세상에 보낸 이유가 있다. 잡초에게도 '잡초권'이라는 게 있다."는 나 신부의 생각이라 한다.

북수동 성당과 수원성지 측은 다산 정약용이 화성을 축조할 당시 천주교의 상징을 숨겨 놓았다고 본다. 그 증거를 화홍문과 방화수류정에서 찾아볼 수 있다는 것이다. 화홍문은 그 자체로 구약의 하나님과 인간의 약속의 징표인 무지개를 상징하며, 화홍문을 받치고 있는 호예수문 7개는 신약의 계약의 표지인 7성사의 의미라고 해석한다. 방화수류정은 지붕을 십자가형으로 만들고 팔각정의 기본틀을 변형시켜 서쪽에 벽을 만들어서 서벽 안에 86개의 십자가 문양을 새겨 넣은 정자라는 게 수원성지 측의 설명이다. 이는 당시 천주학을 서학이라고 한데서 비롯된 것으로 보며, 저녁 석양이 질 무렵에는 세상 어둠을 쫓는 광명의 상징으로 서벽에 새겨진 십자가들에 빛이 나도록 설계되었다는 것이다.

북수동 성당은 매달 첫 금요일에는 '달빛 순례'를 한다. 화성에서 천주교 순교와 관련 있는 16곳을 3개의 코스로 나누어 매월 한 코스씩 촛불을 들고 기도를 하며 도는 행사다. "'달빛 순례'에 참여하려고 서울을 비롯해 전국 각지에서 찾아오는 사람들이 점점 늘어나고 있습니다. 외국인들도 더러 찾아옵니다."(정운석 회장) 아울러 해마다 가을에는 순교자 현양대회를 열고 있다. 수원에서 순교한 이는 많으나 103위 시성에 든 이는 없기에, 매주 수요일 7~10시에 시복 시성을 위한 기도를 본당에서 드리는 일도 거르지 않는다.

방화수류정

| 도움말 주신 분 |

나경환(시몬) 북수동성당 주임신부
정운석 북수동성당 총회장

| 참고자료 |

천주교 북수동 성당. 『북수동성당 70년사』. 1994.
http://www.buksu.com 천주교 수원교구 북수동성당 홈페이지
http://www.suwons.net 천주교 수원교구 수원성지 홈페이지
http://sohwa.es.kr 소화초등학교 홈페이지

05
삼일중학교 아담스기념관

답사일 : 2009년 8월 18일

아담스기념관의 의미

수원의 교육 관련 근대건축물 중에 대표적인 것이 삼일중학교의 아담스기념관
이다. 수원 팔경의 하나인 방화수류정에서 수원천을 따라 조금 내려가다 보면

삼일중학교 전경

아담스기념관 정면

왼쪽에 삼일중학교가 나온다. 교문에서 마주 바라다 보이는 건물이 아담스기념관(팔달구 매향동 104-1)이다.

아담스기념관은 일제강점기인 1926년에 건립된 지하 1층, 지상 2층의 붉은 벽돌 건물이다. 벽돌과 돌이 혼합된 조적조 양식의 이 건물은 지하는 돌로 지어졌고 지상의 2층은 벽돌로 만들어졌다. 대지면적은 1,290㎡이며 지붕 네 모서리의 추녀마루가 처마 끝에서부터 경사지게 오르면서 지붕의 중앙 정상점에서 합쳐지는 우진각지붕 모양이다. 2001년 1월22일에 시도기념물 175호로 지정됐다.

팔달산에 우뚝 솟은 서장대(화성장대)가 바라보이는 곳에 위치한 이 아름다운 건물은 한국전쟁의 와중에서도 살아남아 80여 년을 수원 교육의 산실 역할을 해왔다. 수원

아담스기념관 옆면

지역에 세워진 기독교 선교학교 (mission school) 중에 초기의 건물이 남아있는 곳이 많지 않은 상황에서 아담스기념관은 지역의 교육역사를 증언하는 귀중한 자료다.

삼일학교의 역사

양지용 삼일중학교 교감은 삼일중학교가 "올해로 107년이 된 학교이며 처음에는 초등과정을 가르치는 야학 비슷하게 시작해서 나중에 중학교로 인가를 받았다"고 했다. 대한제국 말 수원지방에 감리교가 들어오면서 수원과 남양 지역의 교회들이 많은 남녀 교육기관을 설립함으

아담스기념관 뒷면

아담스기념관 머릿돌

로써 이 지역의 근대화에 많은 공헌을 했다. 삼일학교는 이 같은 감리교회의 교육사업으로 시작된 교육기관이다. 설립 당시의 기록이 현재 남아있지 않은 탓에 학교 태동의 정확한 연도는 알 수 없다. 『수원시사』에는 1902년으로 기록

아담스기념관 2층 창호위의 건물명 석판

아담스기념관 현관 포치

되어있고 『삼일학원 80년사』와 『수원시의 역사와 문화유적』에는 1903에 시작된 것으로 나온다. 『삼일학원 80년사』는 개교 당시 학교 뒷집에 살았던 이규성 씨의 증언에 따라 설

럽시기를 기록하고
있다.

삼일학교는 수
원군 북부면 보시동
에 있는 북감리교회
(현 수원종로감리교회)에
서 학교사업을 시작
했다. 현재의 위치는
북수동 116번지이며
당시에는 약 800평
의 부지를 점유했다.

삼일학교 설립 당시의 학당집 자리. 현 북수동 116번지

아담스기념관 지붕

아담스기념관 굴뚝

설립 당시에는 별도의 교사 건물이 없이 예배당에서 수업을 받았으며 건물은 8 칸 규모의 초가를 개조한 것으로 남자 3명과 여자 4명의 학생을 받아 '매일학교'라는 이름으로 시작됐다. 학생들은 책·걸상도 없이 맨바닥에서 공부했다.

삼일학교는 초기에 소학당이라고 불렸는데 이는 당시 법령에 의해 설립된 정규학교가 아니라 고장의 애국지사들이 구국운동의 일환으로 교육의 중요성을 강조하며 설립한 사학이었기 때문에 학당의 명칭을 소학교가 아닌 소학당이라 한 것으로 보인다. 교육만이 기울어져 가는 국권을 회복하는 유일한 길이라는 것을 깨달은 지역의 유지와 미 감리회 선교사들이 힘을 합해 삼일학교를 세웠으며 학제도 학년도 교과서도 없이 시작한 수원 최초의 교회 교육이었다.

초대 학장이자 최초의 교사인 이하영 씨는 한문을 많이 공부한 한문학자였으므로 한문 실력으로 졸업을 인정했다. 개교 후 4년간 한문 서당식으로 교육을 하다가 1909년에 20명의 제1회 졸업생을 배출했다.(교지 삼일-개교 100주년 기념호) 삼일중학교는 2009년 현재 제63회 졸업생 배출했는데 이는 1946년 12월 12일 미 군정청에 의해 초급중학교 승격 인가를 받았기 때문이다.

삼일학교는 1909년 대한제국 정부로부터 정식으로 학교 설립인가를 받았으나 한국이 일본의 식민지가 되어 1915년 일제로부터 설립인가를 다시 받아야 했다. 일제는 1915년 3월, '개정사립학교 규칙'을 공포하여, 일제의 식민통치를 어렵게 하는 정치나 종교에 관한 교육을 할 수 없게 하였다. 이에 대해 사학들은 거세게 반발했고 일제의 무단통치에 저항하는 전위가 되어, 마침내 3·1 운동으로 전국에 확산되기도 했다.

삼일학교의 삼일은 '삼위일체'라는 뜻을 담은 것으로 기독교의 '성부·성자·성신'의 삼위가 일체가 된다는 뜻이다. 이 삼일은 1919년의 3·1만세운동과 공교롭게 맞아떨어지기도 했다. 이런 이유로 삼일학교는 교명을 빼앗기는 수모를 겪기도 했다. 일제는 기독정신과 독립정신을 말살하려는 의도로 강제로 학교 이름을 바꾸게 했다. '제3차 조선교육령'에 의해 삼일학교는 1940년 교명을 팔달심상소학교로, 삼일여자보통학교는 매향여자심상소학교로 개칭했다. 이런 개명의 배경에는 수원에 있는 일본인 학교였던 수원공립심상소학교(매산초등학교 전신)의 우월성을 부각하기 위해 일인학교는 큰 지명인 수원을, 한국인학교는 낮고 작은 지명인 학교 소재지 동명을 붙이되 남녀삼일학교가 같은 동이므로 남학교를 팔달로 한 것이다. 잃어버렸던 학교의 이름은 해방 후인 1946년

아담스기념관 지하층 내부

아담스기념관 지하층 방

1월에야 되찾을 수 있었다.

현재 삼일학원은 삼일중학교 삼일상업고등학교 삼일공업고등학교로 이루어져 있다. 거주인구가 도시 주변으로 빠져나가는 도심 공동화 현상으로 인해 학생 수가 줄어들고 있는 삼일중학교에는 매산, 신풍, 남창초교 학생들이 주로 진학하고 있다. 학교 건물은 총 4개 동이며 학생 수는 680명, 교사는 총 46명, 학년별 6학급씩 총 18개 학급 규모이다.

아담스 홀(Adams Hall)

삼일학교가 현재의 위치인 매향동으로 이전한 것은 1923년 11월 2일이다.(건물 머릿돌에 1923년이란 건립연도가 새겨져 있다.) 당시 주소인 수원군 수원면 북수리 110-1 번지에 근대식 교사를 신축했는데 이것이 삼일중학교 내에 있는 '아담스 홀(아담스기념관)'이다. 아담스기념관(NORTH ADAMS MEMORIAL)이 신축되면서 삼일학교 학생들은 23년간의 가교사 생활을 청산하게 되었다. 아담스기념관은 기독교의 박애博愛정신을 바탕으로 한 미국 아담스(Adams) 교회 신도들의 온정으로 신축되었기에 이를 기념하기 위해 이름 붙여졌다고 한다.

수원지방 감리사監理師였던 노블(W. A. Noble) 목사는 삼일학교가 설립 초부터 교사校舍도 없이 중포산 기슭의 교회 건물에 더부살이하며 고통을 겪는 딱한 사정을 아담스 교회에 호소했고, 교인들이 교사의 건립기금으로 2만 달러를 노블 목사를 통해 삼일학교 측에 전달했다. 당시 교사의 신축 설계는 미국 아담스 교회 선교부에서 했으며 공사는 중국인 왕영덕王永德이 맡았다.

아담스 홀은 잘 다듬은 화강석을 쌓아 기단부를 형성하고 붉은 벽돌로 벽과 구조체를 쌓았으며 기와로 지붕을 이었다. 기단부에는 실내 마룻바닥 하부의 통기를 위한 환기구를 냈고 1·2층 벽체에는 세로로 된 긴 직사각형 형태의 창을 내었다. 창의 개구부開口部에 가로 놓여 벽을 지지하는 수평재인 인방引枋의 경우 창문 상인방은 약간 굴곡이 있는 아치 형태로 처리됐으며, 하인방은 흰색 인조석으로 만들어 적벽돌 벽체와 대비를 이루었다. 그리고 창틀과 창은 모두 목재로 만들었다.

황춘호 씨(삼일중학교 행정실 시설담당)는 "아담스기념관이 문화재가 된 이유는 목재보다도 적벽돌 건축방식이 가치가 있어서 그렇게 됐다"고 한다. "이러한 건축물은 이곳과 안산에 또 하나가 있다. 현재 이와 같은 방식으로 지은 건물이 별로 남아있지 않기 때문에 보존 가치가 높은 것으로 알고 있다. 이곳은 미장방식도 다르다. 미장에 쓰인 반죽은 회반죽인데 이 회반죽이 화성축조방식과 동일한 방식이다. 예전에는 담쟁이덩굴이 벽 4면을 전부 덮고 있었다. 외관이 참 예뻤는데 덩굴의 뿌리가 벽을 파고들어 간다고 제거해달라고 그래서 모두 걷어냈다. 지금은 덩굴의 밑둥만 남아있다."

벽면에 커다란 직사각형의 형태로 오목하게 들어간 부분이 건물의 벽마다 눈에 띄는데 학교 관계자들은 하나의 건축양식이었던 것으로 추정하고 있다. 그 형태가 마치 대형 걸개그림을 걸도록 되어있어 그곳에 현수막을 걸기도 했다고 한다. 벽돌을 쌓는 방식도 요즘의 건축방식과 다르게 되어있으며 벽돌의 길이도 요즘 것보다 길다.

건물의 특징 중 가장 특이한 것은 현관이 건물 정면 중앙에서 오른쪽으로 치우쳐 있다는 점이다. 출입구 부분의 벽체는 상·하층 모두 밖으로 돌출된 형태를 띠고 있는데 2층 지붕 부분을 커다란 박공으로 처리했다. 현관 바로 위에는 벽에 물린 좁은 지붕인 눈썹지붕을 달아 포치(porch, 건물의 입구에 지붕을 갖춘 형태)를 형성했는데 1988년에 포치를 평슬래브 형태로 바꾸고 창문은 외부로 면한 쪽에 흰색 플라스틱 섀시를 달아 이중창으로 만드는 공사를 했다. 1층 내부에 강관 기둥을 설치하여 보강하였으며 1997년에는 건물의 안전도와 물방울이 맺히는 결로현상의 원인을 찾아내기 위한 정밀 안전진단을 실시한 바 있다. 현관을 비대칭적 형태로 만든 이유에 대해서는 학교 관계자들도 알 수 없다고 했다.

건물 내부 바닥은 1·2층 모두 마룻바닥이며 목조계단이 설치되어 있다.

1998년에 실내 상·하층 모두에 수세식 화장실을 새로 만들었다. 지하실은 석조로 되어있다. 한여름에도 시원하지만, 습기가 많이 차서 바닥에 늘 물이 고인다. 창문이 얕아서 비가 많이 올 때는 밖에서 비가 들이친다. 이 때문에 현재는 활용하지 못하고 비어있는 상태다. 지하실 천장은 나무판자형식으로 되어 있으며 천장 높이는 동양인 키에 맞춘 듯 낮다. 양지용 삼일중학교 교감은 과거 일본 경찰이 이곳에서 사람들을 고문했다는 얘기도 들었다고 했다. 지하층은 이후 농구부실로 쓰이기도 했다.

"이 건물의 또 다른 특징은 지붕의 재질이 함석으로 되어있는 것이다. 지

아담스기념관 1층의 도서관

아담스기념관 2층 시청각실에서 학생들이 공부하는 모습

붕의 형태는 우진각지붕으로 경사진 지붕면에 환기를 위한 작은 삼각형의 창을 낸 모습이다. 이 건물 지붕트러스는 목재로 되어있는데 2007년 70여 년 만에 전체를 해체했다. 복원은 수원시 문화재과에서 주관했다. 문화재 기능장들이 지붕 해체를 해서 썩은 목재는 교체했다. 목재보 2개에도 보강하는 철골구조를 했다. 목재가 썩으면 주저앉을까 봐 안에 목재를 둔 채 철골로 쌌다. 기와는 옛날 모습을 살리기 위해 중국에서 배편으로 가져와 설치했다. 함석 밑에는 고무판을 양쪽으로 댔다. 비가 오면 아래로 빗물이 흐르지 않게 하기 위해 그렇게 설치했으며 물이 스며도 홈통을 타고 흘러내려 오게 했다. 아래 건물이 목재로 되어있어 빗물이 스며들면 안 되기 때문에 최대한 목재를 보존하기 위해 그렇게 했다. 관련자료 사진은 수원시 문화관광과로 모두 보냈다. 그리고 현재의 화단은 언제 만들었는지 모른다."(황춘호 삼일중학교 행정실 시설담당)

이 건물은 현재 수원 관광투어 코스에 있는 관광기념물이다. "기념물이 아니면 헐어야 했는데 보존하느라고 운동장이 찌그러진 모습이 되었다. 그리고 학교의 다른 건물도 문화재에 형태를 맞추려고 지었다. 1940년 새 교사校舍인 고 최태영 기념관을 건립할 때까지 교실과 사무실로 사용하였으나 이후에는 삼일중학교의 본관本館으로 교장실과 교무실, 채플실, 기도실 등으로 사용했다. 한국전쟁 때는 네덜란드군이 주둔해 막사로 사용하기도 했다. 그때의 인연으로 지금까지 네덜란드 참전군인회에서 학생들에게 상을 준다. 시상식에는 네덜란드 대사나 상무관이 나올 경우도 있다. 건물을 버려둘 수가 없어서 지금은 도서관으로 쓰고 있다."(양지용 삼일중학교 교감)

| 도움말 주신 분 |

백일현 삼일중학교 교장
양지용 삼일중학교 교감
황춘호 삼일중학교 행정실 시설담당

| 참고자료 |

『삼일학원 80년사』, 학교법인 삼일학원, 1983
『경기도 근대문화유산 조사 및 목록화 보고서』, 2004
『교지 삼일-개교 100주년 기념호』, 삼일중/삼일상업고등학교/삼일공업고등학교, 2003
『수원시의 역사와 문화유적』, 기전문화재연구원, 2000

06
선경직물 공장과 최종건 가옥

답사일 : 2009년 8월 11일

선경 직물의 탄생과 최씨 일가

SK 그룹은 자신의 모태인 선경 직물회사 창립을 1953년으로 간주한다. 그 해 4월 8일 회사가 설립되면서 대표이사 최종건崔鍾建 사장이 정식으로 취임했기 때

최종건 가옥 전면

최종건 가옥 대문

최종건 가옥 측면

문이다. 하지만 선경직물鮮京織物이라는 회사는 일제 강점기에도 존재했다. 이미 1930년대에 선만주단鮮滿綢緞과 경도직물京都織物이라는 회사가 합자해서 선경 직물 주식회사를 설립했다. 선만주단은 조선에서 직물을 생산해서 만주 일대로 수출하던 회사였고, 경도직물은 일본 교토를 근거지로 한 직물회

최종건 가옥 정원. 2005년까지 이 자리에 1960년대 지어진 2층 양옥이 있었다.

사였다. 선만주단은 공장부지와 건물공사비를 투자하면서 '선경'의 앞글자 '선'을 내놓은 셈이고, 경도직물은 직기를 현물출자하면서 뒷글자 '경'을 내놓은 폭이다.

그러므로 '선경'의 '선'은 원래 '조선'을 의미하지만, '경'은 조선의 서울, '경성'이 아니라 일본의 옛 서울, '경도'를 뜻한다. 원래 일본인 기업이던 '선경'이 해방 후 한국인 손에 넘어와 중견업체로 발돋움할 무렵 이 문제가 제기되었다고 한다. 회사 상호에서부터 '왜색'이 아니냐는 지적이었다. 그러나 선경을 일으킨 최종건은 한마디로 딱 잘랐다. 그에 따르면 '선경'은 '조선의 서울'이라는 뜻으로 변했으므로 아무 문제가 없다는 것이다. 오히려 그는 '선경'이라는 상호에 큰 애착을 가졌다. 1962년 선경이 국내 최초로 직물을 홍콩에 수출하게 되었을 때 최종건 사장은 '선'과 '경'의 이니셜(initial)을 'S·K'라고 자랑스럽게 박아 넣도록 했다. 오늘날 대한민국 재계서열 3~4위권인 SK가 최초로 배태되는 순간이었다. (선경의 공식적인 기록인 〈선경40년사〉는 '선경'을 빛날 선, 클 경, 즉 크게 빛날 선경이라고 해석한다.)

일본 회사 선경은 탄생 초기부터 최씨 일가와 깊은 관련이 있다. 본사를 경성부 종로1정목(현 청진동) 33번지에 둔 선경은 1941년 10월 수원읍 대평정大坪町 4번지에 공장부지를 매입했다. 즉 지금의 수원시 권선구 평동 4번지 일대 선경직물 공장 자리다. 매입 과정에서 중개에 나선 사람이 최종건의 부친 최학배崔學培다. 그는 수원읍내 부자 차철순車哲舜을 설득해 1만 2천 평을 팔도록 했다. 그의 끈질긴 중개로 선경과 차철순은 땅을 공동명의로 등기하는 조건으로 계약이 성사되었다.

수성 최씨隋城 崔氏인 최학배는 원래 팔탄면 사람이다. 그는 21세에 전주 이씨(이름 同大)와 결혼하여, 안용면 평리安龍面 坪里 7번지로 이주했다. 안용면 평리는 후에 수원읍 대정목이 되었다가, 지금의 수원시 권선구 평동이 되었다. 그는 벌말(평동)에 '대성상회'를 차리고 수원 잠업시험장을 상대로 볏짚과 왕겨를 납품하기도 하고, 인천의 미곡취인소米穀取引所와 거래하는 미곡상을 하면서 재산을 모아 알부자 소리를 듣는 자작농이 되었다. 그가 1926년 1월 30일 얻은 첫 아들이 종건이다. 최학배는 모두 8남매를 두었는데, 훗날 종건의 뒤를 이어 선경의 회장이 되는 종현鍾賢은 1929년 11월21일생이다.

최종건은 서당에서 한문을 배우다가 뒤늦은 나이인 10세에 수원 신풍심상소학교新豊尋常小學校에 들어갔다. 개구쟁이였던 종건은 4학년을 유급하여 1년

늦게 졸업한 뒤, 서울의 경성 직업학교 기계과에 들어가 1944년 졸업했다. 그는 졸업하자마자 아버지와 선경 직물의 인연 덕에 선경 직물 주식회사 수원공장 공무부 견습기사로 입사하였다. 그 무렵 선경 직물은 전시 생산계획에 따라 군복 안감인 '견직 시루빠(絹織 silver)'를 생산하고 있었다. 1943년 봄부터 조업에 들어간 선경 직물은 제1공장과 제2공장에 직기 각 50대씩을 가동하고 있었고, 종업원이 남녀 합해 200명 규모였다고 한다. 당시 수원에서는 직물공업이 꽤 발달해 있었다. 선경직물 외에도 선일직물, 소화직물, 수원직물, 홍원직물 등 여러 공장이 조업 중이었고, 나염 공장까지 있었다고 한다.

최종건이 선경 직물에 입사하고 몇 달 되지 않아 조선총독부는 기업 정비령을 내렸고, 이에 따라 선경 직물은 조선 직물 주식회사에 통합 흡수되었다.

선경직물 공장에서 가장 오래된 건물

이 조치로 수원에는 매산정의 선일직물과 대평정의 선경직물, 세류정의 동흥직물 정도만 남아 조업을 계속할 수 있었다. 그해 9월 조선직물은 동흥직물을 조선직물 본사로, 선일 직물은 조선직물 제1공장으로, 선경 직물은 제2공장으로 개편하였다. 이때 부임해온 제2공장 공장장 스즈키 사부로鈴木三郎가 최종건을 생산부 제2조장으로 발탁했다. 불과 입사 6개월 만이었다.

최종건은 18세 소년에 불과했지만, 체구가 크고 주먹이 세며 통솔력이 강했기 때문이다. 그의 싸움 실력은 수원 읍내에서도 알아주었다고 한다. 또한 그는 자신이 나고 자란 벌말 출신 기술자와 직공들을 휘어잡는 카리스마가 있었다. 그가 해방 후 선경 치안대를 조직할 수 있었던 것도 그 덕분이었다고 할 수 있다. 해방 후 일본인 기술자들이 떠났으나, 그는 자신을 따르는 벌말 사람들을 중심으로 선경 직물 공장을 지키며 가동을 계속해 나갔다. 1945년 12월 최종건은 선경 직물 수원공장 생산부장으로 승진했다. 주인이 사라진 선경 직물은 6·25 전까지 그런대로 직물을 생산했다.

공장 내 최고最古 건물

현재 선경 직물 수원 공장에는 식민지 시대 것으로 추정되는 건물이 딱 한 채 남아 있다. 공장 정문 왼쪽 구석에 있는 작은 단층 건물이다.

최종건 회장의 부친 최학배 공과 모친 이동대 여사.

선경직물 사무실 건물 전면

목조 기와집인 이 건물은 1944년 지어진 것으로 추정된다. 현재는 사용되지 않는다. 일부 직원은 이 건물이 일제시대 공장 건물 가운데 한 동이라고 했으나, 공장으로 사용하기에는 협소하다. 후술할 수원공장 사무실이 1950년대에 지어지기 전 사무실로 사용되었던 건물로 추정된다. 최종건이 선경 치안대장을 할 때도 이 건물이 사무실 역할을 하지 않았을까 싶다. 어쨌든 이 건물은 사무실이 지어진 후에는 선경 직물에서 생산한 원단을 판매하는 소규모 제품 영업장으로 활용된 듯하다. 현재 선경 직물 공장을 관리하는 이강충 관리소장은 "최 회장의 어머니 이동대 여사와 부인 노순애 여사가 여기서 제품을 직접 판 시기도 있었다고 들었다."고 했다. 최종건은 1949년 노순애盧順愛와 결혼했다.

6·25 당시 인민군은 직물공장을 본부로 사용했고, 그의 집은 인민군 사무실이 되었다. 최종건은 일단 피신했으나 8월 체포되었다. '선경 직물공장 생산부장으로 재직하면서 자본가의 앞잡이가 되어 노동자를 착취하기 위해 신성한 노동운동을 방해하고 제지했을 뿐 아니라, 평동 대동청년단 단장과 태백문화동지회 부회장을 지내면서 경찰 앞잡이로 선량한 인민을 투옥 감금하고 탄압'한 혐의였다. 그가 극우단체인 대동청년단과 태백문화동지회에 관계했던 것은 사실이다. 하지만 노동운동을 탄압했다는 증거는 없었다. 그는 이러한 혐의로 처형을 당하기 직전 예전에 자신이 선경공장에 취직시켰던 동네 후배가 풀어주는 바람에 가까스로 도망칠 수 있었다고 한다.

중앙사무실 출입문

중앙사무실 벽에 걸린 최종건 회장 사진

이후 그는 마산으로 피난하여 카바레를 운영하기도 했다. 수원으로 돌아와서도 교동의 한 직물공장 자리를 빌려 '문화 카바레'를 열었다는 기록도 있다. 카바레는 꽤 수입이 좋았지만, 그는 선경 직물을 재건하기로 마음먹었다. 그러나 공장은 거의 폐허로 변해 있었다.

'최종건은 매일같이 아침이면 시내로 나가기 전에 폐허가 된 선경 직물공장을 한 바퀴씩 휘 돌아보곤 하는 것이었다. 어떻게 공장을 살려보는 방법이 없을까 해서였다. 그는 때때로 잿더미를 헤치고 불 맞은 직기의 부품을 하나하나 조사해보기도 했다. 본래 설치되었던 1백여 대의 직기 중에서 일부 쓸 만한 뼈대를 고르고 크고 작은 부품을 잘 추리면, 10대 내지 15대 정도의 직기는 재조립이 가능할 것 같았다. 그리고 폭격을 면한 기숙사를 공장으로 개조하면 그 안에 20대 정도의 직기는 넉넉하게 들여놓을 수 있을 것 같았다. '그래! 다소의 고생은 될지 모르지만 이 공장을 새로 한 번 살려보자!' (전범성, 〈실록기업소설 선경창업 비화 최종건〉, 141쪽)

이후 카바레를 정리한 최종건은 동네 후배들을 모아 공장 잔해를 정리하여 손수 녹슨 나사못 하나까지 닦았다고 한다. 그때가 1953년 3월이다. 부서진 공장은 벽돌 한 장 한 장을 긁어모아 임시로 꾸몄다. 이러한 작업 끝에 잿더미 속에서 20대의 직기를 재조립하는 데 성공했다. 〈선경40년사〉는 당시를 이렇게 요약하고 있다.

'20대의 직기에서 하루에 생산해낼 수 있는 인조견은 6백 마, 직기 자체가 기모도식木本式이라는 명치 38년형 구식인 데다가 직기 부품도 제 부품이 아닌 것을 이것 저것 두들겨 맞춘 것들이어서 처음에는 생산성도 떨어지고 품질도 만족할 만한 것이 못되었다. 그래도 당시의 인조견은 짜내기가 무섭게 잘 팔려

나갔다. 국내 모든 섬유공업시설의 67퍼센트가 피해를 당해 생산이 절대수요를 따를 수 없었기 때문이다.' (85쪽)

최종건은 인근 공장에서 가동을 중단한 헌 직기를 사다가 재조립하여 직기를 늘려나갔다. 마침내 1953년 8월 최종건은 귀속재산인 '선경 직물공장'을 매수계약을 정부와 체결하고 1956년 3월 매수대금 잔액 전부를 일시에 납부함으로써, 자본금 5백만 원 규모의 선경 직물 주식회사를 공식적으로 출범시켰다. 최종건은 그보다 앞선 1955년 5월 대표취체역 사장에 취임했다.

수원공장 사무실과 잿더미에서 쌓아 올린 공장

현재 선경 직물 공장에 남은 건물 가운데 두 번째로 오래된 건물은 정문에서 정면으로 보이는 사무실 건물이다. 그런데, 이 건물이 언제 지어졌는지는 확실치 않다. 2004년 이곳을 조사했던 성균관대 팀(조사자 : 윤인석)은 이 사무실이 1959년 건립되었다고 기술하고 있다. 이 기록에 따르면 '1953년 고 최종건 초대회장이 이곳에서 사업을 시작하였'다는 서술과 '1950년대 말의 건축기술을 짐작할 수 있는 건축물'이라는 모순된 서술이 동시에 보인다. 하지만 〈선경40년사〉에는 이 건물 사진에 1953년 당시에도 존재했다는 설명이 붙어 있다. 아쉽게도 〈선경40년사〉 본문이나 SK 그룹 홈페이지(www.sk.co.kr)의 연혁에는 이 건물의 건축연대가 등장하지 않는다. 다만 제1공장 복구 시점만이 1954년 3월로 명기되어 있다. (정확한 건축시점을 입증할 수 있는 자료 수집이 요청된다.)

"일제시대 건물에서 이곳으로 사무실을 옮겨 최 회장께서 집에도 못가시고 집무를 보시던 곳이라고 들었습니다." 이강충 관리소장의 증언으로 미루어 이 사무실 건물은 1950년대 중반 선경 직물의 본부 구실을 했다는 사실만은 분명한 듯하다. 일제시대 관공서(면사무소)를 연상케 하는 사무실 건물은 상자형 현관에 기와지붕을 얹은 2층 건물이다. 1층 현관을 지나면 중앙에 넓은 업무실이 있고 응접실과 별실이 별도로 설치되어 있다. 뒤편 계단을 통해 2층으로 올라가면 중앙은 홀이고 오른편으로 사장실과 별실이 따로 있다. 앞쪽 창을 열고 나가면 제법 널찍한 발코니가 나오는데, 1층 입구의 상부에 해당한다. 건물의 각 부분은 세심하게 먼지처리 장치까지 설치해 놓아, 공들여 지은 건물임을 알 수 있다. 외벽은 흰색 타일로 외장을 했으나 실제 이 건물은 벽돌을 쌓아 지은 조적식이다.

사무실 옆 건물은 1954년 3월 재건한 제1공장이다. 물론 2009년 현재 예전 모습은 남아 있지 않다. 하지만 제1공장을 재건할 당시의 일화는 전한다. 이미 1953년 5월부터 인조견 안감 생산을 시작한 선경 직물에서는 2교대로 공장을 가동 중이었다. 그런데, 야근조는 아침 교대 전에 무조건 벽돌 100장씩 깨놓고 퇴근해야 한다는 규칙이 있었다. 폭격으로 부서진 옛 공장 터에서 벽돌을 떼내어 손질한 후 이를 쌓아 제1공장을 재건해야 했기 때문이다. 이 벽돌 100장 깨기 작업은 1년 내내 계속되었다고 한다. 그 와중에도 최종건 사장은 수원의 폐업한 직물공장들을 돌며 버리는 직기를 사 모았다. 최 사장과 사원들은 이 직기들을 일일이 손질해 재가동함으로써 생산 규모를 늘려나갔다. 한쪽에서는 제1공장 벽돌담을 쌓는 한편 임시로 판자 가건물을 세운 제2공장 터에서는 직기 조립이 이어졌다. 선경 직물에서 생산을 시작한 '닭표 선경 안감'이 없어서 못 파는 상황이었기 때문이다.

최 사장이 선경을 재건하면서 최초로 동대문시장에 출하한 제품이 '닭표(Rooster) 안감'이었다. 당시 선경의 기술로는 겉감은 짤 형편이 되지 않아 안감 생산에 주력할 수밖에 없었는데, 선경의 안감은 이른바 '지누시(地主 : 줄거나 늘어나는 것을 방지하기 위해 재단 전에 물에 한 번 빨아 다림질을 하는 것)'를 하지 않고도 재단이 가능한 유일한 안감이었다고 한다. 다른 직물공장 안감들은 빨면 줄어드는 경향이 있었으나, 선경 닭표 안감은 열처리가 잘 되었기 때문에 그럴 염려가 없었다. 따라서 동대문시장을 석권한 것은 물론이다. 선경의 닭표 안감은 1955년 10월 열린 해방 10주년 기념 산업박람회에서 인견人絹부문 최우수상을 받는 등 50년대를 풍미했다. 가짜 닭표가 등장할 정도였다. 그러나 선경은 가짜 단속보다는 철저한 제품 관리와 새로운 상품 개발에 치중했다.

"당시 최 회장님은 여기 중앙 집무실 2층에 목침대를 갖다 놓고 주무셨다고 해요."(이강충 관리소장) 손수 직기 고치랴, 공장 재건하랴, 서울 동대문으로 시장 상황을 돌아보랴 몸이 열 개라도 모자라는 형편이었기 때문이다. 최 사장이 정력적으로 이끈 선경 직물은 1955년 여름 2차 증설을 완료하고, 그해 겨울에는 겉감을 짤 수 있는 문직기紋織機를 도입하여, 이듬해 봄부터는 본견本絹(양단) 생산에 들어갔다. "제가 들은 바로는 중앙 집무실 1층에서 2층으로 올라가는 계단을 따라 양주병을 죽 늘어놓으셨다고 해요. 집에 들어갈 시간이 없으니까 틈 날 때마다 동네 친구들이나 어른들을 모셔다가 아무 양주병이나 가져다 저 발코니에 나가서 한 잔씩 대접하곤 했다더군요." 선경 직물 최 사장은 공장 직원들뿐만 아니라 벌말(평동) 사람들을 살뜰히 챙겼다고 한다. 선경 직물이 창립기념으로 서호천에서 천렵 대회를 할 때도, 신륵사로 야유회를 갈 때도 벌말 사람들을 모두 초청해 동네잔치를 벌였다.

여자 기숙자 건물

기숙사 건물

2009년 현재 공장 내에는 예전 기숙사 건물이 남아 있다. 사무실 뒤편 왼쪽에 있는 붉은 벽돌 2층 건물이다. 이 기숙사는 1965에 지어졌다고 한다. 원래는 노출된 편복도형이었으나 직원이 늘어나면서 중복도형으로 증축한 것으로 추정된다. 보일러실에서 각 방에 열을 공급하는 중앙공급식으로서 건립 당시에는 국내 최고 수준의 기숙사였다고 한다. 기숙사는 원래 여자 직공을 위한 것이었다. 옥탑 층에는 외출을 하지 못하는 여자 직원을 위한 휴게실이 있었고, 옥상은 빨래건조장으로 사용되었다. 하지만 현재 기숙사 건물은 겉만 멀쩡할 뿐 내부는 난방시설을 철거하는 바람에 바닥이 온전치 못

직물공장

선경직물 공장. 이 자리는 마지막으로 식당으로 쓰였다고 한다

하며 비어 있다. "이 기숙사에 거주하면서 선경 직물을 성장시켰던 직공들은 이제 할머니들이 되셨을 겁니다." (이강충 소장)

선경 직물에 기숙사가 1960년대에 처음 들어선 것은 아니다. 선경 직물은 이미 1954년 7월에 여공 100명을 선발했다. 그 이전에는 필요한 인원을 그때그때 알음알이로 채용했지만, 제1공장 가동을 앞두고 필요한 인력을 다 충원할 수 없었기 때문이다. 새로 가동될 직기가 50대였으므로 대당 2명씩만 뽑아도 100명이 필요했다. 그런데 1,000명이 넘는 응모자가 몰려들었다. 전후 실업률이 높을 때여서 수원뿐만 아니라 용인, 안산, 발안에서도 응시자가 줄을 이었다. 채용 방법은 간단했다. 50m 달리기와 면접이었다. 달리기를 시킨 것은 체력과 민첩성을 보기 위해서였다. 최종건 사장은 면접의 기준을 부양가족이 많고, 화

장을 하지 않은 여성을 우선하라고 지시했다. 그래야 사치하지 않고 오래 공장 일을 하면서 버틸 것이라 보았기 때문이다.

이렇게 시작된 여공 채용 규모는 갈수록 늘어날 수밖에 없었다. 공장 2차 증설(1955년 7월), 3차 증설(56년 7월), 4차 증설(57년 9월), 5차 증설(58년 7월)이 이어 졌기 때문이다. 5차 증설로 선경 직물의 직기 대수는 1,000대를 넘어섰다. 게다 가 안감에서 본견으로, 이어 이불감, 나일론, 데도론, 크레폰 등 계속해서 신기 술을 도입하여 생산품의 종류를 늘이는 과정에서 직원의 수도 기하급수적으로 늘어났다. 60년대 중반 이후에는 경기도 내에서 직공을 구하지 못해 멀리 경상 도, 전라도 벽지로 사람을 구하러 다니기까지 했다. 이 모든 인력을 감당하자면 공장 내에 기숙사 시설이 필수였을 것이다. 게다가 기숙사 시설을 증설에 증설 을 거듭하지 않을 수 없었을 것으로 추정된다. 하지만 애초 기숙사 자리가 어디 였고, 어떻게 증설을 해나갔는지는 정확히 알기 어렵다. 공장 증설이 거듭되면 서 공장 시설의 위치가 수시로 바뀌었기 때문이다. 현재 남아 있는 기숙사는 선 경 직물이 전성기를 구가했던 60년대 중반에서 70년대 중반까지를 감당했던 건물이라 할 수 있다. 기숙사뿐만 아니라 1958년에는 사원 주택도 지었다. 2층 연립주택이었던 사원 주택은 그러나 지금 남아있지 않다. 이강충 소장에 따르 면 공장 동쪽으로 도로(고향의 봄길)가 나면서 철거되었다고 한다.

최종건–최종현 형제와 선경직물의 신화

선경 직물은 평동공장에서 수많은 신화적 성공을 일구어냈다. 앞서 언급한 '닭 표 안감'에 이어 선경이 출시한 성공작은 '봉황새 이불감'이다. '닭표 안감'의 히 트에도 불구하고 안감의 수요에는 한계가 있다고 판단한 최종건은 1년 이상 공을 들여 도안사를 초빙하고, 문직기紋織機를 도입했다. 문직기는 다양한 무늬를 넣어 천을 짤 수 있는 기계다. 이 문직기를 이용해 한 폭짜리 이불감을 짜자는 아이디어가 나왔다. 이불감의 도안이 문제였는데, 봉황새를 넣자는 의견을 최 사장이 제시했다. 이에 따라 수컷 봉과 암컷 황이 어우러진 도안이 완성되었다. 닭 머리에 제비 턱, 뱀처럼 긴 목, 거북과 같은 등, 물고기 꼬리를 가진 봉황 도 안은 온 몸과 날개 빛이 오색찬란했다. 선경의 봉황새 이불감은 1957년 3월 출 시되자마자 날개 돋친 듯 팔려나갔다. 원래 여름철은 직물 비수기였지만, '봉황 새 이불감'은 비수기 성수기가 따로 없었다. 어느덧 선경의 '봉황새 이불감'은 1950~60년대 새색시가 준비해야 할 필수 혼숫감이 되어버렸다. 공전의 히트를 기록한 '봉황새 이불감'은 선경 직물이 대기업으로 부상하는 계기로 기록된다.
(이한구, 〈한국재벌형성사〉)

공장 내부

그러나 최종건은 '봉황새 이불감'으로 만족하지 않았다. 1958년에는 나일론 생산에 들어갔고, 1959년 말에는 데도론(폴리에스테르)도 생산하기 시작했다. 1962년에는 레이온 태피터(안감)을 홍콩으로 처음 수출하는데도 성공했다. 1964년에는 크레폰(crepon)과 앙고라(angora), 1965년에는 조제트(georgett 속칭 깔깔이)도 생산하기 시작했다. 이 과정에서 숱한 시행착오와 일화를 남겼다. 앙고라와 관련해서는 이러한 일화가 전해진다. 64년 여름 조선일보 방일영方一榮 사장이 서울 소공동 선경 직물 사무소에 들렀다. 최종건은 방일영과 호형호제하는 사이였다. 한 자리에서 이야기를 나누던 조용광(앞서 언급한, 최종건이 삼고초려 끝에 초빙한 도안사. 그 무렵 그는 선경직물 공장장을 거쳐 선경산업 상무로 승진해 있었다.)이 화제에 집중하지 않고 방일영이 입은 셔츠만 유심히 관찰하는 것이었다. "조상무 마음에 들면 벗어줄까?" "아닙니다. 벗으실 것까지는 없고요. 바지 속으로 들어가는 부분만 조금 잘라 주십시오." 그렇게 얻은 천을 분석한 결과 아직 국내에서는 생산되지 않는 포리에스테르 연신사延伸絲로 짠 직물임을 알아냈다. 선경 직물은 풍천산업과 손잡고 이 천을 생산하는 데 성공하여, '앙고라'라는 상표로 출시했다. 선경 앙고라는 또다시 국내 직물 시장을 석권하면서 날개 돋친 듯 팔려나갔다.

깔깔이 개발 일화는 최종건이 아니라, 후술할 최종현과 관련된다. 최종현은 당시 선경 직물 부사장이었다. 최종현이 1965년 여름 거래은행 간부들과 요정에서 술자리를 하게 되었다. 마침 최종현 옆에 앉은 기생의 옷차림이 돋보였다. 손끝에 스쳐 가는 옷감의 감촉이 명주같이 부드러우면서도 약간 까슬까슬한 맛이 났다. 국내에서 생산되지 않는 밀수품 옷감이었다. 최종현은 나일론 갑사 치마저고리 열 벌 값을 쳐주기로 하고 기생의 치마를 벗겼다. 최종현은 이를 조용광에게 주었고, 조용광은 이 천이 포리에스테르 조제트라는 직물임을 알아냈다. 그러나 조제트를 처음 개발한 일본 기업(이토추)은 제조기법을 넘겨주지 않으려고 했다. 이미 크레폰 생산기법을 선경에 넘겨주었다가 해외시장에서 선경에 뒤졌던 경험이 있었기 때문이다. 최종건과 조용광은 하는 수 없이 일본으로 건너가 직물공장 시찰을 핑계로 조제트 생산공장들을 둘러보면서 직조기술을 어깨너머로 간파해 돌아왔다. 이를 바탕으로 거듭된 실험 끝에 그해 11월 생산에 성공했다. 조제트가 출하되자 직물도매상들이 수원공장으로 몰려와 진을 쳤다. 이들은 조제트라는 생소한 직물 이름 대신 "깔깔이를 달라."고 아우성을 쳤다. 선경조제트는 그 후 선경의 수출대종품목으로 자리를 굳혔다.

최종현은 최종건보다 세 살 아래다. 종현은 형보다 공부를 잘했다. 수원 세류 심상소학교를 거쳐 서울 동성 상업학교를 졸업한 뒤 서울대학교 농과대학에 진학했다. 미국 유학을 꿈꾸던 종현은 형이 선경 직물을 인수하는 일로 유학을 잠시 미루었다가, 선경 직물이 본격 가동을 시작할 무렵 형이 마련해준 유학자금으로 1954년 미국 위스콘신대학으로 공부를 하러 떠났다. 1959년 시카고 대학에서 경영학 석사를 따고, 박사과정에 있던 종현은 1962년 부친의 별세로 일시 귀국했다가 형의 권유에 따라 그해 가을 유학을 포기하고 선경 직물 부사장에 취임했다. 형제는 역할 분담을 통해 선경을 키워나갔다. 형은 특유의 뱃심과 뚝심으로 일을 벌이고, 동생은 미국에서 배운 경영기법을 토대로 치밀한 경영전략을 세우고 체계적인 조직 운영을 하는 식이었다. 선경화섬(1966)과 선경합섬(1969) 설립, 워커힐 인수(1973) 등 선경의 팽창은 두 형제의 합작품이다. 1973년 11월 15일 형 종건이 마흔여덟 한창나이에 폐암으로 숨을 거둔 후 동생 종현은 선경의 회장직을 승계했다. 이후 선경은 유공을 인수하여 정유업계로 진출하면서 도약을 거듭하여 오늘날 SK그룹의 토대를 탄탄히 다졌다.

정자동 sk 케미컬 공장

　　선경 직물이 커가는 과정에는 당시 최고 권력자 박정희 대통령의 힘도 작용했다고 할 수 있다. 5.16 직후 박정희 국가재건 최고회의 의장이 평동 선경 직물 공장을 직접 방문한 적이 있고, 64년에도 대통령으로서 방문하기도 했다. 최종건과 박정희를 연결한 인물은 이병희李秉熙다. 5.16 후 이병희는 중앙정보부 서울지부장이었다. 용인 출신인 이병희는 4.19 이전까지 수원 방첩대 대장을 지냈는데, 최종건과 이병희는 '이놈, 저놈' 할 정도로 단짝이었다고 한다. 그런 이병희가 김종필을 통해 박정희에게 선경을 소개하여 선경과의 인연이 시작되었다. 그 덕분으로 선경은 폴리에스테르 공장을 건설할 때 700만 달러를 박 대통령 직접 지시로 외환 대출을 받을 수 있었다. 최종건은 조선일보 방우영 사장이나, 이후락 청와대 비서실장과도 두터운 친분을 유지했다. 한진韓進과 매각협상이 진행 중이던 워커힐 인수자를 선경으로 급선회시킨 당사자도 박정희 대통령이다.

최종건 가옥

수원시 권선구 평동 7번지, 이른바 '최종건 가옥'은 엄밀히 말해 그의 부친 '최학배 가옥'이다. 이 글 서두에서 밝힌 바와 같이 이곳에 처음 터를 잡은 사람이 최학배이기 때문이다. 최학배는 종건, 종현 형제를 비롯한 8남매를 여기서 낳아 길렀다. 아들 종건이 장가들어 윤원, 신원 등 자녀를 낳은 곳도 이 집에 살 때였다. 종건은 1961년 4월 서울 당주동으로 이사할 때까지 이 집에서 살았다. 최학배는 1950년대 지방자치가 실시되었을 때 벌말 출신으로서 초대 수원시의원을 역임했다. 1956년 선거에서는 그가 고사하는 바람에 큰아들 종건이 대신 출마해 당선되었다. 부자가 모두 수원시의원을 지낸 것이다. 현재 남아 있는 집은 1940년대에 지어진 기와집이 유일하다. 아들 종건이 1926년생이고, 그 위로도 딸이 둘 있었으므로 현재의 기와집은 이전 집을 헐고 지은 것이 틀림없다. 또한 8남매를 거느린 대가족이었기 때문에 1960년대에 현 기와집 앞 쪽으로 2층 양옥을 짓기도 했다. 그 집은 2005년 헐렸다.

현재 있는 한옥 건물은 대지 1,111m^2에 건축면적 128m^2 지상 1층이다. 1940년 대에 지어진 이 집은 대청마루가 실내화하는 등 한국 한옥의 변모를 보여주는 중요한 자료로 평가된다. 이 집은 앞서 언급한 이층 양옥이 지어질 때까지 안채로 사용되었다. 양옥 자리는 조경수로 단장되어 있다. 현재 건물 관리는 박석준 SK텔레시스 생산지원팀 부장과 이현근 씨 등이 맡고 있다. "2005년 영주의 문화재전문가가 와서 말끔히 보수했습니다. 기둥이나 목재 부분에 예전에는 니스칠이 되어 있었는데, 다 벗겨내고 오일 스틸이라는 도료를 새로 칠했지요. 집 안에 있던 짐과 사진은 정리해서 일부만 남기고 서울 최신호 회장께 보냈습니다." 집의 보존 상태는 양호하다. 집은 여전히 아궁이에 불을 때 난방을 한다. 집을 빙 둘러 곳곳에 장작더미가 가지런히 정돈돼 있다.

"저도 평동 사람입니다. 30년 전에 SK케미칼에 입사했지요. 최종건 회장님이 우리 평동 사람들을 수없이 채용했지요." 최종건은 전쟁 직후 폐허가 된 공장을 다시 일으켜 세울 때부터 거의 집에 들틀 시간이 없었다. 공장 사무실에 야전 침대를 갖다 놓고 1인 4역, 5역을 감당해야 했기 때문이다. 그렇지만 평동 그의 집은 언제나 손님이 넘쳐났다. 부친이 지역유지이기도 했지만, 그 자신도 동네 어른들을 위해 집 바깥사랑을 언제나 열어두도록 했다는 것이다. "예전에는 관리사무실 오른쪽 끝에 큰 부엌이 있었습니다. 손님이 수없이 많았기 때문에 끼니마다 수십 명분의 밥을 해야 했지요."

"최 회장님의 수원 사랑은 남달랐습니다. 너무 일찍 타계하셨기 때문에 안타깝지요. 살아계셨으면 수원을 위해서도 많은 일을 하셨을 겁니다." 화학섬유와 합성섬유 원사를 생산하는 공장을 정자동 벌판에 세움으로써 벌말뿐만 아니라 북수원을 산업화하기도 한 최종건은 수원시의회 의원에 이어 1960년에는 수원상공회의소 회장으로 피선되기도 했다. 그는 정치에도 뜻이 있었으나 동생 종현이 기업에 더 전념하자고 설득했다는 일화도 전한다. 이러한 최종건 회장의 뜻을 기려 건립된 것이 선경도서관이다. SK그룹은 최 회장의 애향 의지를 이어받기 위해 현 팔달구 신풍동 123-69 옛 경기도경찰청 부지에 총 180억 원을 들여 대지면적 1만1,830㎡, 건물면적 8,312㎡ 지하 1층 지상 3층의 도서관을 1995년 1월 준공, 수원시에 기증하였다.

최종건은 "굵고 짧게" 산 전형적인 창업가형 기업인이었다. 선경 직물을 인수한지 불과 20년 만에 그는 선경 직물을 국내 굴지의 수출 섬유기업으로 키우면서 오늘날 세계적 기업 SK그룹의 토대를 닦았다. 하지만 아쉽게도 그룹의 모태인 선경 직물을 기억할만한 자료는 남아 있지 않다. 한옥만 관리될 뿐 선경직물 공장은 곧 매각될 운명이다. '닭표 안감', '봉황새 이불감', 앙고라와 깔깔이 등 역사적인 히트 상품을 생산했던 방직기는 보관된 것이 없다. "공장 정문에서 기숙사까지 만이라도 남겨서 박물관을 만들었으면 좋겠습니다. 한때 서울 본사에서 추진을 검토한 적이 있습니다만 중단된 상태입니다." 박 부장은 정문 옆 오래된 건물이나 중앙사무실 자리도 보전되기를 간절히 바라고 있다. 실제로 SK아카데미에서 중앙 사무실 관련 자료를 일부 복원하기 위해 약 6개월간 작업을 벌였으나 이마저도 지금은 진행되지 않고 있다. 고택과 더불어 이들 건물을 보전하고 예전 직기 등을 수집해 '선경 박물관'을 만들어야 하지 않을까? 수원에서 시작된 세계적 기업의 흔적이 이렇게 사라져 가도록 해서는 안 되지 않을까?

| 도움말 주신 분 |

이달호 수원박물관장
박석준 SK텔레시스 생산지원팀 부장
이현근 최종건 가옥 관리직원
이강충 수원평동사업소 관리소장

| 참고자료 |

선경그룹. 「선경사십년사」, 1993
전범성. 「최종건—실록기록소설 선경창업비화」, 1987
이한구. 「한국재벌형성사」, 1999
김한원 엮음. 「SK그룹 최종건 창업회장의 창업이념과 기업가정신」, 2009
수원시선경도서관. 「선경도서관10년사」, 2005
경기도. 「경기도 근대문화유산 조사 및 목록화 보고서」, 2004
www.sk.co.kr (SK그룹 홈페이지)

07
대한성공회 수원교회

답사일 : 1차 2009년 9월 1일
2차 2010년 7월 13일

쉬어가기 좋은 그늘

수원시 팔달구 교동 11-15 대한성공회 수원교회는 쉬어가기 좋은 그늘을 갖

대한성공회 수원교회

고 있다. 언제 들어서도 잔디밭과 아름드리나무가 어울려 늘 조용하고 평온한 분위기가 감돈다. 지금은 교동 뒷거리도 인적이 늘어나 제법 흥성거리지만, 팔달산 쪽으로 조금 떨어져 앉은 교회는 그래도 여전히 평화로운 쉼터다. 한 세기 전부터 수원교회는 성공회 교인들의 영적인 그늘일 뿐만 아니라 수원의 그늘이고자 했다.

종탑

영국성공회에서 조선 선교를 위해 파견한 초대 교구장 고요한(Charles John Corfe)주교가 제물포에 첫 성공회 성당을 연 해는 1890년 9월이다. 성공회가 초기에 선교에 힘을 쏟았던 지역은 서울, 인천, 강화였다. 이후 1904년 무렵엔 수원을 비롯한 서울 이남 지역 선교로 눈을 돌렸다.

수원에서 성공회 교인들이 모여 예배를 드린 장소는 장지리였다. 그 자리는 현재 수원비행장으로 변했다. 『수원교회 선교 100년사』에 따르면, 일반 가정집에 모여 예배를 올린 초기 교우는 현재 중앙침례교회 김장환 목사의 부친과 조부를 포함한 김 씨네, 후손들이 현재도 수원교회에 나오는 장 씨네와 임 씨네

선교100주년 기념현판

집안이었다고 한다.

1905년 고요한 주교가 사임하고 2대 주교로 단아덕^{端雅德}(Arthur Beresford Turmer) 주교가 임명되었다. 단아덕 주교는 서울, 인천, 강화에 이어 네 번째 중요한 선교지역인 수원에 부재열(George Alfred Bridle) 신부를 파송하였다. 부재열 신부는 1905년 10월 매교다리 근처의 가옥을 구입하여 임시성당의 문을 열었다. 이 임시성당의 주소는 수원군 태장면 인계리 934번지^(현주소는 수원시 권선구 매교동 215번지)였다. 부 신부는 이듬해인 1906년 봄 팔달산 기슭 땅 4,300평을 매입하고, 우선 사제관과 임시성당을 지었는데, 그 자리가 현재 수원교회 일대다.

정리하자면, 성공회가 조선 선교에 나선 지 14년 만에 수원에 첫 선교의 씨앗이 뿌려졌고, 이어 매교다리 근방을 거쳐, 2년 후에 현재의 자리에 터를 닦을 수 있었다. 그러므로 대한성공회와 수원의 인연은 2010년 현재 107년을 헤아리고, 현 위치로 옮겨 수원의 넓은 그늘이 된 시점부터 따지면 105년이 되는 셈이다. 현 위치로 이전한 교회는 성 베드로 수녀회 소속 수녀들이 거주할 수녀원 지부 건물을 1908년 5월 완공하였고, 강화에서 옮겨온 수녀들은 이 자리에서 남녀공학인 진명학교^{進明學校}를 개교하여 교육사업을 시작하였다. 그리고 1908년 8월 초에는 성스테반성당이라 명명된 정식성당이 완공되었다.

성스테반성당이라는 예배당의 명칭은 지금까지도 변함이 없다. 그러나 현재의 성당 건물은 당시의 것이 아니다. 70여 년간 팔달산 자락에 우뚝했던 첫 성스테반성당은 1981년 헐리고 1982년 들어선 성당이 현재의 성스테반성당이다. 팔달산의 경사면을 그대로 살려 지은 현 성당은 건축사적 의의를 논하기에는 역사가 길지 않지만, 나름대로 공을 들여 건축한 성당임이 틀림없다. 더구나 이 성당 역시 하루가 다르게 변해 온 수원의 지난 30년간 변화를 지켜보면서, 교동의 랜드 마크 가운데 하나로서 제 역할을 다 해 왔다고 할 수 있다.

수원교회가 대한성공회의 역사에서 갖는 가장 큰 의의는 여전히 경기 남부의 중심 교회라는 점이다. 성공회의 구역은 교구-교무구-교회로 나뉘며, 수

성당 왼쪽 '경애의 집'. 보좌사제 숙소와 연세 많은 교우들('니콜라아버지회')이 애찬을 나누고 쉬는 방 등이 있다.

'경애의 집' 앞 화단에 있는 '조마리아' 비석

원교회가 속한 서울교구 아래는 5개 교무구가 있다. 수원교회는 이 가운데 안양부터 평택 안중까지를 담당하는 남부교무구의 중심교회다. 수원교회 관할사제(현재는 홍영선 베드로 신부)는 남부교무구 산하 16개 교회의 총사제 신부이다. 이 전통은 성스테반성당이 처음 세워졌던 1910년경에 이미 확립되었다. 당시 수원교회는 평택 용인 화성 오산 등지에 들어선 12 교회의 중심교회였다.

수원교회가 대한성공회의 역사에서 얼마나 중요한 교회였는가는 1922년 통계로도 확인할 수 있다. 당시 전국의 영세자가 4,130명이었는데, 수원교회의 영세자가 590명(신자 수는 700여 명)에 이르렀다고 한다. 1920년대 수원교회는 전국의 성공회 전도구 가운데 강화 북부에 이어 두 번째 규모였다.

지역사회의 역사에서 수원교회가 차지한 위상도 무시할 수 없다. 수원교회는 자리를 잡자마자 신교육을 하는 기관인 진명학교를 세웠다. 이어 1913년에는 성피득보육원(성베드로 고아원)이 서울에서 수원으로 이전하였다. 수원교회는 진명학교 외에도 서당을 세우기도 하였고, 여자 야학원을 운영하기도 하였다. 1920년대 후반 수원교회가 운영한 각종 학교만도 7개교에 학생 수가 500명에 이르렀다고 한다. 수원교회는 1928년 진명유치원을 세워 지역의 유아교육에도 일익을 담당했다. 요컨대 수원교회는 성공회 교인들만의 교회를 넘어 수원의 근대화 과정에서 중요한 역할을 해왔던 것이다.

함께 성장한 '신앙공동체'와 '지역공동체'

현재 수원교회 구내에서 한 세기 역사를 오롯이 담고 있는 건축물을 찾아볼 수는 없다. 그럼에도 불구하고 교회에 들어서면 왠지 고풍스러운 분위기가 감지된다. 무엇보다도 성스테판성당 2층 종탑 옆의 거목이라든가, 성당 마당의 수십 년 된 단풍나무가 이 터의 역사를 웅변해주는 듯하다. 일제 강점기에 태어난 교인이라면 이들 나무를 타고 놀면서 성장했고, 이곳 잔디마당에서 혼배성사를 올렸고, 자식을 낳았고, 그 자녀가 또한 이들 나무에 오르며 성장한 기억을 갖고 있을 터이다. 진명학원과 진명유치원, 성피득보육원에서 성장한 이들 또한 마찬가지다.

현재 수원교회의 터는 1,500평 정도다. 하지만 처음 이곳에 자리 잡았을 때 면적은 지금보다 무려 3배나 넓었다. 『수원교회 선교 100년사』에 실린 '옛 교회 배치도'를 보면 성당을 포함해 부지 내 건물만 해도 9채에 이르고, 널찍한 밭을 3필지나 안고 있으며, 곳곳에 버드나무 회나무 느티나무 단풍나무 향나무

잣나무가 심겨 있다. 이 평면도는 당시의 수원교회가 돌계단과 대형등나무, 기념비까지 조화롭게 배치된 자족적 공동체였다고 말해주는 듯하다.

사진으로 남은 수원교회의 예전 모습도 예사롭지 않다. 교회 마당은 툭 터져 시원하고, 성피득보육원으로 사용했던 한옥(1926년 촬영 사진)은 맵시 있는 기역자 기와집이다. 사진 속 1910년대 사제관도 단아한 한옥의 자태를 보여준다. 1970년대 초반까지 남아 있었다는 '영빈관'은 더 우람하다. 교회나 보육원을 방문한 귀빈들 접대 장소로 쓰였다는 이 건물을 촬영한 1950년대 사진이 남아 있는데, 호화로운 2층 한옥 형태다. 수원교회가 이처럼 너른 터, 큰 집들을 세우고 운영할 수 있었던 것은 영국성공회의 전폭적인 지원이 있었기 때문이다.

1908년 수원에 확고한 선교기지를 마련한, 영국에서 온 성공회 신부들은 이듬해 1909년 5월 아래버드내(수원천 하류)에서 대운동회를 개최했다. 당시 경성에서 영국 부영사가 내려오기도 한 이 운동회는 매우 성대했던, 획기적 '사건'이었다. 그 시절 수원 사람들로서는 처음 보는 여러 가지 종목의 경기가 펼쳐진 현대적인 운동회여서 수천 명의 인파가 모여든 큰 구경거리였다고 한다. 이듬해인 1910년 대운동회의 사진이 전하는데, 다음과 같은 설명이 달려 있다. "장소가 어딘지 확실치 않으나, 멀리 뒤편에 수많은 사람들이 널리 운집해 있는 것으로 보아 수원천 아래버드내(하류천변)에서 정기적으로 열렸던 대운동회인 것으로 보인다. 기록에 의하면, 대운동회 날에는 당시로서는 처음 보는 각종 신식 서양운동 경기와 시합들을 구경하려고 수원지역 인근의 수천명의 인파가 몰려들어 대성황을 이뤘다."

대운동회가 언제까지 계속되었는지는 알 수 없다. 하지만 이 대운동회가 한 세기 전 수원과 그 인근 사람들에게 천주교, 개신교 이외의 또 다른 서양 근대 문물 소개 창구 구실을 하였다는 점은 분명하다. 대운동회를 마련한 영국 선교사들도 바로 이 점을 분명히 의식하고 있었을 것이다. 당시 부재열 신부의 보좌사제였던 구세실(Alfred Cecil Cooper) 신부는 스포츠에 재능이 있어서 진명학교 안에 축구부, 수영부 등 여러 종목의 운동부를 조직하고 직접 학생들을 가르쳤다. 진명학원을 열어 독서, 습자, 신학, 지리, 역사 등 신학문을 가르치기 시작한 성공회 입장에서 대운동회는 더할 나위 없는 학생 모집의 장이자, 선교의 장 역할을 하였으리라 짐작된다.

단아덕 주교 기념비

　　수원교회 역사에서 또 한 가지 지나칠 수 없는 대목이 성피득보육원이다. 성피득보육원은 원래 성공회 신부들이 성베드로 고아원이라는 명칭으로 1898년 서울에 세운 구호기관이다. 하지만 1913년 수원교회 안으로 이전하였고, 1973년 폐쇄될 때까지 60년간 부모 없는 아이들의 요람 구실을 하였다.

　　1950년대 이곳 성피득보육원의 원장으로서 헌신적으로 아이들을 돌본 조

성당 내부

정자(마리아) 당시 원장을 기리는
비석이 현재 교회 화단에 남아
있다. 조 원장은 결혼을 하지 않
고 "부모의 사랑 못지 않게"라는
교육이념을 그대로 실천에 옮겨
보육원 아동들을 돌보는 일에 최
선을 다했다. 성피득보육원은 영

단 아 덕 주 교

성당 내부에 있는 단아덕 주교 사진

국성공회의 도움을 받아 원생들이 원하는 경우 대학교육을 받도록 해 주었다. 60년간 성피득보육원을 거쳐 사회로 나간 인원이 1,000여 명에 이른다. 성피득보육원은 1974년 현 성공회대학으로 옮겨져 정신지체아 교육기관인 성베드로학교가 되었다.

1928년엔 진명유치원이 설립되었다. 진명유치원은 1926년 재정난으로 폐쇄된 진명학교의 전통을 이은 유아교육 기관으로서, 수원지역사회에 세워진 선구적인 유치원이다. 진명유치원은 착실하게 운영되었으나, 1941년부터 어려움을 겪었다. 유치원뿐만 아니라 수원교회 전체가 암흑기에 접어들었기 때문이다.

당시 일본군은 공습을 피해 팔달산 지하에 군수공장을 세우겠다는 야심찬 계획을 추진했다. 이로 인해 수원교회와 유치원 마당에는 공장 설비를 위한 온갖 자재가 산더미처럼 쌓였다. 결국 진명유치원은 1943년 문을 닫았다. 진명유치원은 40여 년의 공백을 딛고 1985년 다시 문을 열었다. 1990년대 중반까지만 해도 진명유치원은 수원 시내에서 누구나 알아주는 사립유치원으로 명성을 누렸다. 하지만 도심 공동화 현상이 가속화한 탓에 2004년 완전히 문을 닫고 말았다.

"이곳에서 성장한 우리의 이웃을 기념하며"

현 성스테반성당의 머릿돌에는 이런 문구가 새겨져 있다. "사랑과 빛과 영원한 진리의 터전 이곳에서 성장한 우리의 이웃을 기념하며". 앞에서 간략히 살펴본 수원교회의 역사는 이 성공회 교회가 단지 교우들만의 공동체에 머물지 않고 지역공동체 내에서 자신들이 할 수 있는 일을 고민해왔다는 사실을 보여준다.

그러나 천주교와 개신교 교회들이 쉼 없이 활동영역을 넓힌 데 비한다면 성공회는 거의 제자리걸음 수준이었다고 해도 과언이 아니다.『수원교회 선교 100년사』실린 원로 교인들의 '선교 100주년 기념 좌담회' 기록은 성공회 교인들도 이를 절감하고 있음을 보여준다. 길지만 그대로 인용해 본다.

"▲정계남 : 초기엔 성공회 교인들이 많았어요. 전체적으로 인구에 비해서 성공회 교인이 많은 편이었지요. 제가 알기로, 해방 전에 북한에도 성공회가 많이 있었대요.

▲전삼광 신부 : 여하튼 그 때는 전체적으로 인구에 비해서 성공회 교인이 굉장히 많았어요. 1910년대의 수원 교동교회에 관한 기록을 보면, 당시 사제가 2명, 전도사 7명에 신자가 700여명 정도 됐었다고 나오는 걸 보면 당시의 성공회 교회의 발전상은 정말 대단했다고 할 수 있죠.

▲임원순 : 제가 어려서는 수원에 천주교회가 딱 한 개가 있었어요. 저, 종로에 시방 소화초등학교 있는데, 거기에 있었거든요. 우리 어릴 적에, 불란서 신부들이 와 있었고 그랬어요. 그 옆에 있는 감리교회는 딴 데 있다가 나중에 온 거구요. 그리고 신풍학교 앞에 성결교회가 조그만 게 하나 있었고 그랬어요.

▲송재룡 : 그럼 그때 당시만 해도 교회가 몇 개 없었군요?

▲임원순 : 없었어요. 그런데 지금 천주교가 수원에 얼마나 많이 늘었습니까? 아, 시방, 개신교들이 얼마나 수원에 많습니까? 하나도 없던 게 그렇게 퍼진 거예요. 그런데 우리 성공회는 아주 발전을 못 본 거예

요. 100년이나 됐는데…. 시방 동수원교회 하나 겨우 명맥을 이어

서 가는 거고, 우리 이 수원 교동교회 외에 더 있습니까? 없지요.

▲정계남 : 뭐든지 우리가 먼저 시작은 해놓는데, 끈기가 없어서 그런지 계속

은 못했어요. 그 옛날에 보육원 있었죠, 유치원 있었죠, 병원도 있

었죠. 그리고 성당 있는 데마다 학교가 있고 그랬어요. 안중이나

병천 같은 그런 시골에도 학교가 있었어요. 그렇게 했는데 그것이

계속 이어지지 못해서 그래요.”

좌담에 참석한 원로 교인들은 그 이유로 인재(성직자)를 기르지 못했다는 점을 가장 먼저 꼽고 있다. 하지만 그다음에 이어지는 지적이 중요하다. 대한성공회의 역사적 전환점은 1965년이다. 이해에 한국인으로는 처음으로 이천환 바우로 주교가 취임했고, 교구가 서울교구와 대전교구로 분할되었으며, 경제적으로 영국의 지원 없이 자립하겠다고 선언했다. '십일조'의 개념도 없었던 대한성공회 교회는 이로부터 상당 기간 어려움을 겪을 수밖에 없었다.

4,300평이나 되던 수원교회 부지 매각 문제를 놓고 교구와 교회가 갈등에 접어든 것도 이 때문이다. 넓은 부지를 어떻게 하든 활용해 자립을 하고자 한 수원교회 교우들과 이 땅은 교구의 재산이므로 교회 임의로 처리할 수 없다는 교구가 맞섰다. 길고 긴 줄다리기는 결국 1980년대 들어 교구에서 현재의 성당을 새로 세워주고 대신 일부 땅을 처분하는 것으로 일단락됐다.

1990년대를 지나면서 수원교회를 비롯한 성공회 교회들은 힘들지만 서서히 자립의 토대를 닦으면서 혼자 힘으로 일어섰다. 또한 교단 차원에서 사회적 소명을 적극적으로 받아들이면서 대한성공회의 이미지를 쇄신하고 있기도 하

1908년 봄 당시 수원교회 경내 전경

좌측 언덕 위 초가지붕 너머로 건축 중인 성당 (완공 : 1908년 8월초)이 보인다. 오른쪽 언덕 위로 보이는 기와
집 건물이 당시의 수녀원(후에 보육원) 건물이다. 당시 수원교회 부지는 현재 교회 터를 포함해 팔달산 기슭에
약 4,500여 평의 넓이에 달했다.

수원교회 소년학교 운동회 날 기념사진 (1909년경으로 추정)

뒤쪽으로 새로 축성한 수원교회의 전경이 보인다. 맨 뒷줄 왼쪽에 중절모를 쓰고 흰색 로만 칼라를 입은 사람
이 영국인 구르니 신부(Rev. Gurney)다. 당시 수원교회 진명학교에는 영국인 신부들의 지도로 축구부와 수영부
등과 같은 신식 운동부가 있었고 정기적으로 운동 시합을 열었다.

위 사진은 1908년 봄 수원교회 경내 전경, 아래는 1909년에 촬영한 진명학교 운동회 기념사진. 배경이 당시 새로 축성한 수원교회

수원교회 초대신자회장을 맡으셨던 장성보 선생 가족 일동 (1936년 7월 30일)

장성보(요셉) 선생은 1904년 수원교회가 수원군 안용군 장지리(현 수원공군비행장 내)에 창립될 때부터 교회에 출석하였으며, 초대신자회장을 맡아 수원교회가 성장하는 데에 큰 역할을 했다. 뒷줄 왼쪽부터 두 번째 갓을 쓴 분이 장성보 선생이다.

수원교회 성피득보육원 전경 (1926년 5월)

성피득보육원은 1913년에 수원교회 부속으로 설립 (서울에 있던 성베드로고아원의 이전되었다. 초기에는 약 30여명의 소녀들이 생활하는 여자보육원이었다. 1958년 안중보육원에서 8명의 남자 원생들이 전입되면서 남·녀 원생들이 함께 생활했다. 1960년대 초에는 원생 숫자가 600여명에 달하기도 했다. 정부 시책에 따라 1973년 8월에 문을 닫게 되어, 1913년 개원 이후 60년간 약 천 여명의 원생을 길러낸 보육사업이 막을 내리게 되었다.

1926년 봄 수원교회 성피득보육원 전경(아래 사진)

성피득보육원 원장 일동 (1958년 초 여름)

왼쪽부터 임천순(루시안), 김에와 할머니, 어린이(조원장 조카딸), 조정자(마리아)원장, 서애희(엘리자벳)할머니.
뒤편으로 영빈당 건물이 보인다.

영빈당 모습 (1950년대 추정)

보육원 부속건물로서 주로 교회나 보육원을 방문한 귀빈들의 접대 장소로 쓰였다. 1970년대 초 해당부지와 함
께 매각되어 헐리게 되었다.

위 사진 가운데가 조정자(마리아) 당시 성피득보육원 원장이다. 1958년 여름.
아래 사진은 1970년대에 헐려 없어진 영빈당의 1950년대 모습. 외빈을 접대하던 장소였다.

수원교회 옛 성당 건물 옆 모습 (1975년 초)

수원교회 옛 성당 건물 외부 상단부분 모습 (1975년 4월)

1975년 당시 성당 모습. 위가 측면 사진, 아래가 정면 사진. 이 성당이 헐리고 지금의 성당이 들어섰다.

다. 수원교회도 그 일환으로 1999년 '수원 나눔의 집'을 시작하는 등 지역사회의 적극적인 일원으로서 제 역할을 다하기 위해 노력 중이다. 앞서 인용한 좌담회 말미에서 전삼광 신부는 다음과 같이 결론을 내리고 있다.

"그렇습니다. 전체적으로 보아 이제는 성직자 수가 크게 증가하고 있고, 타 개신교에 비해 아직도 열세이지만, 교회 수도 일 년에 몇 개씩 해서 계속 늘어나고 있습니다. 아주 희망적이고 고무적인 현상인데요. 이와 같은 추세는 앞으로도 계속될 것이란 생각입니다. 앞에서 말씀들 하셨듯이, 우리 수원교회의 지교회로 지난 95년에 시작한 동수원교회 등은 이러한 추세를 잘 보여주는 예가 될 겁니다. 동수원교회는 지난 2001년 12월로 독립교회로 승격이 됐지만, 최근에 이뤄진 아주 성공적인 지교회 개척의 예입니다. 그리고 현재 이 지역사회에서 알차게 활동하고 있는 '수원 나눔의 집'은 우리 성공회의 사랑과 봉사의 이념과 공동체에의 적극적 참여 정신을 잘 보여주는 예입니다. 생각해 보면, 우리 교회는 자부심을 가질 수 있는 측면들이 적지 않습니다. 무엇보다도 100년이라는 역사와 전통은 우리 교회의 중요한 신앙적 자산이고 영적 정신적 토대입니다. 100주년 기념이란 것은 바로 이들을 빛내고 갈고 닦아, 미래의 우리 교회가 참고할 지침과 교훈으로 삼고자 하는 것일 겁니다."

| 도움말 주신 분 |

한재선(니콜라) 대한성공회 수원교회 보좌사제

| 참고자료 |

대한성공회 수원교회, 『수원교회 선교100년사』, 2004.

08
수원장로교회

답사일 : 2009년 9월 1일

투박하지만 정감 느껴지는 돌교회

수원장로교회 돌예배당

한국기독교장로회 수원장로교회는 흔히 돌교회 혹은 돌집교회라 불린다. 화강석을 습식으로 마감한 외양이 단연 돋보이기 때문이다. "반석 위에 세운 집 무너지지 않네."라는 찬송가 구절이 절로 떠오를 정도다. 크고 화려한 교회가 전국에 널렸지만, 수원장로교회처럼 투박한 듯 정감이 가는 예배당은 흔치 않다. 종탑에서부터 현관과 뒷벽에 이르기까지 질감이 거친 화강암을 사용했는데도 보면 볼수록 한번 들어가 보고 싶은 친근감이 느껴진다.

요즘 교회 건물과 비교하면 돌교회는 크지 않다. 대지 면적이 2,031㎡나 되지만 교회 연면적은 745㎡(지상 2층)이다. 그나마도 대로변이 아니라 이면도로변(권선구 교동 2-7번지)에 위치해 있기 때문에 교회 마당에 들어서지 않는 한 돌교회의 미감을 알아채기 어렵다. 하지만 1956년 이 예배당이 세워졌을 때만 해도 근동에서 우뚝한 건축물이었다. "1960년대만 해도 근처에 큰 건물이 없었어요. 멀리서도 우리 교회가 돋보였지요." 지금은 은퇴한 윤기석 명예목사(1937년생)는 당시가 그리운 듯했다.

"제가 독일 가서 들으니까 거기서는 도시계획을 하거나 재개발을 할 때 건축 전문가 외에도 교구 목사들을 꼭 참여시킨다고 해요. 우리처럼 중구난방으로 하지 않는다는 게 인상적이었습니다." 윤 목사는 도시의 역사성이 충분히 감안되지 않는 도시팽창을 못내 아쉬워했다. 도심에 파묻혀 버리긴 했어도 교인들 역시 돌예배당에 대단한 애착을 가지고 있다. "교동 일대가 이제는 유흥가처럼 변해서 제가 신도시로 교회를 이전하면 어떠냐는 의견을 슬며시 제기한 적이 있어요. 그런데 교인들 대부분이 한사코 반대하더군요." 현재 담임목사인 강성우 목사의 말이다.

돌교회는 1956년 준공된 이래 한 번도 외양을 손댄 적이 없다. 기본 구조

돌예배당 종탑부분

는 철근콘크리트지만 화강석 마감이 썩 훌륭하기 때문에 증·개축은 꿈도 꾸지 않았다고 한다. 겉모습 중에 바뀐 부분은 2003년에 수리한 지붕뿐이다. 큰 기둥과 작은 기둥, 그리고 그 사이로 난 창틀까지 옛 모습을 간직하고 있다. 그러나 50여 년이 지나는 동안 예배당 내부는 신도 수 증가와 변화하는 환경에 맞추어 개조했다. 아울러 교회 주변 환경이 변하면서 예배당으로 통하는 외부 계단을 새로 만들어 연결했다. 본당 내부 수리작업은 1978년에 한 차례 이루어졌고, 2006년쯤 한 번 더 손을 보았다. "하는 수 없이 계단을 조성하기는 했지만, 손을 댄 게 아쉽지요." 허성우 장로는 그마저도 아름다운 예배당을 훼손한 일을 마음 언짢아했다.

돌교회는 1977년 영화의 무대로 활용된 적도 있다. 일제 강점기 신사참배에 반대하다 순교한 주기철 목사의 일대기를 그린 〈저 높은 곳을 향하여〉를 여기서 촬영한 것이다. 신영균, 고은아가 주연한 이 영화는 지금도 국내 제작 종교영화 가운데 첫 손에 꼽힌다. 영화에서는 평양 산정현교회에 부임한 주기철 목사가 신사참배를 거부하고 독립운동의 일환으로 성전 건축을 감행하는데, 그 신축 성전이 바로 이 돌교회다. 촬영 당시 수원교회 교인들이 당시 의상을 입고 엑스트라로 출연했다는 이야기도 전해진다.

돌교회의 역사

돌예배당은 1956년에 지어졌지만 수원교회의 역사는 1946년으로 거슬러 올라간다. 그 해 11월 27일 당시 수원경찰서장 곽수림 씨 집에서 12명이 모여 첫 예배를 드린 날을 교회의 시작으로 잡기 때문

돌예배당 창호

돌예배당 우측 벽면

돌예배당 좌측 벽

이다. 같은 해 크리스마스에
는 수원 남창동에서 일본인
이 쓰던 불교사찰 건물을 얻
어 예배처소로 사용하기로
하고 교회 이름도 수원 장로
교회로 정했다. 하지만 전쟁
으로 '양 떼'는 흩어졌고, 예

돌예배당 머릿돌

배처소도 사라졌다.

전쟁 후인 1953년 4월에는 지금의 수원시민회관 자리에 임시천막을 치고 새롭게 설립 예배를 올리는 한편 예배당 건축위원회를 조직했다. 첫 담임목사인 이주원 목사는 미군 측이 전후 물자를 교회 건축에도 지원한다는 소식을 듣고 수원비행장에 주둔하고 있던 미군 군목 로건 목사를 찾아가 건축자재 지원 결정을 받아냈다. 곧 미군들이 직접 시멘트, 목재, 함석, 철근, 페인트 등 자재를 교회로 운반해 주었다. 하지만 교회 부지가 문제였다.

당시 교동 2번지는 법원장의 사택 자리였다. 우여곡절 끝에 법원장이 춘천

돌예배당 지붕

돌예배당 뒷벽

으로 전근 가게 됨으로써 교회 부지는 확보되었다. 그런데 이번에는 자재 지원을 해주었던 로건 목사가 이임을 가게 됨으로써 또 난관에 부딪쳤다. 그래도 이 목사를 비롯한 신도들이 미군을 꾸준하게 설득한 결과 원래 벽돌 건물로 신축하기로 했던 예배당을 화강암 건물로 짓기로 변경하여 추가로 자재 지원을 받을 수 있게 되었다. 그리하여 1954년부터 교회 신축이 시작될 수 있었다. 예배당 건축은 고난의 연속이었다. 그 과정을 잘 보여주는 『수원교회 60년사』 일부를 그대로 인용한다.

> 수원시 교동 2번지의 부지는 750평으로서 종각을 합쳐 4층인 교회당 건평은 212평이었다. 이 정도의 규모면 충분히 온 교인들이 모두 모여 아름답게 예배를 드릴 수 있을 장소였다. 온 교인이 새 성전 건축에 기대를 안은 채 교회 건물을 세우는 작업이 시작되었지만 자금 형편이 넉넉지 않아 공사장 인부를 충분히 구할 수 없었다. 이러한 형편이 전해지자 온 교인이 나섰다. 땅을 파헤치고 자갈을 모으는 기초공사에 남녀 신도가 모두 총동원되었다. 여신도들은 자갈을 모으고 땅을 파헤치며 막일 하다가 다쳐 손끝에서 피가 흐르기 일쑤였다. 그래도 여신도들은 아픔을 참아 가며 계속 중노동을 강행하였다. 노동 끝에 점심으로 제공되는 것은 차디찬 보리밥이었지만 그 어느 누구도 불평하지 않았다. (91쪽)

그러한 노력에도 불구하고 교회 신축은 순조롭지 않았다. 자금난 때문에 공사가 중단되기 일쑤였다. 이주원 목사가 과로로 쓰러지는 일도 있었다. 이를 여신도회 신용계를 조직해 극복하고 마침내 1956년 11월 21일 교회창립 10주년에 맞추어 헌당예배를 올릴 수 있었다.

돌교회와 수원의 민주화운동

수원장로교회가 돌교회라고 불리는 데는 돌예배당 말고 다른 이유가 하나 더 있다. 1970~1980년대 이른바 민주화 시기에 수원 민주화운동의 중심지로서 반석과 같은 역할을 감당했기 때문이다. 돌교회가 지난 60여 년의 역사에서 가장 자랑스럽게 생각하는 점도 이 부분이다. "우리 교회의 전통이 사회적인 참여를 통해 형성된 점이 있습니다. 지금은 약화되긴 했지만, 수원교회가 민주화운동, 인권운동에 앞장섰던 점은 자랑스러운 면이지요." 지난 2005년 이 교회에 부임한 강성우 목사는 "당시 시무를 하지는 않았지만 많은 이야기를 들었다."고 했다.

수원장로교회가 그와 같은 사명을 감당하게 된 것은 2005년 은퇴한 윤기석 목사와 깊은 관련이 있다. 윤 목사는 1966년 전도사로서 돌교회와 인연을 맺은 이후 1969년 위임목사로 청빙 되었고 퇴임할 때까지 돌교회를 이끌었다. "우리 기장, 기독교장로회의 정신과 신학이 혼자 예수 잘 믿고 천당 가자는 게 아니라 우리가 사는 지역사회를 더욱 더 살기 좋은 사회로 만들어 가자는 것입니다. 그런 점에서 61년 군사 쿠데타나 유신체제, 그 이후 신군부 정권은 하나님의 뜻과 질서를 파괴한 것이라는 신학적 견해를 가지고 있었습니다." 그의 이런 신학은 40년간 돌교회를 시무하는 동안 그대로 이어졌다.

『수원교회 60년사』는 윤 목사에 대해 "평소 성격이 온유하지만 작은 불의도 용서하지 않는 올곧은 성직자의 모습으로 교회를 섬겼다."(131쪽)고 기록하고 있다. 이러한 대목도 있다. "윤기석 목사는 현실을 제대로 알아야 제대로 된 기도를 하나님께 올릴 수 있다고 판단하여 매 주일 설교 시간 때마다 성경 말씀

에 빗대어 현 정권의 문제점을 은유적으로 표현하여 선포하였다. 이를 눈치챈 형사들은 매주 주일마다 수원교회에 찾아와 예배에 참석했고 살벌한 눈초리로 윤 목사를 감시했다. 하지만 윤 목사는 이에 굴하지 않고 계속 인권, 민주, 통일 문제들이 결코 신앙과 무관하지 않음을 주장했다. (중략) 또 윤 목사는 경기지역 민주주의를 위한 각종 시국 집회와 금지된 강연을 교회에서 개최하였다. 정부는 이를 이념에 대한 도전으로 받아들여 교회 활동을 주목하고 공권력을 동원하여 저지하기도 했다." (193쪽)

수원교회 입구

교회 부속건물인 에덴 쉼터

그러나 윤 목사는 자신의 역할은 별것 아니었다고 했다. "70년대에 고군분투한 것은 사실이고, 협조해 주는 교회도 없었습니다. 그런데 후에 동수원감리교회에 박형모 목사님이 오시면서 달라졌지요. 그분은 저보다 훨씬 강한 분입니다. 그분이 수원에 오신 후로는 그분이 앞장서고 제가 뒤에서 보조했을 뿐입니다. 하지만 우리 수원교회가 반정부집회의 중심이었던 건 사실이지요. 데모하러 나가는 사람들 모이는 장소 역할도 했고요. 누구에게 자랑할 일은 아니지만 우리 수원교회가 역사를 바꾸는 일에 한몫을 했다는 점은 내세울 만하다고봅니다. 물론 저는 별 역할을 못 해서 부끄럽습니다."

교회에 형사가 상주하다시피 한 것도 사실이라고 했다. "저에게 아침저녁

교회부속건물인 교육관. 1970년대 중반에 지어졌다.

으로 문안인사⁽웃음⁾를 하는 형사가 한 분 있었지요. 다행인 점은 경찰이 교회 안으로 난입한 적은 없었다는 겁니다. 당시 이병희 국회의원이 뒤에서 손을 써서 그런 불행한 일은 막았습니다. 우리 교회 장로님 가운데도 저와 생각을 달리하는 분이 적잖았는데 제가 강하게 설교를 해도 그분들이 정면으로 반발하지는 않았지요. 그저 '목사님, 몸조심하세요' 하는 정도였지요. 지금 생각해 보면 용감했던 건지, 무모했던 건지…. 그 장로님들이 고맙습니다."

"80년대 들어 문익환 목사님을 모셔다가 우리 교회에서 강연을 하기로 한 적이 있습니다. 그런데, 노회 차원에서 광고를 하고 나니까 안기부, 경찰서장, 시장이 계속 전화로 압력을 넣더군요. 우리 교회 장로님들을 통해서 회유를 하

본당 출입구. 후에 덧대어 만들었다.

기도 하고…. 그래도 이미 잡아놓은 약속이라 안 된다고 버텼지요. 그러니까 아예 문 목사님을 연금해서 강연을 못 하도록 하더군요."

"젊은이들이 많이 희생된 게 가슴 아파요. 우리 교회 젊은이들도 수난이 많았지요." 80년대엔 수원교회 여전도사가 구역예배에서 자신이 직접 목격한 광주 5.18민주화운동에 대해 이야기했다가 경찰에 고발되기도 했고, 교회 청년들이 데모에 가담했다가 연행되는 일도 종종 있었다.

현재 돌교회 신도는 재적 1,200명에 출석 750명쯤 된다. 윤 목사가 부임해 첫 설교를 하는 날 80명이 모였다고 했다. 그렇다면 교인이 약 10배 정도 늘어난 셈이다. 하지만 40년 동안 10배 늘었다는 것은 거의 제자리걸음을 했다는 말이나 다름없다. 그래도 윤 목사는 개의치 않는다고 했다. "지금은 은퇴한 목사지만 저는 아직도 양적 성장이 중요한 게 아니라 건강한 지역사회를 만드는 일이 중요하다고 믿습니다." 윤 목사는 요즘 세상일에는 관심 없고 교회 성장에 치중하는 보수적인 신앙과 외적인 일에만 치우치는 진보적인 신앙을 어떻게 통합할 것인가를 고민하고 있다고 했다.

| 도움말 주신 분 |

윤기석 수원장로교회 명예목사
강성우 수원장로교회 담임목사
허성우 수원장로교회 장로
김희식 수원장로교회 장로

| 참고자료 |

수원교회 60년사 편찬위원회, 『수원교회 60년사』, 2008.
경기도, 『경기도 근대문화유산 조사 및 목록화 보고서』, 2004

09
수원종로교회

답사일 : 2010년 7월 6일

111년 수원 교회사의 증인

서울 이남 감리교회의 역사는 수원종로교회로부터 시작된다. 2010년 교회창립 111년을 맞은 기독교대한감리회 수원종로교회는 감리교뿐만 아니라 개신교회로는 처음으로 수원에 들어선 예배당이었다. 수많은 지교회가 수원종로교회를 모태로 갈라져 나갔다. 또한 수원종로교회는 삼일 학교와 매향 학교를 세워 근대 신교육의 요람 구실을 하였다. 나아가 3.1운동 시기에는 수원지역 민족운동과 독립운동의 근거지 가운데 하나였다.

수원종로교회는 현재 수원시 팔달구 북수동 368-1, 화성행궁 광장 맞은편에 자리 잡고 있다. 하지만 1899년경 초기 신앙공동체가 형성되고, 1902년 첫 교회가 세워졌던 곳은 수원읍 보시동(현재의 북수동, 장안동 일대)이다. 보시동교회 또는 수원읍교회로 불리던 초기 교회는 1907년 현재의 위치로 이전했다. 이 자리에 1932년 현 교회의 원형에 해당하는 예배당이 세워졌다. 이 예배당은 헐리고 1969년 지금의 교회당으로 다시 태어났다. 물론, 당시엔 지금의 모습과 조금 다르다. 1981년 교회 오른쪽에 세워졌던 종탑이 헐리고 예배당 우측의 구조도 바뀌었기 때문이다.

화성행궁 쪽에서 본 수원종로교회 전경

교회 뒤편에서 본 왼쪽 측면

팔달산에서 내려다본 수원종로교회 사진. 안희선 목사가 촬영한 사진으로서, 교회 벽면에 걸려 있다.

　　팔달산과 화성행궁을 한눈에 바라볼 수 있는 교회 자리는 사실 천주교인
들의 목을 베던 장소로 알려져 있다. 현 예배당 목회자실 복도에 사진으로 게시
된 1937년 〈감리회보〉 기사에는 이렇게 돼 있다. "이 예배당기^址는 본래 관가의
소유로서 소위 천주학장이들을 잡아서 목버이든 땅이다. 성도의 피흘린 땅에
하나님의 교회가 선 것은 뜻깊은 일이며 우리에게 큰 교훈을 주는 일이다."(『수
원종로교회사』에 실린 번역본 재인용.) "병인박해 당시에 천주교인들을 여기서 처형했
다는 기록이 있습니다." 안희선 담임목사는 처형장소가 현재 주차장 화장실 옆
미루나무 자리였다고 했다. 미루나무는 지금 남아 있지 않다.
　　현 예배당은 대지면적 1,258m^2, 연면적 1,308m^2 지하 1층, 지상 3층 철근 콘

크리트 건물이다. 정면 오른쪽 하단에 머릿돌이 선명한데, 1932라 새긴 첫 머릿돌 위에 1968. 10. 28을 명기한 머릿돌을 올려놓았다. 예배당은 전반적으로 별다른 장식 없는 입방체에 경사 지붕을 씌운 단순한 양식이다. 정면부를 붉은 벽돌이 드러나게 약간 돌출하여 쌓고, 양옆으로 흰색 기하학 패널을 붙인 정도다. 1960년대 교회 건축의 경향을 보여주는 이 예배당의 보존 상태는 양호하다.

예배당 내부는 외양과는 달리 꽤 넓다는 느낌을 준다. 현대식 음향과 영상장치 따위를 제외하면 내부 역시 한 세대 전 교회의 모습과 크게 다르지 않다. 특히 설교단 오른쪽에 놓인 1950년대 강대상은 그 자체로 역사와 전통이 녹록찮은 교회임을 웅변한다. 또한 예배용 의자 역시 족히 한 세대 이상 사용했던 것들이다. 하도 밟아 닳은 흔적이 역력한 이들 의자 발판은 지난 세월, 이 예배당에서 간절히 기도하던 수원 사람들의 자취일 터이다.

수원종로교회의 역사를 말해주는 또 하나의 사물이 예배당 안에 남아 있다. 3층 꼭대기에 설치된 교회 종이다. 이 종은 1950년 초에 봉헌됐다. 이전에 사용하던 종을 일제 말기 헌병들이 종탑을 파괴하고 떼어갔기에 해방 후 수원 장안에서 아름답기로 소문났던 교회 종을 복원하자는 움직임이 일어났다. 관련 기사가 〈대한감리회보〉 1950년 2월25일자에 실려 있다.

"수원읍 유지 차태익씨가 모친 고 서우레철씨를 기념하고자 30만 원의 거금을 들여 종각과 종을 재건하여 예전과 같이 하늘 높이 솟아오른 종각에서 울리는 종소리가 온 장안 사람들에게 크게 감명을 주어 교우는 물론 일반 시민들도 차태익씨의 효성과 특지를 칭송한다더라."(『수원종로교회사』에서 재인용.) 후일 종탑은 사라졌으나 이 종은 지금도 예배당 안에 남아 맑은 종소리를 자랑한다. 그런데, 이 종보다 더 오랜 역사를 보여주는 물건이 목회자실 캐비닛에 보관돼 있다.

서울이남 감리교 선교의 중심

안희선 담임목사가 조심스레 꺼내 보여준 것은 1910~20년대에 쓰이던 성경 주
석서 몇 권이다. "교회 역사를 정리하다가 이런 책을 10여 권 찾아냈습니다. 주
로 중국을 통해서 들어온 책들이지요. 이 주석서들은 예전에 저 멀리 공주에서
부터 교역자와 교인들이 이곳 수원종로교회에 와서 사경회 등을 할 때 사용된
교재로 추정됩니다. 여기가 중심이었으니까요. 또한 모두 한문으로 된 이런 주
석서를 가지고 공부를 할 수 있었다는 사실은 지역 유생들이 상투를 자르고 기

교회 창문

수원종로교회 역사가 게재된 1937년 〈감리회보〉

독교인이 되었다는 증거이기도 합니다."

안 목사가 보여준 책자는 신약의 마가복음, 구약의 잠언, 욥기, 에스겔서 등의 주해서였는데, 상해에서 발행된 1910년 판도 있고, 1917년 판도 보인다. 이들 주석서가 수원종로교회에서 70년 이상 전해 내려온 사연을 짚어보려면 수원종로교회사를 간략하게나마 훑어보아야 한다.

미국감리교회(The Methodist Episcopal Church)가 한반도 선교를 본격화할 무렵 서울이남 지역은 수원에서 충청남도 공주까지가 하나의 선교 권역으로 묶

예배당 2층에서 내려다 본 수원종로교회

여 있었다. 일명 북 감리교회라고도 하는 미국감리교회의 선교 책임자였던 스크랜턴(W. B. Scranton)은 1898년 수원-공주 지방 전담선교사로 스웨어러(W. C. Swearer, 서원보(徐元補)) 선교사를 임명하였다. 스웨어러 선교사는 부인과 함께 1년 후인 1899년 수원에 선교거점을 확보할 수 있었다.

초기에 신앙공동체를 형성한 집단은 서울에서 이주한 교인들이었다. 서원보 선교사는 이들을 위한 예배당과 선교사 휴양관(Rest House)을 짓고자 했다. 휴양관은 순회구역을 담당하는 선교사나 목회자들이 성경공부 등을 하며 쉬어가는 장소였다. 서원보 선교사는 이 일을 김동현金東鉉이라는 조선인 교회 지도자에게 맡겼다.

그러나 김동현은 화령전華寧殿 근처 땅을 매입하려다 실패했다. 화령전은 정조의 진영眞影을 모신 신성한 곳이므로 조선왕조의 입장에서 보자면 그 근처에 기독교 예배당을 지으려 한 것은 '신성모독'이었기 때문이다. 김동현은 그 죄로 옥에 갇히게 되었고, 이 거래는 땅값을 무르고 취소되었다.

서원보 선교사는 김동현 대신 이명숙을 파송하여, 수원성 보시동(현재의 북수동과 장안동 일대)에 13칸짜리 기와집을 매입하고 1902년 예배당과 숙소를 지었다. 수원 최초의 교회인 보시동교회(수원읍교회)는 착실하게 성장했다. 1902년 2월에는 초기 신앙공동체를 형성했던 서울에서 온 교인 외에 남자 3명과 여자 4명이 "첫 열매"로 등록했다는 기록이 남아 있다.

1950년대 강대상. 지금도 여전히 쓰인다.

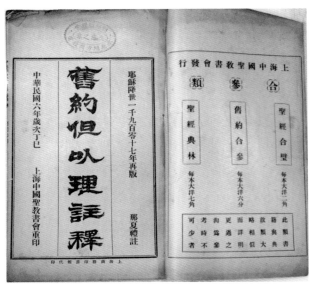

수원종로교회에 보관돼 있는 1917년판 성서 주석. 상해에서 발행된 책이다.

주석서 표지

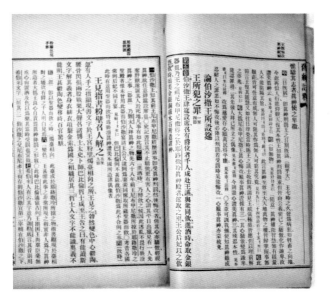

주석서의 내용

1903년에는 학생 15 명을 모집하여 남자매일학교(삼일학교)를 세웠다. 수원읍교회는 이 학교의 교실 겸 예배당이었고, 일부는 선교사들의 휴양관과 이명숙 전도사의 주거공간이었다. 한편 수원 최초의 여학교인 여자매일학교(매향학교)의 모태도 수원읍교회라고 할 수 있다. 스크랜턴(M.

수원종로교회의 보물인 이들 옛 주석서는 목회자실에 10여 권이 보관돼 있다고 한다.

F. Scranton)부인이 1902년 수원에 내려와 세운 학교이기 때문이다. 따라서 수원종로교회는 삼일학교와 매향학교의 모태이기도 하다.

수원읍교회의 교인은 빠르게 늘어나 1904년에는 160명가량이 되었다. 대한제국의 멸망이 코앞에 닥친 1907~8년 한반도에서는 오히려 "대부흥운동"이 벌어져 개신교인의 수가 크게 늘었다. 수원읍교회도 신도가 200여 명으로 급증함에 따라 1907년 더 넓은 터를 찾아 현재의 위치로 이사하였다. 1913년에는 미국의 독지가가 기부한 돈과 옛 교회 매각대금 900여 원으로 40평 함석 예배당을 건축하였다.

증축을 하였다고는 해도 예배당은 여전히 비좁았다. 더구나 함석 예배당은 일본식도 한국식도 아닌 어정쩡한 건물이어서 신도들의 불만을 샀다. 이에 따라 12시에 교회 종이 울리면 새 교회당을 위한 기도를 올리고, 개당 3전 하는 벽돌을 한 장 한 장 사 모으는 운동이 전개되었다. 이런 식으로 8년이 걸리든, 10년이 걸리든 새 교회를 자신들의 손으로 짓자는 운동이었다.

이와 함께 사경회를 위한 기숙사도 새로 짓기로 했다. 사경회는 대부분 겨울에 열렸는데 사경회 기간에는 수원뿐만 아니라 멀리서 교인들이 쌀을 지고

와 밥을 해 먹으며 참여했다. 이들은 차가운 교회 마룻바닥에서 잠을 잤다. 아마도 당시 사경회에 참여한 교인들은 앞서 언급한 상해 발행 주석서 등을 통해 성경공부를 하였을 것으로 추정된다. 이에 따라 1923년 예배당이 증축되었고, 1926년엔 20칸짜리 기숙사가 완공되었다.

"이 기숙사에는 저 멀리 공주지방 신도들도 쌀말을 지고 와서 머물며 성경공부를 했다고 합니다. 지금 교회 주차장 자리가 기숙사가 있던 터입니다." 안 목사는 교회 옆 인도의 경계석이 그때 기숙사 주춧돌이라고 했다. 기숙사가 언제 헐렸는지는 기록이 없으나, 1954년 사진에도 온전한 기숙사 건물이 드러나는 걸 보면 꽤 오랫동안 남아있었던 듯하다.

1950년까지만 역사를 정리한 연유

2010년 4월 4일 창립 111주년 기념 예배를 드린 수원종로교회의 역사는 공식적으로 1899년에서 1950년까지만 정리돼 있다. 2000년 4월에 펴낸『수원종로교회사』의 부제가 '1899~1950'이다. 상식적으로 100년사가 나왔어도 진작 나왔어야 한다. 그런데 왜 52년간의 역사만 기록한 것일까?

선의로 해석하면 엄정한 객관성을 확보하기 위한 자기 억제라고 할 수 있을 듯하다. 자기 자랑 위주의 100년사는 기술하지 않겠다는 엄격한 자세를 견지하겠다는 뜻이다. 그러나 이를 좀 더 음미해 보면 아직은 평정심을 갖기 힘든 복잡한 문제들이 1950년 이후 역사에 얽혀 있다는 의미로도 해석 가능하다. 당 시대의 인물들이나 그 후손들이 생존해 있는 만큼 모두가 동의하는 해석과 서술이 어렵기 때문에 더욱 깊이 성찰할 시간이 필요한 것인지도 모른다.

『수원종로교회사:1899~1950』의 '맺는 글'을 살펴보자. 이 글은 수원종로

현재 수원종로교회 주차장으로 쓰이던 이 자리에는
20간짜리 기숙사가 있었다고 한다.
사진 정면 가건물 자리는 예전 천주교도들을 처형하던 자리로 추정된다.

인도 경계석은 예전 한옥 기숙사의 주춧돌 따위를
가져다 쓴 것이라고 한다.

교회의 의미와 교훈을 다음 세 가지로
정리한다. 첫째, 수원종로교회는 순교
의 터 위에 세워진 교회이다. 둘째, 수
원종로교회는 서울이남 지역 감리교
회의 모母교회이다. 셋째, 수원종로교
회는 개신교회로는 수원시에 세워진
최초의 교회로서 수원주민들에게 교
회의 존재를 확실히 알게 해 주었다.

그런데, 이에 이은 마지막 의미와 교훈이 의미심장하다. 길지만 그대로 인용해 본다.

"마지막으로 수원종로교회는 많은 어려움을 겪어낸 교회이다. 이 어려움 이란 일제시대와 같이 외부에서 오는 핍박일 수도 있고, 반대로 내부의 갈등에 서 오는 분열일 수도 있었다. 창립 백주년을 맞이하는 동안 수원종로교회는 안 팎의 매서운 시련 속에 봉착할 때가 한두 번이 아니었다. 이런 안팎의 어려움을 견뎌내면서 오늘날 수원종로교회가 선교 2세기의 문을 열게 되었다."

그 아래 이런 문장도 보인다. "이와 함께 수원종로교회는 부끄러운 역사를 반성하고 주님이 주시는 귀한 교훈을 깨달아야 한다." 수원종로교회가 시은관 侍恩館이라는 부속건물을 마련하고 외환위기 이후 10년 넘게 노숙인과 독거노 인을 위한 활발한 섬김 활동을 벌이고 있다든지, 세계 곳곳에 선교교회를 세워 활발한 해외선교를 펼치고 있다는 사실은 선교 2세기의 문을 연 것으로 평가할 수 있다. 그럼에도 불구하고 '부끄러운 역사'란 무엇을 의미하는가?

역사가 오래된 한국 개신교회 거의 대부분이 겪어온 분열의 문제는 제쳐 두더라도, 이 땅의 근현대사와 얽힌 사연은 그대로 묻어둘 문제가 아니다. 『수 원종로교회사:1899~1950』는 그 일단을 서술하고 있다. 그 명암을 살펴보려면 3.1운동을 전후한 시기로 거슬러 올라가야 한다.

민족운동과 교회의 분열

수원·화성 지역 3.1운동 탄압이 극심했다는 사실은 널리 알려져 있다. 1919년 수원지방 감리사보고는 "목사 5인과 인도자 13인이 수감되었고 교인 13명이 일경에게 피살되었"다고 하였다. 수원종로교회에서도 3.1운동에 앞장선 지도자

1954년 예배당 및 기숙사

1969년 10월 28일 본교회당.
2층 연와조 379평 건축

1954년 장안문 쪽에서 바라본 수원종로교회와 기숙사(사진 상), 아래는 1969년 신축 초기 모습. 교회 오른쪽 종탑이 보인다.
《수원종로교회사》에서 스캔

들이 있었다. 김세환金世煥, 임응순任應順, 이하영李夏榮, 이선경李善經이 대표적 인물이다. 김세환은 당시 삼일여학교 학감으로서 경기도와 충청지역 운동에 앞장 섰다. 임응순은 수원종로교회 전도사로서 삼일남학교를 운영하는 한편 김세환 등과 함께 수원지역 3.1운동을 이끌었다.

이선경은 '수원의 유관순'으로 알려진 인물이다. 1904년 수원 산루리(현재의 팔달구 중동)에서 큰 부잣집 딸로 태어난 이선경은 3.1운동 당시 경성여자고등보통학교(현 경기여고) 학생으로서 수원읍교회의 교사이기도 했다.

3·1운동이 발발하자 이선경은 김세환 밑에서 각지의 연락임무를 담당하였다. 그녀는 치마 속에 혹은 앞가슴에 비밀문서를 넣어 일본경찰의 눈을 피해 대전, 청주, 안성 등지로 수십 차례에 걸쳐 비밀지령을 전달하였다. 김세환과 김노적 아래에서 만세운동의 행동대行動隊로 활약했던 이선경은 박선태와 더불어 독립운동 활동을 주도적으로 담당했다.

3·1운동 이후 이선경은 구국민단救國民團에 참여하였다. 구국민단은 독립운동가 유가족을 돕기 위해 결성된 수원지역의 비밀결사였다. 구국민단은 1920년 7월까지 1주일에 한 번씩 금요일마다 수원 읍내에 있는 삼일학교(현 매향여고)에서 회합하여 독립신문의 배포 등을 논의하였다고 한다. 그러던 중 이선경은 1920년 8월 박선태, 이득수, 임순남 등과 함께 체포되었다.

이선경의 심문과정을 보면 그녀의 애국심이 얼마나 강했는지를 알 수 있다. "언제부터 조선 독립에 대한 생각을 가졌는가?" "어른들로부터 어렸을 때부터 들었으니 태어났을 때부터요" "그 생각이 옳다고 생각하는가?" "정의의 길이라 생각하오." "만일 석방된다면 다시 이 운동을 벌일 생각인가?" "그렇소. 석방되어도 다시 나라의 독립을 위해 싸우겠소."

이선경은 1921년 4월 징역 1년, 집행유예 3년을 선고받았다. 이에 구류 8개월 만에 석방되었다. 그러나 이선경은 일제 경찰의 혹독한 고문으로 석방되어 집으로 옮겨지자마자 19세의 나이로 순국하였다.

이하영은 3.1운동 당시 수원에 있지는 않았다. 그는 일찍이 상투를 자르고 개신교인이 된 수원읍교회 초대교인 가운데 한 명으로서, 삼일학교를 설립하는 데 앞장섰고, 1909년엔 수원읍교회 전도사로 파송되기도 하였다. 그러나 목사가 되어 평양 쪽으로 옮겨간 이하영은 1919년엔 진남포에서 만세운동을 주도했다. 그로 인해 옥고를 치른 이 목사는 일경의 엄한 감시하에서 평양, 강릉 등에서 목회를 하다가 1931년 자원 은퇴하고 향리인 수원으로 돌아와 지냈다.

여기까지는 수원종로교회가 자랑으로 내세우는 부분이다. 하지만 이는 불화의 씨앗이기도 하였다. 일제말기 기독교조선감리교단은 총독부 권력에 무릎을 꿇었다. 수원종로교회도 예외가 아니었다. "일제는 민족사상이 들어갔다고 생각하는 찬송가를 삭제하여 부르지 못하게 하였으며, 유대사상을 배격한다는 의미로 구약을 읽지 못하게 하였다. 교인들을 비롯한 교회지도자가 신사참배하는 것은 물론, 예배 때에는 먼저 일본 천황이 있는 곳을 향하여 궁성요배를 하고 예배를 시작하였다."

해방을 맞자 교회는 분열되었다. 이처럼 식민지 권력에 복종한 복흥파와 이를 청산하자고 주장하는 재건파의 대립이 격화되었다. 재건파는 일제 말기 친일 교회에서 쫓겨난 교인들이 중심이었다. 여기에다가 좌우익의 대결까지 중첩되었다. 이승만을 중심으로 한 우익은 교회가 공산주의에 맞서는 선봉이 되기를 원했다. 하지만 수원종로교회 안에는 우익을 권력 해바라기라고 비판하는 좌익 계열 신도들도 존재했다. 이하영 원로 목사는 이들의 지도자였다. 3.1 운

1935년 교회모습

1935년 교회 모습.(《수원종로교회사》에서 스캔.)

동의 지도자이자 목회자로서 존경을 잃지 않았던 이 목사를 따르는 교인들도 무시할 수 없었다.

"이렇게 수원종로교회는 심각한 갈등을 겪었으나, 한국 사회가 우익세력이 집권하여 강력하게 좌익세력을 제거함으로 결국 이하영 목사와 그 가족은 수원종로교회에서 그 자리를 잃어버리게 되었다."(『수원종로교회사:1899~1950』, 189쪽.) 그러나 친일-반일, 우익-좌익의 갈등은 완전히 불식되기 어려웠고, 다른 원인이나 계기들과 맞물리면서 교회분열의 깊숙한 축을 이루었던 듯하다.

수원종로교회사는 이를 완전히 극복하지 못한 탓에 아직까지도 1950년대 이후 역사 정리에 선뜻 손을 내밀지 못하고 있다고 해도 지나친 표현은 아닐 것이다. 그러나 한편으로는 수원종로교회는 오히려 양심적인 역사관을 보여준다고 할 수 있다. 수원종로교회와 다르지 않은 분열과 대립과 혼란과 반목을 겪은 수많은 큰 교회들이 이를 분식하거나 회피하는 방식으로 자신들의 역사를 미화하는 사례를 찾기 어렵지 않기 때문이다.

어떤 역사를 보존할 것인가

수원종로교회의 최근 고민은 이전 문제다. 세계문화유산 화성 복원사업의 일환으로 행궁 광장 건너 수원천변 건물을 철거하는 작업이 진행되고 있기 때문이다. 세계문화유산의 원형 복원이라는 거창한 명분이 걸리기는 했으나 수원종로교회 역시 지금까지 살펴본 대로 우리 근현대사의 소중한 부분이므로 철거냐 보존이냐는 쉽사리 답하기 어려운 문제다.

어느 쪽이 더 보존 가치가 큰 역사일까? 왕조의 유산인가, 근현대의 유산인가? 국책사업이 우선인가, 지역사의 애환이 서린 장소가 우선인가? 화성 복원사업이라는 이름으로 진행되는 철거는 과연 왕조의 유산을 지키기 위한 것인가? 그렇다고 해도 끊임없이 이어지는 삶의 현장을 보전하자고만 하는 게 옳은가? 누구를 위한 역사가 우선이어야 하는가? 질문은 꼬리를 물 수밖에 없다.

"교회 내에서도 외곽에 널찍한 터로 이전하자는 의견이 있습니다. 그렇지만 교회는 경제 논리로 가면 안 됩니다. 역사성 정통성 신앙성이 우선입니다. 그렇다고 현 위치에서 한 발짝도 움직일 수 없다고 버티려고 하는 것은 아닙니다. 부득불 이전해야 한다면 대의를 따라야겠지요. 물론 깊이 고민하고 기도로 응답을 받아야 하겠지요." (안희선 목사)

| 도움말 주신 분 |

안희선 수원종로교회 담임목사
노태성 수원종로교회 부목사

| 참고자료 |

수원종로교회, 『수원종로교회사 1899~1950』, 2000.
경기도, 『경기도 근대문화유산 조사 및 목록화 보고서』, 2004.
김재국, 『수원근대건축의 발달에 관한 연구』, 홍익대학교대학원 석사학위논문, 1998.
http://www.jongro.or.kr/ 수원종로교회 홈페이지

10
수원 영동시장 거북산당

답사일 : 2009년 8월 18일

화랭이 이용우는 얼마나 많은 고개를 넘었을까

영정가망 부정가망

조라영정에 전물부정

시위들 하소자

벌 높은 처소에

수많은 인간들이

들리두 영정에 날리두 부정이요

해 묵은 부정이며

철 묵은 부정이며

날로 누락헌 부정을랑

전전이다. 물리치소자

　　이것은 남무인 화랭이(화랑이) 이용우李龍雨(1901~1989)가 부정굿에서 스스로 장구 장단을 치며 부정장단에 부르는 마달(무가)의 한 대목이다. 이용우는 경기도 화성군 오산면 부산리에서 태어나 전 생애를 굿판에서 보낸 세습남무이다.

상가 틈에 끼어 초라하게 자리 잡고 있는 거북산당 입구

그는 12대를 이어오던 세습무 집안 출신이다. 부친은 경기도 재인청才人廳 도대방都大房을 지낸 바 있는 이종하李鍾河이고, 숙부는 오산 지역 당굿의 으뜸 화랭이었던 이종만이다. 이종하는 서울에서 흥선대원군이나 민영익閔泳翊 대감 밑에서 일한 적이 있는 능력 있는 재인으로 알려져 있다. 그의 삼남 이용우는 장구·대금·무가에 능했던 인물이다. 이용우는 어려서 소리 공부를 했고, 무속의 춤과 젓대, 장구를 아버지 이종하에게 배웠으며 주로 대동굿에서 선학습을 했다. 그는 다채로운 무가를 보유하고 있었기에 「군웅노정기」와 「뒷전」의 마달

을 유품으로 남겼으나 이 자료는 조한춘 사니에게 넘어갔다. 평생을 굿과 함께 살았던 그는 경기도당굿이 무형문화재로 지정되기 한 해 전인 1989년에 교통 사고로 세상을 떴다.

우리는 화랭이 이용우의 장구채가 어떻게 가락을 맺고 풀었는지 알지 못한다. 하지만 그는 신명神明을 손바닥 굳은살에 담을 줄 알았던 것 같다. 그가 만신을 뒤 세우고 낡은 도포자락 휘날리며 넘은 고개가 몇일지 가늠키도 어렵다. 맺혀 흐느끼던 그 한 많은 가슴들을 풀어내던 접신接神의 순간, 신명을 돋우며 눈을 이글거렸던 그 절정의 순간은 또 몇 날이었을지…. 그 많은 굿판에서 빠르게 치닫는 굿거리장단에 신을 받는 몸뚱아리 덜덜 떨며 허공을 움켜쥘 때, 눈 홉뜨고 땀 흘리며 터질 것 같은 가슴을 부여잡을 때, 신명을 부르며 까무라칠 때, 그리하여 차안과 피안의 중간쯤에서 땀을 훔칠 때, 그가 어떤 표정이었을지 알 수 없으며 그 모든 해원解冤의 굿판이 지난 후 그가 개다리소반을 끼고 앉아 보리밥을 씹으며 무엇을 보았고 무엇을 생각했을지도 가늠키 어렵다.

사람의 뜻과 정성을 모아 손이 닳도록 빌었던 흰옷의 비손들과 굿거리 두들소리는 근대화의 물결 속에서 우리네 삶과는 점점 유리되었고 그렇게 그들은 시간 속으로 사라졌다. 홀로 굿당을 지키는 그의 늙은 아내만 남았다.

거북산당의 역사

89세로 타계한 이용우는 평생 수원을 중심으로 활발한 활동을 했다. 그의 활동의 주요 근거지가 영동시장 안에 있는 거북산당이다. 오랫동안 거북산당 도당굿을 주관했던 그는 굿을 총감독하는 연출자이자 무당이자 화랑이었다.(굿의 무가(巫歌)·무무(巫舞)에는 반드시 무악(巫樂)이 뒤따르는데, 굿에서 반주하는 이를 화랑이·화랭이·화란이·고인 등으로 불렸다. 음악을 반주하는 악사가 없는 굿은 '통탱이·다쿠리'라고 하며 시시한 굿으로 여겼다.〈수원시사〉)

거북산당은 수원시 영동 432번지에 있는 제당祭堂이다. 팔달문 바로 아래에 위치한 영동시장 내 서울은행 뒤쪽에 있다. '당집', '거북도당' 등으로도 불린다. 산당이 시장 안에 있다 보니 가게들 틈에 끼여 초라한 모습이다. 거북산당이 처음 생겨난 시기는 대략 18세기 후반 수원이라는 신도시가 형성된 때로 보고 있다. 정조대왕의 야심작이었던 화성의 축조와 역사적 궤적을 같이 하는 영동시장은 1789년(정조 13) 사도세자思悼世子의 화산花山 이장이 결정되고, 수원부 읍치가 팔달산 기슭의 신기리로 옮겨지면서 형성된 것으로 추정된다.

현재의 당 건물은 건립연도 기록이 제각각이다. 수원시사에는 1960년으로 추정하고 있고 당집에 보관된 건립증서에 따르면 1964년도에 만들어진 것으로 나와 있다. 건립 주체 역시 혼란스럽다. 현재 당집을 지키고 있는 임복례 할머니의 증언에 따르면 지동에 살던 백윤남 만신이 사비私費를 들여 당집을 짓고 '거북산당'이라는 이름까지 붙였다고 한다. 하지만 당집의 안내판에는 〈수원시사〉를 근거로 인계동에 거주하는 이 씨라는 할머니가 가재家財를 들여 경찰서와 동사무소 등 기관의 협조로 중수하였다고 소개하고 있다. 당집에 보관되어 있는 건립증서에는 총 8명의 건립 유공자의 이름이 보이는데 이들이 낸 건립기금의 액수도 기록되어 있다. 그중 가장 많은 돈을 낸 것은 백윤남과 이성덕으로 되어 있는데 이성덕은 백윤남씨의 남편이자 도당굿에서 이용우와 함께 활동하던 악사로 알려져 있다. 따라서 시에서 만든 안내판에 나오는 이 씨 할머니는 이성덕 씨와 혈연관계에 있는 사람이거나 이성덕 씨가 잘못 표기됐을 가능성이 있다.

거북산당의 이름에 '거북'이 사용된 이유는 이 제당이 지금은 사라진 거북산龜山·龜峰 기슭에 위치하고 있기 때문이다. 시사에 따르면 수원 추팔경水原秋八景 중에는 구암반조龜巖返照가 있는데, 이는 저녁노을이 찬란하게 비치는 구암의 경치로, 수원 추팔경의 제4경에 해당한다. 그런데 여기서 말하는 '구암'이 바로 거북산을 말하고 있는 것으로 추정된다. 화성성역의궤 권2 101쪽에는 "남수구南水口의 구산돈대龜山墩臺"라고 나와 있어 남수구 근처에 거북산이 있었음을 알 수 있다. 조선왕조실록 정조 18년 1월 15일 자에는 "인하여 용연에 나아가 구봉龜峰을 가리키면서 심태에게 이르기를 '오른쪽은 구봉이고 왼쪽은 용연이어서

영동시장 상가

거북과 용이 서로 마주하고 있으니 그 이름 역시 우연하지 않다.' 하였다."라는 정조의 언급이 나와 있다. 이로 보아 '거북산'은 '구봉'이라 불렸으며, 용연 맞은 편에 있었음을 알 수 있다. 이러한 추정은 1872년(고종 9)에 그려진 수원부지도水原府地圖를 보아도 확인할 수 있다. 이 지도를 보면, 용연과 마주하는 위치인 남문 밖 시장 근처에 구산이 그려져 있다.

임복례 씨는 거북산당의 건립과 관련해 다음과 같이 말했다. "이게 워낙 우리 친정 외삼춘아줌마(외숙모를 그렇게 부르는 것 같다)가 지은 거여. 그이가 이름이 백윤남이여. 우리 외삼춘아줌마가 옛날에 시장서 투가리에 담아주는 국밥장사를 했는데 그냥반이 몸이 아파서 솔잎하고 생쌀을 잡숫고 그랬던 분이여. 누구든지 다 미쳤다고 그랬어."

안혜경의 논문 「수원 영동 거북산당 신앙의 변화양상」에 의하면 백윤남 씨가 당집의 건립과 함께 당주가 될 수 있었던 것은 화랭이 이용우와 함께 활동했기 때문인 것으로 추정된다. 이용우의 집안은 거북산당과 단골관계를 맺고 있었다. 그는 백윤남에게 도당굿을 가르치고 함께 활동했다. 그러나 백윤남은 10여 년간 당을 지키다가 말년에 무업과 관련한 갈등 때문에 당을 떠나게 되었고 병원에서 74세로 사망했다.

임복례 씨는 거북산당을 근거지로 활동한 화랭이 이용우에 대해 "우리 할아버지(남편)가 이용우 씨요. 그냥반이 서울 다니면서 다 그거(굿) 했지. 선상님 없으면 굿을 못한다고들 해서… 섬으로도 다니면서 다 했어. 그냥반이 도당굿이라면 어디든지 댕기면서 했어."라며 백윤남 만신의 죽음을 다음과 같이 회상했다.

거북산당 측면

거북산당 정면

마당에 있는 팔달산신을 모신 단

"그냥반이(백윤남 씨) 아마 위가 안 좋았나 봐. 그래서 우리 할아버지(이용우)가 병원에 가서 수술을 하면 안 된다고 그랬는데 자손들이 수술을 해버렸어. 그러구 병원에서 나와서 나한테 여기 열쇠를 주고 돌아가셨어. 그런데 그냥반이 염을 하고 사흘만에 다시 깨난 양반이여. 그리고 다시 가셨지. 가만있자 여기 사진이 있는데…."

임복례는 1960년 39세에 신내림을 받았다. 백윤남과 함께 광교산으로 기도드리러 다녔고, 이 과정에서 자연스럽게 이용우와 가까워져 함께 살게 된 것으로 보인다. 그녀는 도당굿과 관련된 예능을 배우지 않았는데, 이용우가 만신은 힘이 드는 일이라고 하면서 가르쳐주지 않았다고 한다. 이용우가 죽은 뒤에는 그와 함께 활동하며 굿을 익힌 신 제자 오수복이 기능보유자로 선정되어 경기도당 굿의 주무가 되었다. 따라서 이용우와 오수복의 활동 중심이었던 거북

임복례 할머니가 기거하는 방과 부엌.
부엌 한복판에 지붕을 뚫고 자라는 향나무가 서있다.

연못이 없어지고 나서 만든 샘

산당 도당굿은 경기도 도
당굿을 이루는 핵심적 바
탕이 되었다고 볼 수 있다.

거북산당은 이용우
씨 사후 임복례 씨가 맡게
되었으며 당집에 살면서
당을 관리하고 당주 노릇
을 하게 되었다. 그러나 굿
을 배우지는 않았기 때문
에 공수는 내려주지 못한

산당을 지을 때 만들었다는 우물

다. 2009년 88세인 임복례 할머니는 평생의 추억이 배어있는 거북신당의 일부가 되어 당을 지키고 있었다. "난 여기 돌봐요. 난 보살도 만신도 아니구, 그냥 여기 돌보고 살지. 난 집이 없어. 그냥 여기서 살어. 여기 온지 오래됐지. 청소하고 조석으로 그거(치성)하고… 대왕님이나 거북산 산신할아버지, 할머니에게 다 하지. 촛불 켜고 옥수도 올리고 만날 절하고… 난 할아버지 돌아가시고 그냥 여기 있었어."

거북산당과 영동시장

영동시장榮洞市場은 수원시 팔달구 수원천로 255번길 6 일대에 있는 시장이다. 팔달문 동쪽 남문로 남쪽변에 있다. 옛날부터 문밖시장, 성외시장 등으로 불리며 4일 9일에 장이 섰던 장터였으며, 곡식시장(싸전)이 활발하였다. 수원의 대표적인 장터로서, 20~30리 밖에서도 이 장터를 이용할 정도로 많은 사람이 붐비는 곳이었다.

1790년경 화성 건립을 위해 전국에서 사람들이 몰려들자 남문 밖에 시장(지금의 영동시장)이 형성되었는데 이 시장을 중심으로 고을이 커지자 상업이 번영하라는 뜻으로 일제강점기에는 '영정시장榮町市場'이라 하였다가, 1949년 수원시로 승격이 되면서 '영동시장'으로 이름이 바뀌었다.(수원시사) 예전에는 유명한 화춘옥갈비도 영동시장에 있었다. 그때는 현 영동시장 주변을 통틀어 영동시장으로 보았다.

1972년에 현재의 건물이 들어섰다. 현재 열고 있는 점포는 300여 곳이다. 시장은 1970, 80년대에 제일 번성했다. 용인, 안성 등 경기남부의 도매물건을 거의 다 대던 곳이다. 하지만 1990년대로 들어오면서 내리막길로 들어섰다. 교통의 발달로 다른 지역에도 유통망이 갖춰졌고 대형유통점들이 들어서면서 상권이 분산되어 어려움을 겪기 시작했다. 지금은 전성기 때보다 상권이 반도 안 되게 줄었다.

이 영동시장은 전국에서 유일하게 제당祭堂을 가지고 있는 시장이다. 예전에는 전국적으로 재래시장에서 불이 자주 났다. 대부분의 상가들이 단층 가건물이었고 연탄을 때고 전선 관리도 잘 안되고 해서 화재가 잦았고 소방대책도 없었다. 화마는 한순간에 상인들에게서 모든 것을 빼앗아가는 가장 무서운 재앙이었다. 그들은 불을 막을 방비책이 필요했고 의지할 힘이 필요했다. 그래서 생겨난 것이 거북산당이었다.

거북산당 천장

산당이 있는 곳은 주위에 물이 많고 풍수지리적으로 불을 제압할 수 있는 힘을 지니고 있는 곳이다. 이곳은 200년이 넘도록 산신이 모셔지며 시장을 재앙으로부터 보호하는 신성한 곳으로 여겨졌다. 또한 거북은 물을 상징하여 불을 제압할 수 있기 때문에 붙여진 이름이라고도 한다. 시장 사람들은 예로 부터 당 고사를 지내지 않으면 불이 난다고 생각해 세상없어도 당제는 올려야 한다고 믿어왔다. 거북산당 철제 울타리에 걸려있는 안내판에는 1790년경 영동시장의 번영과 상인들의 평안을 위하여 이 당을 창건하였다고 소개하고 있다. 시장에 전해지는 이야기에 따르면 한동안 당제를 지낼 경비가 모이지 않아 큰 굿을 하지 못했더니 시장에 불이 나고 문제가 생겼다. 그래서 시장번영회에서 부랴부랴 제수祭需를 차려와서 당굿을 부탁해 액을 막았다고 한다.

화성의 건립시기와 기원을 함께하는 거북산당에서는 상가의 번영을 위해 도당굿을 벌여왔는데 음력 10월 7일에 굿을 해왔다. 영동시장주식회사 이정관 전무이사는 현재 제를 지내는 날짜는 다소 변동이 있으며 형식은 영동시장에서 경기도당굿보존회에 협조공문 띄워서 제를 치른다고 한다. 전에는 시장에서 상당한 비용을 내서 굿을 했고 상인들도 많이 참여했으나 지금은 임원들이나 몇몇 상인들만 참여한다는 것. 그는 "굿을 하면 그분들이 음식을 시장에 다 돌린다. 그러면 받는 분들이 고맙다고 일종의 복채형식으로 돈을 낸다. 지금은 문화행사로 자체적으로 예산을 조달하는 것 같다. 비용은 도에서 보조하는 것으로 알고 있다."며 달라져 가는 당제의 모습을 설명했다.

이제는 당제가 상인들을 결속시키는 기능은 많이 사라졌다. 거북산당도 점차 시장공동체의 번영보다는 소수의 개인적 치성 장소로 바뀌고 있다. 우리 사회가 근대화의 과정을 거쳐오며 신앙의 대상이 바뀜에 따라 당의 기능도 변화된 것이다. "얼마 전에도 조그만 화재가 났었는데 이제는 화재가 나도 상인들이 치성을 잘못해서 그렇다고 생각하지는 않는다. 방화관리가 잘못됐다고 생각한다. 그냥 별 탈 없으면 당집에서 보호하는 것이려니 하고 다행으로 생각할 뿐이다. 이제는 모두들 문화로 받아들인다. 그래서 행사할 때는 시끄럽고 길이 막히고 해도 싫어하지는 않는다."(김학래 영동시장주식회사 사장)

거북산당의 현황

거북산당의 초기모습은 터줏가리(민간 신앙에서 터주신을 모셔두는 항아리) 형태의 제당이 있었던 것으로 추정된다. 처음에는 우묵하게 된 땅에 볏짚으로 우산처럼 만들어서 쌀이나 돈 따위를 넣어 모시어 두는 항아리를 덮는 물건인 짚주저리로 당 터줏가리를 만들고, 그 안에 하얀 기旗를 넣어둔 형태였다. 치성자들이 떡을 해오면 안에 조금 떼어놓고, 터줏가리 안에 줄을 매고 소지종이를 끼워 두었으며 이후 새로이 당을 짓기 위해 땅을 팠을 때 엽전이 나왔다고 한다.

현재 당으로 되어 있는 거북산당은 대지면적 97㎡, 건축면적 11㎡, 지상 1층, 맞배지붕에 골기와를 얹은 동북향(간방으로서 귀신의 출입방향이라고 한다)의 집으로 1964년에 세워졌다. 1986년 수원시 향토문화유적 제2호로 지정되면서 새로 단청을 입히고 안내입간판을 달았으며 1994년 다시 건물의 개보수가 이루어져

거북산당에 모셔진 대왕님(염라대왕이라고도 한다)과 도당 할아버지, 할머니.

거북산당 내부 왼쪽 벽면. 오른쪽에 종이 있고 왼쪽에 북과 군웅단지가 있다.

현재의 모습이 되었다.

시사에 따르면 1935년乙亥年에는 터줏가리 옆에 매우 큰 연못이 있었는데, 이 연못가에 거북처럼 생긴 돌이 있었고(시사에는 3층으로 된 탑이 있었다고 한다.) 주변에는 기와집과 판잣집들이 있어서 이곳이 시장의 외곽지역에 있던 당임을 알 수 있다고 되어 있다. 하지만 이후 땅 주인이 여러 번 바뀌고 1994년에 당을 수리하는 과정에서 연못이 메워졌고 거북 모양의 돌도 없어졌다.

거북산당 내부에
걸려있는 건립증서

그 자리에는 앞 건물에서 가건물을 지어 거북산당의 앞마당이 현재 크기로 줄어들었다. 따라서 지금은 옛 형태를 찾아보기 힘들다. 당주인 임복례 할머니는 1960년대 산당의 모습을 이렇게 회고했다. "전에 큰 연못가가 있었는데 메워 없어졌어. 그래서 샘을 맹근거여. 그때 여기 쌀장사가 있었어. 그 사람이 여기 죄 헐고 담을 이렇게 쌓아놓은 거여. 그래서 이렇게 마당이 좁아졌지. 예전에는 넓었었어."

당집 문 바로 맞은편 마당에는 시멘트로 쌓아 올린 장방형 단이 있어 수원부치府治의 진산인 팔달산신을 모셨다. 그 단 위에 정수를 담은 그릇과 초, 술 등

거북산당 내부 오른쪽 벽면. 백윤남 만신이 태극기를 든 그림과 화랭이 이용우와 백윤남 만신이 치성을 드릴 때 입던 옷이 걸려있다.

이 놓여있다. 산당 오른편에는 부엌이 딸린 작은 방이 있다. 부엌 한복판에 지붕을 뚫고 자라는 향나무가 서 있다. 산당을 지을 때 만들었다는 시멘트로 높게 쌓아 올린 우물이 있는데 지금은 먹지 못하지만, 우물에도 가끔 치성을 드린다. 또 그 옆에 서낭나무(은행나무)가 있으며 그 아래 서낭신이라 하여 불상 비슷한 작은 상이 모셔져 있고 작은 샘이 있다

거북산당 내부로 들어가면 두 개의 탱화가 눈에 들어온다. 하단에 도당할아버지 · 할머니, 그리고 염라대왕님이라고 쓰인 두 폭의 탱화가 벽면 중앙에 나란히 있고, 그 밑에는 제단이 설치되어 있다. 제단 위에는 제기와 제물이 놓여 있다. 오른쪽에는 모두 9위의 무속신(북두칠성님전, 삼불제석님전, 열두대신할머니전, 사해용왕님전, 옥황상제님전, 산신대감님전, 일곱칠성님전) 위패가 놓여있고 그 우측 끝에 이전의 당주였던 백씨 만신이 태극기를 든 그림이 걸려있다. 또 화랭이 이용우와 백윤남 만신이 치성을 드릴 때 입던 옷이 걸려있다. 왼쪽 벽에는 종과 북이 있고 그 아래에는 군웅단지, 대감항아리라 불리는 큰 독이 있다. 종은 한번 도둑을 맞아 새로 만들었다고 한다.(수원시의 역사와 문화유적)

거북산당의 성격은 매우 복합적으로 형성되어 있는데 우선 산당이란 명칭에서 보듯이 도당할아버지의 성격은 산신임을 알 수 있다. 그 신체도 처음에는 하얀 기(旗)로써 산신할아버지를 표현했으나 그다음에는 천에 그린 탱화(화주라고도 함)가 있었고, 마지막으로 무속인이 당집을 지으면서 각종 신격들, 즉 무속계통의 신들이 함께 모셔지게 되었다.

거북산당 도당굿

거북산당은 해마다 초파일(음력 4월 8일)에는 연등을 달고, 칠석날(음력 7월 7일), 음

력 10월 7일에는 고사를 지내왔다. 이용우 생전에는 먼저 이용우가 절을 하고 축을 하면, 오수복이 공수를 주었다고 한다. 고사는 소머리나 돼지머리. 시루떡. 과일 등으로 제사상을 차리고 아침부터 굿을 한다. 당주는 제를 올리기 하루 전에 미리 당집에서 위하고 있는 신들에게 시루떡을 올린다. 당굿은 만신의 청신 請神과 치성 후 시장 상인들의 개별 치성으로 이어진다. 치성자가 오는대로 제를 올려 위해주기 때문에 제의가 끝나는 시간은 일정하지는 않지만, 요즘은 치성자의 수가 줄어 예전과 같은 흥성 스러움을 찾기는 힘들다.

임복례 할머니는 사그라져가는 거북산당의 옛 영화를 아쉬워했다. "지금은 칠월칠석 제사는 안 해. 그리고 가을 제사도 원칙은 음력 시월 초이렛날인데 날 봐가지고 닷새, 엿샛날 하지. 여기서는(산당) 안하고 저기 신작로에서만 해. 아이고, 그거 우리양반 살았으면 어디 가서 그렇게들 해여…. 거 굿이라고들 그렇게 하나…."

간혹 거북산당으로 치성하러 찾아오는 사람들에게 종을 쳐주며 사당을 지키던 임복례 할머니는 자꾸만 흐려져 가는 기억을 다잡는다. "우리 할아버지가 오수복 씨하고 같이 댕기면서 모르는 거 다 가르쳤어. 어

백윤남 만신의 생전 모습

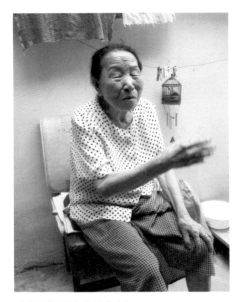

거북산당 현 당주인 임복례 할머니

디 굿하러 갔다 오면 사람들에게 '너희들 춤도 그렇게 하는 거 아녀' 그러면서 어떻게 추라고 다 가르쳤지. 노인들도 죄 가르치고…. 매교동 살 때 서울사람 이숙자가 와서 별다른 춤도 가르치고 장구도 가르치고 그랬어. 오수복 씨야 그저 처음에는 앉아서 동당거렸지(배우고 했다는 뜻). 그러다가 나중에 문화재 들어가고 여기 하는 거 지원도 나오게 하고 그랬지."

남편 이용우의 숨결이 배어있는 거북산당을 지키며 생의 마지막을 보내고 있는 임복례 할머니는 자신이 죽은 뒤 거북산당의 관리를 "할아버지의 손자딸 거목보살"이 할 거라고 말했다. 사람들이 찾아오면 사람이 반가워 웃기만 하는 화랭이 이용우의 늙은 아내. 세월에 바랜 그 주름진 웃음의 깊이를 가늠키 어렵다. 퍼런 새벽마다 정한수를 떠놓고, 비손에서 가랑잎 스치는 소리가 나는 그 고요 속에서, 그녀는 저승에 든 화랭이 이용우, 그 무뚝뚝하던 영감을 떠올릴까? 폐포파립의 화랭이가 언덕을 넘어가는 모습을 눈으로 좇듯 먼 눈길이다. "저쯤에 연못이 있었어…." 자글자글한 눈이 쓸쓸하게 웃었다.

| 도움말 주신 분 |

임복례 거북산당 당주
감학래 영동시장주식회사 대표
이정관 영동시장주식회사 전무이사

| 참고자료 |

『수원시의 역사와 문화유적』, 기전문화재연구원, 2000
『수원시사』, 수원시, 1996
『경기도 근대문화유산 조사 및 목록화 보고서』, 2004
『경기도 도당굿』, 국립문화재연구소, 1999
안혜경, 『수원 영동 거북산당 신앙의 변화양상』, 2003
http://good.culturecontent.com (한국의 굿)
http://www.lovesuwon.kr(수원사랑)

11
수원 운산방표구사

답사일 : 2010년 12월 7일

운산방표구사는 수원시 영통구 매탄동 131-1 법원사거리에 있다. '2대전통'이
라는 간판이 돋보인다. 운산방표구사 대표는 유희수 씨(1952년생)다. "법원사거리
로 온 지 20년쯤 되었네요. 이전에는 역전 쪽 수원세무서에서 '미도사'라는 상
호였지요. 미도사는 선친에게서 물려받았습니다. 제가 원래 목공 일을 했는데,

유희수 운산방표구사 대표

운산방표구사

선친이 권유하셔서 표구일을 배우게 됐지요. 제가 표구업을 한 지가 35년이니까 20대 중반이네요."

미도사는 유 대표의 선친 유영모 씨(1926~2000)가 1970년 무렵에 세웠다. 유영모 씨는 원래 자동차정비업을 했다. "정비업계에서는 첫손에 꼽아주던 분"이었다고 한다. 하지만 정비학원을 냈다가 운영이 잘 안 되던 차에 동서(유희수 대표의 이모부)가 표구 사업을 하자고 제안해 '미도사'를 차렸다. 유 대표의 이모부는 원래 표구 기술자였다.

"선친이 눈썰미와 손재주가 좋으셨습니다. 그래서 40대 중반에 시작하셨는데도 표구 일을 금세 익히셨지요. 이모부는 후에 미국에 이민 가셨는데 미국에서도 표구사를 하셨습니다." 부친은 아들이 어느 정도 표구 기술을 발휘할 수 있게 되자, 세무서 쪽 미도사는 아들에게 맡겼다. 그리고 북문전화국 맞은편에 같은 이름(미도사)으로 표구사를 또 하나 냈다.

"제가 표구 일을 하려고 마음먹은 것은 당시 서예계가 크게 발전할 것으로 보았기 때문입니다. 수원의 서예인구가 전국에서 최고였습니다. 불과 10년 전까지만 해도 그랬지요. 예를 들어 서예학원이 하나 생기면 수강생이 수십 명 모이는 건 순식간이었습니다. 서예학원 전시회가 1년이면 20~30건씩 이루어졌지요. 사업적으로는 그렇다는 얘기고, 표구 일이 사회적으로 문화적으로 존경받는 예술인을 대중과 이어주는 매개자라는 자부심도 있었습니다."

물론 유 대표는 지금도 표구사가 괜찮은 직업이라고 생각한다. "우선 작품을 내놓는 서예가나 화가들이 각박하지 않습니다. 고객들도 여유가 있는 분들입니다. 우리 표구사는 종교인, 특히 불교 계통 고객

표구 재료

이 많습니다. 예를 들어 정현正玄 스님이 하시는 '날마다 좋은날 실천운동본부'에서 제가 본부장을 맡고 있을 정도지요."

　　"문제는 표구만 해서는 식생활이 해결되지 않는다는 것이지요. 부지런히 발품을 팔지 않으면 유지조차 어렵습니다. 예전에 그 많던 서예학원 전시회도 지금은 1년에 한 건 이뤄질까 말까입니다. 몇 년 전 서예 대필 사건 이후 서예학원은 전멸하다시피 했습니다. 또 하나, 서예작품이 고가화했다는 겁니다. 대중화에 역행한 것이지요. 표구 일감이 많아지려면 작품을 누릴 수 있는 층이 넓어져야 하지 않겠습니까? 그래야 표구 일도 많아질 거구요."

표구사가 난립한 것도 경영이 어려워진 이유다. "요즘은 백화점 문화센터 같은 데서 단 6주 강습을 받고 표구사를 여는 사람도 있습니다. 현재 수원에 표구사가 10개도 넘습니다. 그러나 표구기술 익히는데 최소 10년은 걸립니다. 그래야 제대로 일을 하지요. 저는 나이 50은 넘어야 제대로 된 표구 기술자라고 봅니다. 7~8년 경력은 중간급에 불과합니다."

표구는 배접이 생명이다. 배접은 화선지에 쓴 휘호나 서화를 배접지를 대어 말리는 작업이다. "배접을 하다 보면 경우에 따라서는 배접을 분리해야 하는 때가 있습니다. 잘못 붙일 수도 있고, 오래된 표구를 새로 해야 하기도 합니

배접판에 배접된 작품을 붙인다

병풍 위 아래에 두를 비단을 재단하는 모습

배접작업에 사용하는 오래된 솔

다. 배접은 단지 작품에 배접지를 붙이는 게 아닙니다. 보관상태가 좋지 않은 작품을 원형대로 되살리는 작업입니다. 그런데 배접 기술을 제대로 익히지 못하면 그 일을 해내지 못합니다. 배접은 온도와 습도가 관건입니다. 이를 일일이 기계로 재보고 할 수는 없지요. 작품을 척 보고, 종이를 만져보면 어떻게 풀을 발라야 하고 무엇을 살려야 하는가 하는 감이 딱 와야 합니다."

　　배접의 순서는 이렇다. 우선 작품 뒷면에 물을 뿌린다. 이때 물을 얼마나 뿌릴 것인지, 어디를 주의해야 하는지 세심하게 살펴야 한다. 숙련된 표구기술자는 단숨에 막힘없이 이 작업을 진행한다. 물을 뿌리면 접어서 보관했던 자국 등이 팽팽하게 펴진다. 그다음에는 묽은 풀을 칠한다. 물뿌리기와 마찬가지로 풀의 농도도 작품의 상태에 따라 결정된다. 풀을 바른 위에 배접지를 붙인다.

배접지는 작품보다 크다. 그 가장자리에 다시 한 번 풀을 칠해 배접판(넓은 합판)에 붙인다. 하룻밤 건조시켜야 하기 때문이다. 시간이 급박할 경우, 즉 자연통풍이 어려우면 빨리 말리기 위해 건조 기계를 쓴다.

운산방표구사 기술자가 배접 과정을 시범적으로 보여주었다. 기술자는 작업대 위에서 작품을 뒤집어 물을 뿌리고, 풀을 바르고, 배접지를 붙이고, 가장자리에 다시 풀칠을 하고 배접판에 붙이는 과정을 일사천리로 진행했다. 기술

배접 작업시 사용하던 옛날 도구

재단 시 사용하는 자

자는 좌우 날이 사선으로 잘린 칼을 입에 물고 있다가 배접지를 거침없이 잘라 냈다. "아무렇게나 막 하는 것 같지요? 아닙니다. 저 사람은 벌써 어디를 어떻게 해야 제대로 된 표구가 된다는 걸 한눈에 파악하고 하는 겁니다. 배접된 작품을 배접판에 붙일 때는 네 면 가장자리는 잘 붙어있게, 그러나 가운데 부분은 약간 뜨게 해야 합니다. 그래야 통풍이 잘되니까."

배접 과정을 다시 요약하면, 작품(화선지)을 뒤집어 물뿌리기-묽은 풀 바르기-배접지 붙이기-가장자리에 진한 풀 바르기-배접판에 붙이기 순이다. 이 과정을 거침없이 해내되, 오차가 없어야 한다. 작품을 상하지 않도록 해야 하는 건 기본이고, 접어 보관했던 자국을 말끔히 없애 작품을 돋보이게 해야 한다.

잘 말려진 작품은 배접판에서 떼 낸 다음 족자, 액자, 병풍 등 고객이 원하

배접작업대

표구를 마친 족자

는 형태로 만든다. "족자 액자 병풍이 모두 배접으로부터 시작합니다. 그중에서 병풍이 가장 손이 많이 가지요. 배접한 것에 중선을 두르고, 위아래로 비단을 붙이지요. 위에 붙이는 건 우리들 말로 저고리, 아래는 치마라고 부릅니다. 그리고 나서 '고베루'라고 부르는 가장자리 테두리를 붙여서 두른 다음에 병풍틀, 즉 프레임을 손질합니다." 액자는 유리 작업과 뒷면에 못을 박아 넣는 작업이 마지막 공정이다. 족자는 아래쪽 봉을 다는 게 최종일이 된다.

표구를 마쳤으나 손상이 심한 중광의 작품. 표구를 하지 않고 보관했기 때문에 손상되었다.

"작품의 보관상태가 제각각입니다. 오래된 작품은 곰팡이가 피기도 하고, 일부 훼손될 수도 있습니다. 작품을 소장하신 분들은 가능한 한 빨리 표구를 하셔야 합니다. 어쨌거나 훼손된 작품은 최대한 원형에 가깝게 손질해야 표구가 가능합니다. 여기 이 중광 스님 작품을 좀 보십시오. 소장자가 너무 오래 처박아두었다가 가져왔기 때문에 곰팡이가 피었지요. 보관상태가 워낙 좋지 않아서 저걸 어떻게 다시 원형을 살려 표구를 하나 고민하고 있습니다."

"지금 수원지역에서 원로가 된 서예가들 대부분을 아주 예전부터 보아왔지요. 정식 등단하기 전부터 말입니다. 속되게 표현하면 '꼬마'때부터 알고 지냈지요." 유 대표는 수원 서예계가 위축되는 게 안타깝다고 했다.

운산방표구사 내부

"제게는 꿈이 하나 있습니다. 100평쯤 하는 전시장을 하나 갖고 싶습니다. 그 전시장에서 실력은 있지만, 개인전을 열 형편은 못 되는 작가들의 작품을 무상 전시토록 하는 겁니다. 전시장 가운데는 찻집을 열고, 찾아온 손님들에게 차 한 잔 대접하면서, 전시작품을 잘 설명해서, 좋은 작품을 살 수 있게 해 주는 겁니다. 이렇게 전시장을 운영해서 어느 정도 기반이 잡히면, 진짜 제대로 된 표구를 하고 싶습니다. 우직하게, 전통 방식 그대로 최상의 표구를 하는 것입니다. 액자 하나에 200~300만 원 받을 수 있는 그런 표구 말입니다. 이제는 나이 먹어 욕심은 좀 줄어들고 보는 눈은 좀 밝아졌는데……."

| 도움말 주신 분 |

유희수 운산방표구사 대표

12
원불교 수원교당

답사일 : 2010년 7월 13일

수원교당 일원상 40년

수원에 원불교의 상징인 일원상一圓相이 처음 정좌한 해는 41년 전인 1969년이다. 그해 수원병무청 아래 한옥 주택에서 원불교 수원선교소가 시작되었다. 단

원불교 수원교당

원불교 수원교당. 마당 쪽에서 본 측면

순명료한 동그라미이지만 광대무
변한 의미를 담은 그 일원상 아래
서 마음공부에 전념하고자 하는
원불교도는 점차 늘어났다. 4년
후인 1973년경에 이르자 한옥 선
교소는 더 이상 발 디딜 틈이 없
어졌다.

일원상

　"그때 제가 초등학교 6학년이었습니다. 고등동 선교소에서 50~60명이 빼
곡히 들어앉아 법회를 하던 기억이 납니다." 수원교당 교도부회장(교도회는 신도들
의 모임)을 맡고 있는 신경욱 씨의 증언이다. 당연히 교당을 옮기기로 의론이 일

소법당 내부

대법당 전경

대법당 법단

어서 옮겨온 자리가 팔달산 동쪽 중턱 현 위치다. 수원시 팔달구 교동 2-6 현주
소에 있던 좀 더 넓은 한옥을 매입해서 교당을 이전한 것이다.

　이전한 교당과 관련해서 흥미로운 일화가 하나 전해진다. "당시 주임교무
님이 2층 방을 사용하셨대요. 헌데, 밤마다 꿈에 무장한 군인 영가(귀신)들이 나
타나 권총을 들이대고 '우리 단장을 내놓으라'고 협박을 하더랍니다. 그래서 알
아보니 이 한옥이 공군 전투비행단 단장 관사였다더군요. 천도제를 크게 올리
고 나니까 이후엔 영가가 나타나지 않았답니다." (신경욱 교도부회장)

　무슨 연유인지는 알 수 없으나, 팔달산을 떠돌던 중음신들까지 달랜 후 현
재의 법당을 짓는 건축불사가 시작되었다. 불사는 원기圓紀 64년 완성되었다.
서력기원(서기)으로는 1979년이다. 원기는 원불교의 주체적인 연호다. 원기에

대법당 목탁

1915를 더하면 서기가
된다. 그러니까 수원교
당은 원기 54년에 안양
교당을 연원교당(새로운
교당을 낳은 모태 교당)으로
해서 수원에 일원상을
모신 이후 10년 만에 현
위치에 정갈한 교당을
마련한 셈이다.

건축불사 기록은
법당 마당에 세워진 비
석에 새겨져 있다. 이에
따르면 당시 교도회장은 최대진崔大震(재갑(載甲))씨이고, 건물매입은 최기원崔基圓
(相喆)씨가 하였다고 돼 있다. 이들 성명 가운데 괄호 안의 이름은 속명이고, '대
진', '기원'은 법명이다. 비석 옆 경사진 정원에도 초록 일원상 형상이 보인다.
키 작은 나무를 심고 가꾸고 다듬어 일원상으로 만들어 놓은 것이다.

법당 규모는 지하 1층, 지상 2층 연면적 967.83㎡다. 지하 1층은 학생, 청년
들의 공간으로서, 체육시설과 밴드 연습실을 갖추고 있다. 지상 1층에는 소법당
이 있고, 안으로 교무들의 생활관과 식당이 자리 잡았다. 지상 2층은 471.28㎡
인 대법당이다.

법당은 팔달산을 뒤에 두고 수원 시내를 바라보도록 동향으로 배치되어
있다. 가까이 가서 보면 제법 규모가 큰 건물이지만, 위쪽 팔달산 방향에서 내

밖에서 본 대법당 창문과 처마

대법당 출입문

려다 볼 때는 조금 큰 한옥으로밖에 보이지 않는다. 그만큼 교당 건축을 산세와 지세에 맞추어 튀지 않으면서도 정갈하게 설계했다.

법당의 건축양식은 불교 사찰과 가톨릭 성당과 개신교 교회를 절묘하게 배합했다는 인상을 준다. 3자를 섞은 절충이라기보다는 각각의 장점을 따다가 독창적인 '원불교풍'을 창조했다는 표현이 더 어울릴 듯하다. 주변 경관과 어울리는 기와지붕이 그러하고, 이층 대법당의 난간이 그러하며, 전혀 현란하지 않은 정갈한 법당 안 단상 배치가 그러하다. 단상 중앙에는 일원상만 모셔져 있고, 강대상이 있을 뿐 다른 종교적 장식이 거의 배제되어 있다.

"물질이 개벽되니 정신을 개벽하자"

원불교는 불교의 일파가 아니다. 독립된 종교다. 소태산 박중빈小太山 朴重彬 (1891~1943) 대종사가 1916년 우주와 인생의 궁극적 진리를 깨닫고 포교에 나섰을 때 '불법연구회'라는 이름을 사용하기는 했으나 이는 어디까지나 방편이었을 뿐 또 하나의 불문을 창시코자 한 것은 아니었다. 유불선 3도에 기독교까지 두루 섭렵한 소태산 대종사는 새로운 종교를 꿈꾸었다.

그의 가르침은 "물질이 개벽되니 정신을 개벽하자"는 가르침에서 단적으로 드러난다. 서양의 물질문명이 해일처럼 밀어닥친 상황에서 정신문화를 뿌리째

손을 맞잡은 요한바오로 2세 교황과 대산 종법사. 서기 1984년(원기 69년) 기념사진. 대법당 내부에 걸려 있다.

되돌아보지 않으면 안 된다는 선각의 일갈이다. 두 개벽이 조화를 이룰 때 원만한 인격이 완성되고, 광대무량한 낙원세계가 건설된다고 소태산은 설파했다.

이러한 가르침을 시각화한 것이 일원상이라 할 수 있다. 둥근 원 그 자체가 우주와 인생의 근본질서를 상징한다. 원불교에서는 일원상의 진리가 미치지 않은 곳이 없으며, 포함하지 않은 것이 없다. 일원상은 곧 맑음淨이요, 밝음圓이요, 바름正이다. 우주의 모든 존재는 바로 이 법신불 일원상이 나타난 모습이다.

그러므로 법단이 번거로울 이유가 없다. 부처의 몸이 신앙의 대상이 아니

라 깨친 마음이 중요
하다. 따라서 깨친 마
음을 상징하는 일원상
이 가르침의 시작이고
깨달음의 종점이다. 일
원상이 법단에만 모셔
져 있을 이유도 없다.
교당으로 들어가는 모
든 문에, 교당 마당에
일원상이 보인다. 우주
만물이 곧 일원상이므
로…….

　마음공부를 통해
정신을 개벽하는 일에
재가와 출가가 따로
있을 리 없다. 남녀의
구분도 중요치 않다.
평생 독신으로 정진하
겠다고 서약하면 서약
한대로, 가정을 이루고
속세에 살며 정진하겠
다고 하면 그 나름으

법당 기와와 굴뚝

수원교당 초기 기록　　　　　　　　교당 마당의 초록 일원상과 준공기념비

로 깨달음의 길을 가면 된다. 서양 기원 종교인 가톨릭만 해도 신부와 신도, 신부와 수녀의 차이가 엄격하지만, 한반도 기원 종교인 원불교는 일찌감치 이러한 차이를 지웠다.

　수원교당에는 현재 4명의 교무가 법회와 종무를 담당한다. 교감교무 위타원 유승인, 주임교무 실타원 김덕수, 보좌교무 우정화, 부교무 김도현. '위타원' '실타원'에서 '위'와 '실'은 법호를 의미한다. 법호는 마음공부가 일정한 등급을 넘어섰을 때 종단에서 나이와 공력을 고려해 내려준다. 뒤에 붙은 '타원'은 여성일 경우를 이른다. 만약 남자이면 '타원' 대신 '산'을 붙인다. 예를 들어 '현산 김현화'(수원교당 청운회장) 하는 식이다.

　법 등급은 '공부의 사다리'라고 하는데, 종단 본부에서 컴퓨터를 이용해 전체 교도를 대상으로 점수를 부여한다. 이를 원불교 용어로 교도사정이라 한다. 법의 등급은 6단계로 나뉜다. 보통급-특신급-법마상전급-법강항마위-출가위-대각여래위. 보통급은 입교한 상태, 특신급은 신심을 갖고 살겠다는 신심을 굳힌 단계다. 그 위 법마상전급은 법法과 마魔가 마음속에서 간혹 갈등을 일으켜 때로는 마에 굴복할 수도 있는 등급에 해당한다. 법강항마위는 법이 항상 마를 항복시키는 단계로서, 이 등급 이상이 되어야 법호가 부여된다. 출가위는 속진의 굴레를 벗어난 단계이고, 최고 등급인 대각여래위는 대종사에게만 부여된다.

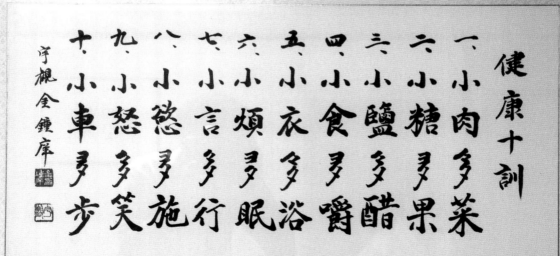

원불교 십훈

언제나 마음공부 어디나 선방

현재 수원교당 교도는 150명 정도다. 일요일에 갖는 일요예회는 오전 10시에 열리고, 어린이 법회, 학생 법회, 수요 법회가 정해진 시각에 열린다. 매일 새벽 5시에는 새벽 좌선을 한다. 대법당 뒤쪽에는 각 신도의 마음공부 상태를 기록하는 개인별 기록부가 가지런히 꽂혀 있다. "저희는 행위만을 보지 않습니다. 행위에 담긴 정성과 마음까지 기록하지요." (주임교무 실타원 김덕수)

'곳곳이 부처님/ 일마다 불공/ 언제나 마음공부/ 어디나 선방'. 세속의 생활과 예배처소의 경건함이 별개인, 몸 따로 마음 따로인 사이비 신앙을 경계하는 수원교당의 표어다. 그런 마음으로 살아야 원불교 4대강령인 정각정행正覺正行, 지은보은知恩報恩, 불법활용佛法活用, 무아봉공無我奉公을 실천하면서 원만한 인격과 광대무량한 낙원세계를 건설할 수 있을 것이다.

수원교당 울타리 안에는 원불교경기인천교구청도 함께 들어와 있다. 원불교경기인천교구 산하에는 31개 교당이 속해 있다. 교구청 건물은 2002년(원기 87년)에 매입한 한옥 건물을 쓴다. 그 옆 한옥도 2004년(원기 85년) 사들여 부속 건물로 사용한다. 법당 아래쪽에 있는 건물은 수원교당에서 운영하는 요

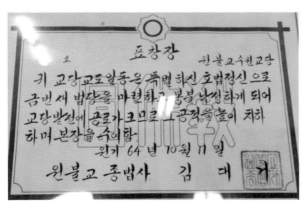

새 법당 준공 표창장

양원이다. 무아봉공을 내세운 종교답게 원불교는 교세 확장보다 그늘에 소외된 사람들을 위한 시설을 늘리고 운영하는 데 더 힘을 써왔다.

"법당을 지은 지 30년이 넘다 보니 빗물 새는 곳이 생겼어요. 그래서 작년부터 필지를 통합하고 대법당 리모델링을 추진했습니다. 올해 3월 설계까지 마쳤지만 세계문화유산을 위한 미관지구여서 고도제한 때문에 건축 승인을 못 받았습니다. 그래서 더 기다리자고 의견을 모았습니다."(신경욱 교도부회장)

타종교가 우후죽순처럼 예배당을 짓고 넓혀 가는 동안 원불교 수원교당은 그 자리에서 30년 넘도록 묵묵히 제 역할을 하고 있다고 해도 과언이 아니다. 그 마음을 모두 헤아리기는 어려우나, 물질개벽에 걸맞은 정신개벽을 추구하며, 마음공부에 진력해온 이곳 교당이 지금처럼 정진해주기를 법당 안 일원상도 바라고 있을 것이다.

| 도움말 주신 분 |

김덕수 원불교 수원교당 주임교무
신경욱 원불교 수원교당 교도부회장

| 참고자료 |

http://cafe.daum.net/wonsuwon 은혜롭게, 그리고 행복하게 (수원교당 인터넷 카페)
http://www.won.or.kr/ 원불교 홈페이지

13
잠사과학박물관(구 잠업시험장)

답사일 : 2009년 8월 25일

'누에박물관' 가는 길

잠사과학박물관으로 가는 길은 다소 복잡하다. 관악으로 이전해간 서울 농생명과학대 정문에서 서호중학교 쪽으로 가다가 도로가 90도로 회전하는 지점 맞은편에 농촌진흥청 산하 국립농업과학원이 있다. 잠사과학박물관으로 가려면 농업과학원 정문을 거쳐야 한다. 그러나 잠사과학박물관은 농업과학원 구내에 있지 않고, 농업과학원 옆으로 흐르는 서호천 건너에 있다. 농업과학원에서 잠사과학박물관으로 건너가려면 성파교聖婆橋라는 다리를 거쳐 쇠 울타리 문을 열고 들어가야 한다. 문이 항상 열려 있는 것도 아니다. 예약제이기 때문이다. 농업과학원 현관에서 예약 여부가 확인되어야 들어갈 수 있다. 잠사과학박물관을 이곳 관계자들은 '누에박물관'이라 부른다.

수원시 권선구 서둔동 27-16에 위치한 잠사과학박물관은 원래 잠업시험장이었다. 잠업시험장은 1917년 이곳에 자리를 잡았다. 3.1운동이 일어나기도 전이다. 당시 건물은 현재 사진으로만 남아 있고, 현재 박물관으로 모양을 바꾼 건물은 1935년 지어졌다. 해방 10년 전에 지어진 이 건물은 75년째 누에 인연을 이어가고 있다. 애초 고치로 비단실을 만드는 연구를 하던 터는 1999년 6월

29일 근대잠사과학 발달에 쓰인 기자재와 양잠농가의 애환이 깃든 각종 자료 3만점을 소장한 누에박물관이 되었다. 누에박물관은 현재 농촌진흥청 국립농업과학원 농업생물부 소속이다.

잠사과학박물관 건물은 대지 1만4,589m^2에 연면적 1,550m^2, 건축면적 1,550m^2 지상 1층으로 지어졌다. 넓은 마당을 거느린 건물은 모두 4개 동인 데, 세 동은 나란히 서 있고, 한 동은 세 동의 오른쪽에 있다. 이들 건물은 농촌진흥청 본청과 산하 기관을 통틀어 가장 원형이 잘 보존된 건물로 꼽힌다. 그러나 현재 이들 건물은 모두 연결되어 있어 외형상으로는 한 동처럼 보인다. "박물관

잠사박물관

잠사박물관 측면

이 되면서 일부 연결통로를 만들었습니다. 관람객 동선을 고려했지요. 물론 일부 통로는 예전에도 있었습니다." 김정배 잠사과학박물관장의 설명이다. 박물관의 출입구와 새롭게 만든 통로는 예스러운 맛을 내기 위해 나무 대문을 해 달고, 나무다리 형식으로 꾸미기도 했다. 벽체는 원래 조적조이고, 천장은 목조다. 옛 목조의 흔적은 일부 동의 천장에 그대로 남아 있다. 지붕을 받친 천장 목조 구조물은 지금도 밖으로 노출된 트러스 형식이다. "건물은 튼튼하게 잘 지어졌습니다."

박물관은 입구를 들어서면 역사관-양잠체험관-견사가공과학관-양잠관-견사가공관-체험관을 거쳐 출구로 나오도록 돼 있는 구조다. 역사관에는 옛날 양잠의 기록, 잠사업 연표, 농업생물부의 연혁 등이 진열돼 있다. 이곳에서 가장 눈에 띄는 곳은 예전 잠사시험관 시절 연구실을 그대로 재현해 놓은 코너다.

책상이며 의자, 소파 등등이 1950년대 사무실을 그대로 보여주는 듯하다. 예전 책들을 꽂은 서가까지 비치해 놓았다. 책상 위에 집기 또한 예전 전화기, 트랜지스터라디오, 타자기에서 팩스와 90년대 초반 PC까지 나란히 놓였다. 책상 위에는 당시 주인의 명패까지 갖췄다. 옛날 사무실에 떡 놓여 있었던 방첩함 또한 그대로다. 역사관에는 1919년 당시 잠업시험장 사진을 비롯해 잠업기관의 예전 사진도 걸려 있다.

양잠과학관에서는 누에 및 뽕나무 품종 개량 과정, 누에치기 과정 등을 볼 수 있고, 견사 가공 과학관에서는 비단실의 검사, 비단실의 염색과 가공, 들누

잠업시험장 시절의 사무실

잠업시험장 시절의 서가

에와 관련된 현물을 전시하고 있다. 양잠관에는 기계가 가득하다. 근대 양잠의 역사를 차례로 보여주듯, 실 뽑는 기계들이 연대기 순으로 배열돼 있다. 한쪽 구석에는 누에, 뽕, 실크, 동충하초 등 잠사 산물류가 종류별로 있다. 여기서는 칼라누에를 어떻게 만드는지도 알 수 있다. 견사가공관에서는 고치말리기에서 천 짜는 방식을 견학할 수 있고, 비단 제품을 구경할 수 있다. 체험관에서는 누에를 직접 만져보고 명주실 뽑기를 체험할 수 있다. 옆으로 선 건물에는 견사곤충표본관이 있는데, 이곳에는 실을 내는 곤충 등의 표본이 전시돼 있다.

박물관 내를 잇는 연결통로

그러므로 잠사과학박물관은 건물만 옛 건물이 아니라 내부 또한 역사로 가득 차 있는 셈이다. 이러한 누에박물관을 찾는 발길은 꾸준한 편이다. 박물관 측은 아예 하루 500명으로 관람 인원을 제한하고 예약을 받는다. 체험관 등을 운영하려면 준비가 필요한데, 하루 500명 이상은 수용하기 어렵기 때문이다. 박물관 직원은 모두 3명. 김정배 관장과 여직원 1명과 공익 요원 1명이 근무한다.

옛 모습 그대로인 전시실 천정 구조

근대잠업의 요람

'계림 땅 좋은 고장에 뽕나무는 크고 커서, 봄이면 누에치니 한집에 일만채반이요……비단을 만들어 수를 놓아, 높으신네 옷을 짓고 우리 옷도 지어 입세.' 고려 고종 때 최자崔滋(1186~1260)가 지었다는 '삼도부三都賦'다. 13세기 초 비단과 양잠 예찬은 20세기 중반 다음과 같

각종 물레

은 노래로 바뀐다. '심으세 가꿔 보세 이 밭 저 언덕, 북돋아 거름주어 살찐 뽕나무……이루자 잠업왕국 가난을 씻자, 에헤야 얼시구나 밝은 새나라.' 1967년 지어진 '잠업증산의 노래' 가사다. 그해 대한잠사회 창립20주년을 기념하여 실시한 공모에서 작품으로서, 조재업 작사, 박석춘 작곡, 박재란 김용만 노래라고 돼 있다. 가사에는 '근대화의 꿈'이 그대로 드러나 있다.

근대 양잠이 시작된 해는 1900년으로 기록된다. 그해 11월 서울 필동에 잠사시험장이 설립되었다. 1905년에는 대구, 소사 등 전국 4곳에 잠업강습소가

각종 실 뽑는 기계

설치되기도 했다. 이듬해에는 권업모범장이 설치되어 우량 뽕나무 묘목 보급에 나섰다. 이처럼 대한제국기에는 왕실에서 친히 양잠을 하고, 대소신료들이 모두 자가 양잠을 할 정도로 양잠에 관심이 높았다. 1909년 수원 권업모범장을 찾은 순종의 황후는 다음과 같이 훈시하였다. "잠업이 전국 민산全國民産에 중요함을 익신益信하니 우리 국민들은 한층 더 노력하여 잠업을 발전케 하고 특히 부녀자된 자는 이에 진력해 주길 바라 마지않는다."

1914년에는 수원에 원잠제조소가 설치되었다. 이 기관이 1917년 3월 16일 잠업시험소로 개칭되었으니, 수원 서둔리에 우리나라 최초의 근대적 잠학연구기관이 설립된 것이다. 잠업시험소 서쪽으로는 관립 여자잠업강습소가 있었다. 전액 무료에 10개월 고정이었던 강습소는 매우 엄격한 학제와 뛰어난 시설을 갖추고 있었다고 한다. 이 강습소는 1923년까지 약 300명을 배출하였는데, 이들은 고향으로 돌아가 자기 고장의 잠업을 일으키는 지도자 역할을 하였다. 이 강습소는 원래 1905년 용산에 있었는데, 1910년 수원으로 옮겨왔다. 잠업시험장보다 먼저 들어섰던 여자 잠업강습소의 자취는 현재 찾기 어렵고, 사진으로만 남아 있다.

대한제국 시기에 시작된 한국 근대 잠업은 꾸준히 발전했으나 한국전쟁으로 뽕밭이 황폐해지면서 위기를 맞았다. 그러다가 1960년대 들어 농가소득증대와 외화획득을 위해 정부가 양잠업을 적극 권장하면서 생산이 크게 늘어났다. 양잠업의 최고점은 1976년이다. 그 해 생산 농가는 48만8,000가구, 뽕밭면

수원군양잠모범부락 사진

적은 9만1,000ha, 누에고치 생산량은 4만2,000t, 생사 생산량은 5,000t을 기록했다. 그러나 이후 양잠은 내리막길로 접어들었다. 원사 가격은 국제시세에 좌우되었는데, 중국산 등 값싼 원사가 세계시장에 쏟아지면서 국내 원사값이 제자리 걸음을 면치 못해, 양잠에서 손을 떼는 농가가 늘어났기 때문이다.

"당시에는 농업 상업 공업을 통틀어서 누에 외엔 달러를 벌어들일 수출품목이 없었다고 해도 과언이 아닙니다. 그러니 정부가 누에치기를 엄청 권장했지요. 농가에서도 목돈을 쥘 수 있으니 호응을 했던 거구요. 그렇게 수출해서 벌어들인 돈으로 다른 공장을 짓고, 일자리를 만들었지요. 그러니까 국민소득 2

만 달러시대는 그때 우리나라 양잠농가들이 시작한 겁니다." 평생을 잠사 연구에 바쳤다는 김정배 관장의 말에 다소 과장이 섞여 있기는 하지만 양잠이 중요한 효자 수출품이었던 것은 엄연한 사실이다.

1917년 설립된 잠업시험소는 1962년 농촌진흥청이 발족하면서 산하 잠업시험장이 되었다가, 1994년에는 농촌진흥청 잠사곤충연구소 소속으로 바뀌었다. 그 후로도 1998년 농촌진흥청 농업과학기술원 잠사곤충부로, 다시 2004년에는 농촌진흥청 농업과학기술원 농업생물부로 개편되었다. 전술했듯이 이 과정에서 옛 잠업시험장 건물은 1999년 잠사과학박물관으로 새롭게 태어났다.

역직기

수원의 잠업

〈수원시사〉에 따르면 수원의 잠업 선구자는 나기정羅基貞이다. '1904년^(광무 8) 수원역내 신풍리에 거주하던 당시 경기감찰 주가^{主唐} 나기정이 농상공부에 상묘^{桑苗}의 분양을 청원하여 약 3,000본의 묘목을 얻는 데 성공하였다. 그는 장안문 밖의 밭에다 이 묘목을 심고 자가양잠을 시작, 1906년^(광무 10년)에는 춘잠 3석 이상의 수확을 했는데 이것이 수원의 계획적인 잠업의 효시이다.'

"70년대까지만 해도 수원 화성 인근에 양잠하는 인구가 꽤 많았습니다. 특히 화성 정남면이 많았지요. 정남에는 양잠농가가 400여 농가나 되었어요. 면

다조조사기

잠실

에서 400 농가면 거지반 다 양잠을 한 거지. 병점이나 태안에도 많았고, 봉담에
도 좀 있었고……. 용인에도 뽕밭이 많았어요." 김 관장의 기억이다. 그는 화성
출신으로서 중학교부터 수원에서 공부했고, 농촌진흥청에 잠업연구직으로 근
무하다가 정년퇴직했으며, 이후 잠사과학박물관장을 맡고 있다. 그는 양잠이
성했던 시절을 이렇게 기억했다.

　"예전에는 양잠이 목돈 쥐기 좋은 일이었어요. 봄누에 길러서 공판하면 현
찰이 손에 들어오잖아요. 그러면 아이들 1학기 등록금 내고, 다시 가을누에 길

러서 수매해서 2학기 등록금 내고, 그런 식이었으니까. 누에 길러서 애들 대학 공부시켰지요." 양잠은 보릿고개를 넘어가는 중요한 방책 가운데 하나였다. 누에고치로부터 실을 뽑는 공장도 용인에 있었다고 한다. "용인 이동면에 한남제 사라는 제사공장이 있었어요. 여주에도 있었고, 가평에도 있었어요." 그러나 앞에서도 언급했듯이 양잠업은 1976년을 고점으로 사양산업이 되었다. 이후 내리막길만을 걷던 잠업은 요즘 다른 활로를 모색하고 있다. "옛날 노인들이 맑은 누에를 꿀떡 삼키면 머리가 다했지요. 그 말이 사실인지, 왜 그런지 몰랐는데, 현대 과학으로 규명이 되었어요. 누에에는 기억력을 개선해주는 물질이 있다는 걸 알아냈지요. 그래서 그 물질을 추출해서 '메모리 파워'라는 건강보조식품을 만듭니다. 말로만 전해지던 것이 현실이 된 것이 지요." 김 관장은 이제는 누에와 비단보다는 다른 '산물'로 양잠의 새로운 길을 개척해야 한다고 강조했다.

잠사박물관이 수원에 있어야 하는 이유

'누에들은 은수자隱修者 같다. 자승자박의 흰 동굴로 들어가 문을 닫고 조용히 몸을 감춘다. 혼자 웅크린 번데기의 시간에 존재의 변모는 시작된다. 세포들이 다시 배열되고 없었던 날개가 창조된다. 이 신비로운 변모가 꿈의 힘 없이 가능했을까. 어느 날 흰 동굴이 열리면서 해맑은 아침의 얼굴이 나온다. 회저처럼 고통스러웠던 연금술의 긴 밤을

잠업연구에 사용되던 각종 기구들

지나, 비로소 하늘백성의 날갯짓이 시작되는 것이다. 밖에서 구멍을 뚫어주는 노에의 왕은 없다. 누에들은 언제나 자신들이 벽을 뚫어야 하며, 안쪽에서 뚫어야 한다는 것을 잘 알고 있다.' (최승호의 시 '누에' 전문.)

시인은 하늘백성을 날갯짓을 기대하지만, '누에박물관'은 전혀 다른 고민에 빠져 있다. 2013년까지 농촌진흥청을 따라 전라북도 완주군으로 옮겨가도록 되어 있기 때문이다. 애초에 잠사과학박물관은 이전 대상에서 제외되었지만, 언제가 따라가는 걸로 바뀌었다. 65년 역사를 자랑하는 건물과 어우러진 근대 잠업의 꿈을 무지막지하게 뭉개버려도 괜찮은 걸까?

"예전에 심재덕 시장이 누에박물관에 관심이 많았어요. 그분이 왜 잠사학

해사기

농업과학원에서 박물관으로 넘어가는 다리 성파교

과 출신이잖아요? 그분이 시장 할 때 지금처럼 농업과학원으로 돌아서 들어오지 않도록, 저기 서호중학교 앞으로 다리를 내자는 계획이 있었지요. 정문을 통과하다 보면 검문소를 거치는 것 같잖아요. 그래서 지질조사까지 다 했는데, 심시장이 그만두고 나서 유야무야 됐지요. 참, 그 양반……."

　김 관장은 "수원에서 상식 있는 양반들은 전부 이전하면 안 된다고 한다."며 속상해했다. 수원이 정조대왕 이래 농업의 중심지였다는 점을 고려하면 농촌진흥청조차 이전하면 안 된다. 설령 국토의 균형발전을 위해 눈물을 머금고 농진청을 보낸다고 하더라도 누에박물관을 없애는 일은 어리석어 보이기까지

한다. 한때 수원시가 소유한 다른 땅을 농진청에 내 주고 누에박물관만이라도 받는 방안이 검토되었으나, 국가와 지자체 간의 부지 교환이 법적으로 불가능하다는 난관에 부딪쳤다고 한다. 누에는 안쪽에서 벽을 뚫어 하늘 백성이 되는데, 누에박물관은 그럴 힘이 없는 듯하다.

| 도움말 주신 분 |

김정배 국립농업과학원 농업생물부 잠사과학박물관장
이길섭 농촌진흥청 농업과학도서관장
이재수 농촌진흥청 운영지원과 관리계 시설담당

| 참고자료 |

農村振興廳, 『農村振興三十年史』, 1993
水原市, 『水原市史』, 1986
기전문화재연구원, 『수원시의 역사와 문화유적』, 2003
경기도, 『경기도 근대문화유산 조사 및 목록화 보고서』, 2004
www.rda.go.kr (농촌진흥청 홈페이지)

14
중정소학교

답사일 : 2010년 8월 31일

65년 전 수원에 터 잡은 화교학교

초행에 수원화교중정소학교를 찾아가는 일은 쉽지 않다. 수원시 팔달구 교동 172번지라는 지번만으로는 학교로 들어가는 길이 어딘지 헤매기 십상이다. 매산119 안전센터(옛 수원소방서) 건너 골목길을 꺾고 꺾어야 '수원화교중정소학교 水原華僑中正小學校'라는 간판이 보인다.

마름모꼴에 붉은 글씨로 한 글자 한 글자 교명을 써 연결한 간판 아래 주택가로 난 작은 철문이 교문이다. 교문을 들어서면 작은 운동장에 교사校舍가 단 두 동뿐이다. 그나마 한 동은 중정 유치원이고, 몇 년 전 지어진 깨끗한 건물이 현재는 중정 소학교로 쓰인다. 65년 역사를 가진 학교 치고는 단출하다.

유치원 건물 머릿돌에 '중화민국 51년 7월 21일'이라 돼 있다. 중화민국 연기年紀에 11을 더하면 서기西紀이므로 1962년에 지은 건물이다. 사각창틀을 규칙적으로 배열한 것 외엔 장식을 찾아볼 수 없는 2층 건물로 단단하게 지었다는 느낌을 준다. 근 50년이 지났는데도 건물 보존 상태는 양호하다. 건물 외관은 흰색에 가까운 미색을 칠했으나 현관만은 중국 사람들이 좋아하는 붉은색을 입혔다. 유치원 건물은 상당 기간 중정 소학교 본관이었다.

학교 홈페이지엔 1946년 12월 1일 개교했고, 1949년 교동으로 이전했다고 돼 있다. 그러나 강학천姜學泉 교장(수원 중화한의원 원장)의 증언은 다르다. 강 교장은 현 위치 이전 시기를 6·25 피난을 갔다 돌아온 이후라고 했다. 홈페이지 학교연혁[學校簡力]은 소략하기 짝이 없기 때문에 강 교장 증언에 더 신뢰가 간다. 빈칸을 채우지 못한 학교 연혁은 자신의 역사를 정리할 여유조차 없는 이 학교의 현실을 보여준다.

"1946년 10월에 수원에서 서울로 기차 타고 통학하던 학생이 귀가하지 않는 일이 벌어졌습니다." 강 교장이 들려준 개교에 얽힌 이야기다. "당시 통학생은 모두 17명이었어요. 서울 명동 소학교로 다녔지요. 수원에는 학교가 없었으

중정소학교 정문

중정소학교 본관. 새로 지어진 건물이다.

니까. 그런데, 화차貨車 하나가 영등포에서 탈선을 해서 기차 운행이 끊긴 거예요. 학생들이 철길을 따라 수원으로 걸어오다가 포기하고 명동소학교로 돌아갔습니다."

자녀들이 집에 오지 않자 화교들은 영문을 몰라 안달이 났다. 전화도 귀하던 시절이었다. "어찌어찌해서 사정을 알게 됐지요. 당시 지역 화교회장이 손광한 씨인데 이분이 트럭을 한 대 빌려 가지고 서울에 가서 학생들을 데려왔지요." 이 사건으로 화교 원로들 사이에 학교를 하나 수원에 만들자는 의론이 일었다. "정확히는 어디인지 알 수 없는데, 종로에서 팔달문 사이에 건물을 한 채 가지고 있던 화교 한 분이 2칸을 무료로 내놓아서 개교를 했지요."

1~2년 후 학생이 많아져서 매산초등학교 맞은편 사찰 옆 건물로 학교를 옮겼다. 그러다가 전쟁을 맞아 피난을 갔다가 되돌아와서 현 위치에 임시 부지

중정유치원 전경. 원래 이 건물이 중정소학교 본관이었다.

현 중정유치원 건물 머릿돌.
중화민국 51년은 서기 1962년이다.

를 마련했다고 한다. 1951~53년 사이일 것이다. "땅값은 지역 화교사회에서 십시일반으로 모금을 했습니다. 부족액은 각 지역 화교협회에 공문을 보내 지원을 요청했고요. 타 지역 화교학교들도 대체로 그런 식으로 부지를 마련하고 학교를 지었습니다."

1962년 본관이 지어지기 전까지 사용하던 구관은 나무판대기를 이어 붙여 지은 가건물이었다. 이 건물을 헐고 새 교사를 짓는 일도 순탄치만은 않았던 듯하다. "시멘트를 구하기 어려웠던 시절이었어요. 당시 중국대사관, 현재 대만대표부지요, 거기 무관 한 사람이 미8군 대령과 친분이 있었다고 해요. 그래서 미군에게서 자재를 100% 지원받았습니다. 목수나 미장일은 수원 화교 분들이 무료봉사를 했지요."

학교가 설립되기는 했지만, 지역 화교 사회의 중심인 중정 소학교의 부지

중정유치원 건물 계단. 옛 모습 그대로다.

는 등기부상 오랫동안 3명 명의로 나뉘어 있었다. 외국인은 택지 200평, 상가 50평 이상을 소유할 수 없다는 제한규정 때문이었다. 길게 보면 100년 전 이 땅으로 이주해 정착한 화교들 이건만 법적으로는 외국인이라는 굴레와 차별을 벗기 어려웠다는 뜻이다. 외국인 토지소유 제한이 해제된 1998년이 되어서야 중정 소학교 부지는 학교 명의로 등기 이전 되었다.

화교사회의 부침과 중정소학교

학교명은 개교 당시부터 중정소학교였다. 중정은 장개석 총통의 본명이다. "인천 화교학교는 중산학굡니다. 중산中山은 손문 선생의 별호지요."(강 교장) 중정

중정유치원 뒷면

유치원 교실 입구. 문턱에 예전 흔적이 역력하다.

중정소학교 문양

소학교 학생들은 수학여행을 타이완으로 간다. 한국 화교 대부분이 대만 여권 소지자이기 때문이다. "일부 중국 국적을 가진 사람도 있지요. 하지만 그 비율은 1%

중정소학교 교실 내부

도 안 될 겁니다."(우진강(于振强) 수원화교협회 총무)

　　개항기부터 일제강점기 동안 한반도로 이주한 화교는 꾸준히 증가했다. 1910년경에 1만1,800명 선이었던 화교 인구는 1942년엔 8만2,600명 정도로 크게 늘었다. 물론 1931년 만보산萬寶山사건 여파로 발생한 화교 탄압이나 1937년 중일전쟁 직후엔 감소하기도 했다. 그러나 이후에도 증가세를 보인 화교인구는 해방과 분단의 혼란 속에서 급감해 1945년 남한의 화교는 1만2,600명 선으로 추정된다. (박경태,『소수자와 한국사회』141~196쪽, 4장 화교, 우리 안의 감춰진 이웃. 이하 서술은 이 책을 참조하였다.)

　　그러나 해방 직후 새로 이주해 온 화교들도 없지는 않았던 듯하다. 강 교장의 부친도 1947~48년 무렵 산동성에서 왔다고 하며, 우 총무의 부친도 마찬가지 경우라고 했다. 이들은 스스로 2세대라고 칭한다. 40년대 한반도로 건너온 화교들을 1세대로 친다는 의미다.

한국 화교는 초기부터 지리적으로 가까운 산동성 출신이 많았다. 광동성 출신이 압도적인 동남아 화교 사회와는 대비되는 특징이다. "초기 화교들은 칼 세 자루를 들고 왔다는 말이 있지 않습니까? 비단 자르는 가위, 이발하는 가위, 요리하는 가위. 중국어로는 가위도 칼의 일종으로 보니까요. 화교들은 이 세 자루 칼로 포목점, 이발소, 중국집을 주로 했지요."

'비단장사 왕 서방'이 상징하는 포목점은 일본산 직물을 팔아먹으려는 일

예전 정문이 있던 자리. 도로개설로 옮겨졌다.

제 총독부의 견제로 점차 사라졌고, 이용업도 한국인 진출이 늘어나면서, 화교들의 주 업종은 '중국 집'만 남았다. 박경태가 적절히 지적하듯이, 일본 식당을 '일본 집'이라 하지 않고, 서양 식당을 '미국 집'이라 하지 않는 반면 중국 식당은 '중국 집'으로 부르는 언어 관행이 굳어진 까닭은 '중국인들이 살면서 중국 요리를 파는 집'이라는 의미를 내포하고 있다. 강 교장의 부친도, 우 총무의 부친도 '중국집'을 운영해 자식들을 공부시켰다.

  "수원에 오신 화교 1세대는 거의 요식업으로 성공했습니다. 영화루, 동해장, 만빈원, 고등반점, 송무반점, 수원만두 등등이 대표적이지요. 현재는 대부분 2세가 대를 이어 경영을 합니다." 우 총무는 1세대가 그렇게 번 돈으로 자식을 공부시켜 의약분야, 특히 한의원으로 진출하게 한 경우가 많다는 점을 지적했

중정유치원 건물에 있는 강당

다. "북수동 중화한의원, 인계동 인덕한의원, 세류동 중국한의원, 남수동 한중한
의원, 우만동 자양당한의원, 영통 왕정한의원이 다 그렇지요. 인계동 한독병원
도 부산에서 온 화교형제가 세웠구요." 북수동 중화한의원의 원장이 중정소학
교 강학천 교장이다.

　강 교장은 7년째 교장직을 맡고 있다. 화교학교는 교원 출신이 아니어도
교장을 할 수 있다. "전 수원 토박이입니다. 중정 소학교 17회 졸업생이구요.
1966년인가? 내가 졸업할 무렵 학생 수가 320명 정도였습니다. 그때가 가장 많
을 때였어요. 이후 쇠락했지요." 중정 소학교는 지금까지 대략 1,300명에 이르
는 졸업생을 배출했다.

　한국 화교의 수는 1972년 3만3,000명을 정점으로 점차 줄어들었다. 이 땅

1950년대 중정화교학교 앞. (수원화교협회 자료사진. 이하 마찬가지)

에서 견디기 힘들어 대만으로 가거나, 미국에 이민을 가는 사람들이 늘어났기 때문이다. 강 교장의 증언은 수원 화교 사회도 그 영향을 받았음을 보여준다. 2010년 현재 수원지역 화교는 510명 정도이고, 수원화교협회에 소속된 11개 지역 화교를 합해 2,000명 선이다. 중정 소학교의 학생은 현재 154명이다.

"94, 95년경에는 폐교 위기에 몰리기도 했어요. 이후 중국 붐을 타고 내국인 학생들이 들어오면서 명맥을 유지하기는 하지요. 그러나 학교 운영이 걱정이에요. 적자가 나면 이사회에서 감당해야 하거든요. 어디 도와주는 곳 한 군데 없으니까. 2008년 7월엔 선생 봉급 줄 돈이 없더라니까요."

중정 소학교의 커리큘럼은 대만식이다. 그러나 대만 정부는 교과서와 학교기자재 일부를 현물로 지원해 줄 뿐이다. "대만 정부가 겨우 책이나 보내주면서 간섭은 심합니다. 중국대사관은 도움은 전혀 주지 않으면서 참견만 하려고 하고요. 경기도교육청 역시 연필 한 자루, 분필 한 곽 안 주면서 하라는 건 왜 그리 많은지…."

현재 중정 소학교에 다니는 학생의 70~80%가 한국인이다. 중정 유치원 입학연령은 5세이고, 소학교는 7세이기 때문에 유치원부터 소학교 3학년 정도까지 다니다가 한국학교로 전학하는 한국 학생들이 많다. 이들의 전학을 받아줄지 말지는 학교장 재량이다. 화교소학교를 졸업하는 화교 학생은 대체로 화교 중고등학교로 진학하는데, 한국인 졸업생의 경우 중학교에서 받아줄지 여부도 중학교 교장 재량에 달렸다.

중정소학교 행사 사진. 건물은 현 교사 신축 이전의 본관

정문正門 이전 문제는 중정 소학교가 '외국인학교'여서 받는 설움을 보여주는 상징적인 사례다. "몇 년 전에 학교 앞에 소방도로를 내면서 학교 땅을 60평이나 잘라먹었어요. 그런 법이 어디 있습니까? 하여튼 그 바람에 학교 정문 앞이 도로 커브 길이 돼 버렸지요. 그래서 어쩔 수 없이 정문을 현 위치로 옮겼습니다."(우 총무) 내국인 학교였다면 상상하기 어려운 일이다.

화교, 그들은 과연 남인가?

"제가 미국에 가보니까 이민을 온 한국 화교들이 차이나타운 근처에 살지 않고, 코리아타운 근처에 살더군요. 왜 그러느냐고 물으니까, 마음이 편하기 때문이라고 합디다. 한국 살 때는 몰랐는데, 나가보니 자신도 모르게 친한파가 돼 있더라 이거지요. 누가 한국 욕을 하면 분통이 터진다고 해요."(강 교장)

1970년대 한국 화교 사회에서 이민 붐이 일었을 때 대만으로 간 화교들도 다시 미국에 재이민을 한 경우가 많다고 한다. 대만 역시 폐쇄적이어서, 한국 화교들을 자신의 동족으로 따뜻하게 받아들여 주지 않았다는 것이다. 이들은 이미 한국 사회에서 20~30년간 살면서 한인화되어 있었다는 얘기다.

애초 화교들이 정든 한국 땅을 떠나기로 한 까닭은 한국 정부가 이들을 차별했기 때문이다. 세금은 꼬박꼬박 내지만, 외국인이라는 이유로 이들에게는 복지혜택이 주어지지 않았다. 공무원이 될 수도 없었고, 대기업 취업도 어려웠다. 1998년 이전까지는 돈이 있어도 집과 땅을 마음대로 살 수 없었다. 1973년 '중국집'에서는 밥 종류, 즉 볶음밥, 잡채밥 따위를 팔지 못하게 한 조치는 가히 코미디 수준이다. '중국집'을 견제하고 한국 식당 영업을 도우려고 한 얄팍한 꼼수는 비록 3개월 만에 철회되었지만, 한국 정부와 한국 사회가 화교들을 얼마나 차별해왔는지를 보여주는 좋은 사례다. 1970년대에는 서울 도심을 재개발하며 소공동 일대 차이나타운을 완전히 밀어버리는 과정에서 '화교회관'을 지어주겠다던 당초 약속을 완전히 뒤집어버린 일도 있었다.

'외국인은 국제법과 조약이 정하는 바에 의하여 그 지위가 보장된다.'(헌법 제6조 제2항) '민족적 · 종교적 · 언어적 소수자가 존재하는 나라에서 해당 소수자에 속하는 자는 그 집단의 다른 구성원과 함께 자기의 문화를 향유하고, 자기의 종교를 믿으며, 실천하고, 자기 언어를 사용할 권리가 부정되어서는 안 된다.'(국제인권규약 자유권규약 제27조)

65년 역사와 전통을 쌓아온 중정 소학교는 이 권리를 누릴 자격이 충분하다. 그들이 대만 국적을 포기하지 않기 때문에 차별받아 마땅하다는 논리는 근

1949년 7월 열린 중정소학교 9회 졸업식 기념사진

거가 빈약하다. 중정 소학교의 내국인 학생 비율이 높다며 법적 규제를 운운하기보다 이를 긍정적으로 활용할 방안을 모색하는 쪽이 더 생산적일 수 있다. 우총무와 강 교장의 다음과 같은 지적은 깊이 음미해 볼 만하다.

"화교들은 비교우위가 있습니다. 병역 필요 없지, 휴일 근무 잘하지, 중국어 능통하지…. 더구나 화교들은 돈 벌어서 이 땅을 떠나려는 사람이 아닙니다. 앞으로 중국인 관광객을 대거 유치하려면 중국인들이 신뢰하는 화교들을 잘 활용해야 합니다."(우 총무)

"중정 소학교는 외국인학교가 아니라 한국인학교로 봐야 합니다. 중국어 때문에 갈수록 한국 학생이 더 늘어날 겁니다. 오히려 소학교만이 아니라 지역에 이곳 졸업생을 수용하는 중고등학교도 만들어야 합니다."(강 교장)

| 도움말 주신 분 |

강학천(姜學泉) 수원화교중정소학교 교장, 수원 중화한의원 원장.
우진강(于振强) 수원화교협회 총무

| 참고자료 |

박경태, 『소수자와 한국사회』, 후마니타스, 2008.

15
팔달사 八達寺

답사일 : 2009년 9월 1일

진굴형에 피는 연꽃

진굴형은 진구렁의 옛말이다. 진구렁은 빠져나오기 어려운 험난한 처지를 비유

팔달사 경내

팔달사 일주문

적으로 이는 말이므로 곧 사바娑婆다. 한숨과 눈물과 웃음이 네온사인의 불빛에 섞여 흘러 다니는 그 진굴헝의 한복판에 고요한 도량이 하나 있다. 저잣거리의 욕망과 탄식과 울음의 뒤범벅 속에 오롯하게 고인 무념무상의 장소. 달마가 서방정토의 반대편인 동쪽으로 갔듯이 이 절도 사바를 향해 내려왔다.

수원의 남문(팔달문)에서 팔달산 쪽 비탈에 팔달사八達寺라는 절이 있다(팔달구 행궁로 68). 팔달문에서 행궁길을 따라 교동사거리 쪽으로 1백여m쯤 가다보면 왼쪽에 메가박스 수원 남문점(구 중앙극장)이 나타나고 극장 맞은편 상점들 사이에 팔달사의 일주문이 상점들과 어깨를 겯고 있다.

이 절은 재단법인 선학원禪學院 소속의 도심 속 사찰이다. 1934년에 선학원으로 등록되었다. 선학원 재단 사찰은 전국에 530개 정도 된다. 선학원 소속의 절은 공찰公刹과 사찰私刹이 있는데 팔달사는 사찰로는 큰 편에 속한다. 아직채 100년이 안 된 곳이므로 유구한 역사를 가진 다른 고찰들과는 구조가 약간

다르다. 도량 내에 현대식 건물과 20세기 초반에 지은 불당이 서로 어우러져있다. 현대 불교에서 강조되는 것 중의 하나가 현대인의 삶과 친숙한 불교로 성장하는 것이다. 따라서 팔달사는 회관이나 교양관이라는 이름으로 신도들을 위한 공간을 마련하고 있다.

사찰의 가람은 일주문을 지나 3동의 요사寮舍와 용화전이 있고, 높게 자리 잡은 종루鐘樓를 지나서는 대웅전이 있으며 대웅전 오른편으로 선실과 산신각, 영각靈閣이 있다. 2019년 현재 개사 101주년을 맞는 이 절은 1988년 10월 전통사찰 75호로 지정되었으며 화성 성곽과 팔달문이 지척에 있어서 관광객들이 많이 찾는다.

팔달사에서 가장 오래된 건물인 용화전 정면

종무소로 쓰이는 요사채 지붕너머로 범종각과 대웅전이 보인다

팔달사의 역사

절의 생겨난 시기는 기록이 없어 명확한 것은 알 수 없지만 1922년에 비구니 홍법 스님(속가명 윤홍자)에 의해 창건되었다고 전해온다. 금강산 유점사의 비구니 윤홍법당 스님이 도심에 불교를 포교하기 위해 이곳에 최초로 사찰을 건립했다는 것. 팔달사 홈페이지에는 1922년에 윤홍자 비구니가 당시 토지와 건물 약 114평으로 절을 건립했다고 소개하고 있다. 수원시사에는 절 창건연도가 1895년으로 나오기도 하고 1917년에 창건됐다는 또 다른 설도 있다. 팔달사 주지 혜광慧光 스님은 1895년 창건설은 잘못된 것이라고 했다. 1895년은 윤홍자 스님이 태어난 연도쯤 될 거라며 1895년 창건설을 일축했다.

전해오는 창건 설화에 따르면 어느 날 윤홍자 스님의 꿈에 산신령 같은 성인聖人이 나타나 지금의 팔달사 자리를 가리키며 그곳에 귀가 잘린 부처가 땅속

에 있을 것이니 이를 모셔 절을 창건하면 번창할 것이라고 하였다고 한다. 이에 윤홍자 스님이 꿈을 따라 그곳에 가 보니 과연 귀가 잘린 부처가 있어 이 부처를 용화전龍華殿에 모시면서 아울러 산신각山神閣도 건립하여 절을 창건하였다고 한다. 그러나 현

용화전 벽에 그려진 해학이 담긴 민화

재 귀가 잘린 부처는 찾아볼 수 없고, 산신각 건물도 소실되어 다시 지었고 초창기 가람은 용화전 건물만 남아있다.

　윤홍자 스님의 열반 이후 비구니 절이었던 팔달사는 윤홍자 스님의 며느리였던 평등월 보살(이채순)이 운영권을 인계받아 1934년부터 관리했으며 1940년 6월에 조선불교중앙선리참구원(현 선학원)에 절 재산을 증여하고 제1대 창건주가 되었다. 그리고 돌아가시기 2년 전까지 원주보살로 팔달사를 운영 관리했다. 평등월 보살은 1920년대 후반 일본 고야산 조동종 사찰에 입산하여 비구니계를 받아 묘심妙心이란 불명을 받고 승려생활을 해오다가 몸에 피부병이 생겨사찰에 있을 수 없게 되자 환속했다. 평등월 보살은 병을 치료하고 윤홍자 비구니의 셋째아들 김용기와 1931년에 결혼해 시부모와 함께 살던 중 윤홍자 비구니로부터 사찰운영권을 물려받았다. 근현대 선지식으로 널리 알려진 금오스님

최근에 신축된 선방

의 상좌 범행梵行 스님이 1952년 1월에 절에 와서, 1987년 6월 제2대 창건주로 팔달사를 승계했으며 2003년 6월까지 주지로 있었다. 초기에는 비구니 사찰이었으나 이후 비구승의 사찰로 바뀐 것이다. 범행 스님의 상좌였던 혜광 스님은 자신의 은사스님인 범행 스님에 대해 "옛날 큰스님이 여기 있다가 불국사의 주지를 하셨다. 큰스님 고향이 발안이고 평등월 보살의 남동생이다."라고 팔달사와의 인연을 소개했다.

지금과 같은 가람伽藍의 형태는 1986년 범행 스님에 의해 중창되면서 이루어졌다. 처음에는 작은 사찰이었으나, 범행스님이 주지로 부임하면서 대웅전을 비롯해 많은 전각을 건립함으로써 현재와 같은 커다란 사찰의 모습을 갖추게 되었다. 절 주변의 토지와 가옥(약 1,200평)을 사들여 많은 불사를 일으켰던 것이다. 1982년 사찰의 정문인 일주문이 건립되었고, 위쪽 대지에 위치한 대웅전도

이 시기에 건립되었다. 1986년에는 범종이 건립되었는데, 범종각 역시 같은 시기에 건립된 것으로 보인다. 산신각에 모셔져 있는 석가모니 후불탱화는 1989년에 조성되었다고 화기에 기록하고 있어 이 당시에 새로운 불사가 이루어졌음을 알 수 있게 해주며, 역시 1989년에 조사당祖師堂(영각)의 영정이 제작되어 이 당시에 조사당의 건립이 있었던 것으로 추정된다.

2009년 현재 주지인 혜광스님도 팔달사에 새로이 선방을 짓고 도량을 넓혀왔다. 주변 가옥(약 85평)을 사들여 교육관으로 개축, 선학원에 증여함으로써 창건 당시 114평이던 도량은 현재 1,500평으로 10배가량 커졌다. "여기가 시중 사찰이자 100년 이내에 지은 절로는 조건이 좋은 편이다. 내가 와서 선방 2층으로 한 채 지었다. 교양관은 건물을 산 것이기 때문에 모양이 부자연스럽다. 현재로는 어쩔 수 없지만 언젠가는 헐어야 될 건물이다. 회관법당도 법당, 식당, 주지실로 쓰는 건물인데 절과 조화가 안 된다. 이것도 언젠가 절에 어울리게 고쳐야 할 거다. 여기 종무소로 쓰는 한옥은 지금 ㄴ자로 되어있지만, 옛날에는 ㄷ자집이었다. 거기가 예전에는 천석꾼 안 씨의 집이었다. 법당회관도 안 씨 집의 부속건물 자리. 당시에 있던 한옥 건물을 헐어내고 새로 지은 거다. 안 씨 집이 부채로 은행에 넘어갔을 때 절에서 어렵게 돈을 모아 경락받은 거다. 대웅전 법당자리도 안 씨네 집터였다. 27년쯤 전의 일이다. 종각이 있는 쪽의 석축이 천 씨네와 절과의 경계였다. 옛날에는 그 집이 아주 큰 집이었다. 수목이 아주 울창하고 굉장했다. 안 씨네 집이었던 종무소도 속가여서 절집과는 양식이 다르다. 구도상 법당을 막는 위치라 언젠가는 다시 지어야 할 거다. 내가 와서 작은 집들이 6채나 헐었다. 자잘한 낡은 건물이 잔뜩 있었는데 도량정비 차원에서 사서 헐었다. 행사하려면 차를 대야 하는데 장소가 없어서 정비를 좀 했

다."^(혜광 스님)

한편 팔달사는 한국전쟁 당시 북쪽 피난민들의 임시 개성시청 역할을 하기도 했다. 개성에서 전란을 피해 내려온 사람들의 먹이고 재우는 피난처 역할을 했던 것이다. "6·25 때 여기가 개성시청을 노릇을 했었다. 그래서 지금도 어떤 분이 꾸준히 절에 시주를 한다. 초파일 때면 수천 명 공양하라고 쌀을 댄다. 영감님인데 춥고 배고픈 시절의 은공을 못 잊고 꾸준히 보은을 한다. 이번 백중 때에도 쌀 다섯 가마를 보내왔다. 그때 참 굶주리고 어려울 때였으니 부처님의 자비심이 가슴에 새겨진 것 같다. 절에서 밥 삶아줬던 은덕을 이제 부자가 되어서 갚고 있다. 고마운 노릇이다."^(혜광 스님)

불교계 정화의 징검다리 팔달사

혜광 스님은 팔달사가 태고종에서 조계종 사찰이 된 내력은 한국불교 정화운동과 긴밀한 상관관계가 있다고 말했다. 그는 조계종 태동의 역사와 팔달사가 그 과정에서 어떤 역할을 했는지에 대해 소상히 들려줬다.

"올해^(2009년 현재) 이 절이 87년 됐다. 용화전 상량문에 보면 그렇다. 처음에는 용화전하고 산신각하고 밥을 끓여 먹는 조그만 살림집이 두 채 있었다. 윤홍자 스님이 살다가 돌아가시고 며느리인 이평등월 보살이 이어받아가지고 살았다. 그이는 내 은사스님인 범행스님의 누님이다. 그래서 범행스님이 자연스럽게 이어받았다.

이 절이 태고종에서 조계종이 된 것은 불교계 정화 시기가 1958년쯤 될 건데 그 당시 재단법인 선학원은 있었는데 조계종은 없었다. 태고종은 있었다.^(1924년에 조선불교 조계종이 설립되었으나 그 세가 미약했음을 이르는 것이다) 선학원을 중심축으로 정화 운동이 전개됐었다. 정화불사가 이루어져서 종단 이름도 바꾸고 태고사가 조계사로 바뀌었다. 정화 운동은 이승만 박사 때 이루어졌다. 그 동기는 수행하는 스님들이 천대와 수모를 엄청나게 많이 받았기 때문이다. 당시는 대처승이 절을 다 관리를 하고 있었는데 비구승이 와서 자고 가자면 잠도 안 재워주고 괄시했다. 승려들이 오다가다 절에서 먹고 자야 할 판인데 안 재워주고 야밤에 쫓겨나고 그랬다.

그때 정화 운동은 현재 두 가지 견해로 평가되고 있다. 하나는 이승만이 불교 재산을 국고로 가져가기 위해서 대처와 비구 간에 싸움을 붙이며 정화를

영가백등 터널 위에 있는 범종각

팔달사 범종

장기간 끌고 갔다는 의견이다. 재판을 민사로 하면 재판 기간이 오래 가니까 그
사이에 대처승들이 절 재산을 다 팔아버렸다. 그때는 재산관리법이 없었기 때
문에 불교 재산이 많이 날아갔다. 또 한 가지 견해는 정부 고위층의 정책 의지
가 아래로 잘 전달이 안 됐다는 것이다. 대처승의 인척들이 각 기관에 깔려있어
서 시행하는 과정에서 중간에 흐지부지됐다는 의견이다. 그래서 결국 불교만
망한 꼴이 됐다는 것이다. 재단법인 선학원이 생긴 이유도 총독부에서 불교 사
찰査察을 너무 하니까 스님들이 서울지역에다가 부처님 사상을 공포하고 수행

하는 근거지를 만들어야겠다고 해서 생긴 것이다.

팔달사에는 옛날부터 만공 스님 등 고승들이 많이 다녀가셨다. 선객 스님, 도인 스님이 여기 와서 계시기도 했다. 근세에는 정금오 스님이라고, 불교 정화의 중추적 역할을 하신 스님인데, 말년에 여기 와서 오래 사셨다. 충성 스님이라는 고승도 자주 오셨었다. 큰스님들이 정화(불교정화운동) 때도 많이 오셨다. 수좌들이 지방에서 서울을 오가면서 교통이 불편하니까 한 번에 쭉 못 가고 여기서 많이 쉬어가셨다. 객 스님들이 하루 이틀 자고 가는 중간유숙지로 쓰였던 것이다. 그렇게 중간 기착지로 기능하며 조계종이 생기는 데 큰 역할을 했다. 그때 비구승이 주지하는 절이 별로 없었는데 범행 스님이 여기 주지를 하면서 그 뒷바라지를 다 했다. 그때는 스님들 밥 먹기도 어려울 땐데 공양 다 대접하고 노자도 만들어주고 그랬다. 그래서 어떤 때는 이 절에 스님들이 바글바글했다. 방이 적어 불편했지만 수십 명이 한꺼번에 묵기도 했다. 팔달사는 그런 식으로 한국불교 정화 운동의 뒷바라지를 한 셈이다.(조계종은 광복 후 대한불교조계종으로 새로운 출발을 하였으나 1954년부터 1962년까지는 비구(比丘)·대처(帶妻) 승려 간의 분규가 끊이지 않아 이른바 불교정화운동이 계속되었고, 그 결과 1962년 4월 비구·비구니만을 인정하는 통합종단으로서 대한불교조계종이 재발족, 오늘에 이르고 있다.)

팔달사의 경우 윤홍자 스님은 절을 만들어 놓고 재단에다가 증여를 안했었다. 평등월 보살이 '절이 사유화돼서는 안 된다' 해서 선학원에 증여를 했다. 처음에는 절이 작았다가 주변 집들을 사들여서 계속 귀속시켰다. 그렇게 도량이 넓어져서 지금은 10배로 늘었다."

한편 1942년 경기도 화성에서 태어난 혜광 스님은 1955년 봉은사에서 범행스님을 은사로 출가, 같은 해 봉은사에서 총곡스님을 계사로 사미계, 1963년

해인사에서 자운스님은 계사로 구족계를 수지했다. 제5교구 본사 속리산 법주사 주지를 비롯해 경주 석굴암, 군산 은적사, 남원 실상사, 완주 화암사 주지와 제11대 중앙종회 의원 등을 역임했다.

도심사찰 팔달사의 가람

팔달사 일주문一柱門 밖은 한때 수원에서 가장 번화한 곳이었다. 일주문을 경계로 밖은 시끄러운 사바세계娑婆世界이고 안쪽은 조용한 피안세계彼岸世界다. 일주문에 서면 불자는 입차문내入此門內, 막존지해莫存知解 해야 한다. '이 문에 들어와서는 안다는 것을 내세우지 말라'는 것으로 자기를 낮추고 겸허해야 한다는 것이다. 일주문은 익공식의 건물로 종도리장여(도리를 받치는 모가 진 나무) 상량문에는 1982년에 건립됐다고 씌어있다.

팔달사에서 가장 오래된 용화전은 정면 3칸, 측면 1칸의 규모가 작은 건물이다. 중앙칸의 경우 배면을 뒤로 물려 감실형으로 구성하고 이곳에 불단을 조성했다. 팔달사가 현재와 같은 큰 가람이 되기 전에 주 법당 역할을 했던 건물이다. 용화전 안에는 중앙 불단 가운데에 아미타불을 봉안했고, 협시로 좌측에 지장보살, 우측에 관세음보살을 봉안했다. 특히 관세음보살은 그 모양이 매우 정겨운 느낌을 주는데 창건 당시에 조성된 것으로 추정된다. 불단의 왼쪽에는 미륵불이 봉안되어있고 불단 오른편으로는 현왕탱화가 봉안되어 있다.

용화전 내부 좌측면에는 신중탱화와 종이 모셔져 있고, 우측면에는 영단이 조성되어 있다. 기단은 2중 기단을 사용했는데 하단의 기단은 일종의 월대月臺(궁전이나 누각 따위의 앞에 세워 놓은 섬돌)라 할 수 있다. 초석은 잘 다듬은 방형초석을 사용했고, 상부의 기둥 역시 방형方形(네모반듯한 모양)의 기둥을 사용했다. 공포는 초익공을 사용했으며, 화려하게 단청을 했다. 지붕은 팔작지붕을 하고 있는데 양쪽 용마루 끝에 거대한 용머리를 올려 장식하고 있는 점이 눈에 띈다. 정면 창호는 칸마다 3짝의 띠살창호를 사용하고 있다. 건물의 좌측면에는 2짝의 띠살창호를 들여 이곳으로 출입할 수 있게 하였고. 우측에는 따로 출입구를 만들지 않았다.

건물의 좌측면에 그려진 벽화는 팔달사에서 가장 귀한 벽화이다. 호랑이가 담배를 피우고 있는 모습과 더불어 토끼 두 마리가 담배 피우는 호랑이의 시중을 들고 있는 해학적인 모습이 그려져 있다. 혜광 스님은 이 그림이 전국을

팔달사 대웅전

대웅전 문

통틀어 절에 있는 그림으로는 유일한 민화일 것이라고 한다. 또 혜광 스님은 절의 정비를 위해 관계 당국과 협의해서 용화전을 좀 위쪽으로 올렸으면 하는 생각이 있는데 이전비는 잘 안 준다고 해서 어려운 상황이라고 말했다.

　　대웅전으로 올라가는 계단 위로는 큰종과 북이 있는 범종각梵鐘閣이 있어 아래서 보면 전체적인 구도가 특이하다. 팔달사는 크게 세 개의 공간으로 구분되는데 각 공간 사이에는 큰 높이 차가 있어 공간이 연계되기가 어려운 구도이다. 이 각각 다른 세 공간을 서로 연결해주는 건물이 범종각이다. 높은 계단 상부에 중층으로 건립되었으며 자연스럽게 사부대중을 상층 기단으로 이끄는 관문 역할을 한다. 높게 솟은 범종각의 모습만으로도 이곳을 찾는 사람들에게 강력한 이미지를 각인시킨다. 1층 기둥은 철근콘크리트 구조로 건립됐고 그 상부에 범종각을 두고 있다. 범종각의 초석은 원주형초석을 이용했고 그 위에 목조의 기둥을 얹었다. 평면은 정면과 측면 모두 2칸으로 구성됐으며 공포는 익공식 공포를 사용했다. 지분은 겹처마에 팔작지붕이며 기와는 청기와로 되어있다. 범종각 안의 범종, 운판, 법고, 목어 등의 사물은 1987년에 모두 봉안했고 전면에 해와 달의 모습이 조각되어 있다.

대웅전 벽에 그려진 심우도

대웅전大雄殿은 제2대 창건주인 전 주지 범행 스님 주도로 1980년도에 건립된 법당이다. 용화전이 있는 대지보다 매우 높은 언덕받이에 넓은 대지를 조성하고 이곳에 대웅전을 건립했다. 따라서 수원 시내의 거리를 내려다볼 수 있다. 정면 5칸, 측면 3칸의 건물로 어간御間(절의 법당이나 큰방의 한복판)을 가장 크게 했고 협간은 약간 작게 되어있다. 건물은 철근콘크리트와 목조가 결합된 형태이다. 기둥은 철근콘크리트를 이용해 원형으로 세웠고 초석도 원형이다. 창호는 소슬빗장문을 주로 이용해 구성했으며 외부벽 측면과 배면에는 심우도를 백화로 그려 놓았다. 지분은 팔작지붕을 얹었는데 청기와를 사용했고 용마루

대웅전 내부 우측면

대웅전 불단과 삼존불

끝에는 용머리를 얹어놓았다.

대웅전 내부의 중앙에는 불단이 있고 이곳에 삼존불을 봉안했다. 삼존불상 머리 위에는 2층 닫집이 정교하게 조각되어 있다. 중앙에 석가모니불을 모셨고 좌측에 지장보살, 우측에 관세음보살을 모셨다. 석가모니 후불탱화 화기畵記에 의하면 1982년에 조성, 봉안했다고 기록되어 있다. 불단 좌우로는 벽화를 그렸는데, 석가모니 부처님의 일생을 6폭의 그림으로 그려 좌우에 각각 3폭씩 안치해 놓았다. 대웅전 좌측면에는 신중탱화를 봉안했고 우측면에는 연단이 조성되어 있다.

용화전 뒤 높은 언덕 위에 산신각山神閣과 영각靈閣이 있다. 왼쪽이 영각이고 오른쪽이 산신각이다. 따로 현판을 달지 않아 요사채로 인식되기 쉬운 건물이다. 정면 5칸, 측면 3칸의 평면을 갖고 있는 건물로 왼편의 2칸은 스님이 거처로 사용하고 있으면 오른쪽 3칸을 관음, 산신, 칠성 법당으로 사용하고 있다. 초석은 원형초석을 사용했고 전면이 모든 창호는 유리를 주재료로 한 미닫이로 구성했다. 지붕은 팔작지붕을 하고 있고 겹처마로 되어있다. 내부공간의 구성은 다른 사찰의 산신각과 다른 독특한 면을 보인다. 내부에 높은 기둥을 이용해 조그만 칸살을 구성한 것이다. 내부칸막이를 보면 어간 1칸만으로 하나의 실을 구성하고 있고 어간을 중심으로 양쪽으로 각각 2칸으로 구성하고 있다.

이 건물은 처음부터 불전의 용도로 계획되지 않고 요사 등의 다른 용도로 만들어진 선실이다. 중앙 칸에는 석가모니 후불탱화가 봉안되어 있는데 화기에 따르면 1989년에 조성된 것으로 적혀있다. 중앙 칸 오른쪽 실에는 2개의 목 탱화가 봉안되어 있는데 왼쪽이 산신탱화이고 오른쪽이 칠성탱화이다. 산신탱화는 목조에 양각의 기법을 이용해 조각해 그 위에 칠을 해 마감한 것이며 칠성탱화 역시 양각으로 만들었고 금을 입혀 마감했다.

"산신각 방을 쓰던 스님이 난로를 부주의하게 사용해서 불이 한번 났었다. 그때 산신각만 소실됐다. 이 절에서 용화전하고 산신각이 제일 오래된 것이었는 데 산신각은 소실돼서 새로 지었다. 지금 산신각은 선방으로 지은 집이다. 옛날에는 주지 스님이 사용했다. 인법당(방을 들인 법당)으로 기거할 수 있게 만든 것이다. 일반 법당은 마루를 놓지만, 산신각에는 구들을 놓아서 사람이 살 수 있게 만들었다.'(혜광 스님)

　　영각은 팔달사를 건립한 홍법스님(비구니)와 평등월 보살을 기리기 위해 건
립한 것이다. 이 건물에는 따로 현판을 달지 않았고 단정한 느낌을 준다. 공포
는 익공식을 이용했고 지붕은 맞배지붕을 얹었다. 한편 영각 앞쪽에는 최근 새
로 지은 선방이 있다.(수원시의 역사와 문화유적, 팔달사 홈페이지 참조)

팔달사에 얽힌 이야기

팔달사는 구도의 도량이니만큼 스님들의 용맹 정신과 연관된 이야기를 품고

있다. 사부대중들을 불법 아래에 조아리게 했던 치열한 구도행은 산신각의 한 귀퉁이에 서려 전해오고 있다. 혜광 스님의 구술을 그대로 옮긴다.

"6·25 때 대원 스님이라는 분이 여기 계셨는데 그 스님이 염불기도를 많이 했다. 육자주를 했는데 초저녁에 주무시고 밤 열두 시에 일어나서 그 이튿날 날 밝을 때까지 잠을 안 자고 기도를 했는데 따뜻한 방에서 잠을 자면 잠이 깊이 들어 못 일어나니까 밖으로 나와 기도를 했다. 산신각 귀퉁이에 미닫이문이 있었는데 그 문 앞이 지금은 마루를 깔았지만, 전에는 시멘트바닥이었다. 영창문을 닫아봐야 겨울에는 추우니 지푸라기를 잔뜩 깔아놓고 누더기를 잔뜩 껴입고 앉아서 기도를 했다. 춥게 앉았어도 밤새 기도를 하다 보면 졸리니까 경내로 나와서 '옴마니반메훔'을 외면서 걸으며 기도를 했다. 그렇게 아침 공양까지 밤을 새며 백일기도를 했는데 한 달을 하고는 통영이 열려버렸다. 혜안이 열린 것이다. 이후 그는 3일 정도의 앞일을 환히 내다보게 되었다.

그 소문이 퍼져서 사람들이 그 스님 면담하려고 팔달사 앞에 길게 줄을 섰다고 한다. 그때는 전쟁으로 인해 이산가족이 많았다. 사람들은 어디로 가면 헤어진 가족을 만나겠느냐고 물어왔다. 그러면 대원 스님은 그들에게 언제 어디로 가라고 일러줬고 그대로 따르면 헤어진 사람을 만났다는 것이다. 그때는 절에 전화도 없었을 땐데 마치 사전에 통화라도 한 듯이 오늘 몇 시쯤에 몇십 명이 올 것이니 인원수에 맞춰 밥을 준비하라고 이르면 어김없이 그만큼의 사람들이 찾아왔다. 스님의 말대로 밥을 준비해 놓으면 신통하게 밥 양이 맞아 떨어졌다는 것이다. 사람들은 대원 스님의 예지력이 어느 정도 트인 것을 똑똑히 목격했다고 했다.

그런데 수행을 해서 도道가 완전히 터져버리면 행行과 상관이 없는데 기도를 해서 얻은 능력은 돈이나 여자 등의 삿된 것을 몰라야 한다. 사실 그게 도는 아닌데 세상 사람들은 그걸 도로 본다. 자기 길흉사 일러주는 게 최고인 것이다. 사람들은 구름 떼 같이 대원 스님에게 몰려들었다. 아무리 중이라도 사람이 그렇게 유명해지고 떠받듦을 당해보면 유혹이 생길 수 있다. 그게 마장魔障(귀신의 장난이라는 뜻으로 일의 진행에 나타나는 뜻밖의 방해나 헤살을 이르는 말)인데 그걸 극복해야 그 경계를 오래 누릴 수 있다. 기도가피로서 얻은 능력은 철저히 자신의 마음을 맑게 지키지 못하면 잃게 되는 것이다.

그이가 사람들이 부처님과 같이 위하고 칭송하며 몰려오니까 말년에 유

영각 정면

영각 내부

혹에 빠져서 그만 눈이 흐려졌다. 욕심에 눈이 어두워지면 눈도 어두워지는 법. 전에는 밝게 보였던 것이 아른아른하고 긴가민가할 정도로 흐려진 것이다. 그는 능력을 잃고 낙심했다. 한 번 밝은 경계를 맛보고 나니까 너무나 아쉬웠다. 결국 그는 오랜 낙심 끝에 다시 마음을 다잡고 천일기도를 해서 그 능력을 다시 얻었다고 한다. 1백일로 얻을 수 있었던 신묘한 경계가 한번 눈이 흐려지니 천일이나 매달려야 했던 것이다. 그 대원 스님의 일화는 심안이 열리고 닫히는 것과 관련해 수행자들에게 많은 교훈을 던져주는 이 절의 속 이야기이다.

| 도움말 주신 분 |

혜광스님 팔달사 주지
조성덕 팔달사 재무소임

| 참고자료 |

기전문화재 연구원, 『수원시의 역사와 문화유적』, 2000.
경기도 『경기도 근대문화유산 조사 및 목록화 보고서』, 2004.
최오용 · 김정신, 『현대 도시형 사찰건축의 공간구성 및 물리적 특성에 관한 연구』, 1994.
http://www.paldalsa.com/ (팔달사)

14부

시흥

경기그레이트북스 14

01
신안 주씨 삼세적선비와 주영식 자선기념비

답사일 : 2009년 10월 20일

'적선비'와 '자선비'

요즘은 '적선積善'이라는 말을 잘 쓰지 않는다. 누대에 걸쳐 수많은 입을 거치는 동안 '선한 공덕을 쌓는다.'라는 본디 뜻은 가뭇해지고, '일방적 시혜'라는 어감만 강하게 남았기 때문이다. '자선慈善'도 마찬가지다. '적선'을 쓸 자리에 '기부'라는 법-행정적 뉘앙스가 짙은 말을 쓰는 게 보통이고, 더러는 '도네이션(donation)'이라는 영어로 눙쳐버린다.

최근 들어서는 '나눔'이라는 순우리말 신조어가 일반화되는 추세이기는 하다. 한데, 근본 뜻은 같을지라도, '적선'이라는 말에는 주는 주체와 받는 주체가 전제된 반면 '나눔'이라는 말은 익명성을 강조하는 듯하다. 달리 표현하자면, '적선'은 농경시대에 어울리는 말이고, '나눔'은 산업사회의 성격이 두드러지게 드러나는 말이라고 해도 무방할 것이다.

시흥시 과림동 355번지에는 신안 주 씨新安 朱氏 일가의 '적선'과 '자선'을 기리는 비석이 나란히 서 있다. '신안 주 씨 삼세적선비新安朱氏 三世積善碑'와 '주영식 자선기념비朱永植 慈善記念碑'다. 두 비석은 지난 2005년 7월 시흥시 향토유적 17호로 지정되면서 이 일대가 소공원으로 꾸며져 찾아가기 쉽다. 두 비석은 각각 1917년과 1924년에 세워졌다. 식민지 조선이 농경사회에 머무르고 있던 시절이다. '삼세적선비'는 1922년에 비각^{碑閣}까지 세워져 보존상태도 양호하다. 3대에 걸쳐 선행을 베푼 이들을 위해 이러한 기념비를 세운 사례는 전국적으로도 드물다.

'삼세적선비'는 주석범朱錫範(1815~1880)-주순원朱順元(1836~1895)-주인식朱寅植(1862~1952) 3세대가 과림동 중림마을에 세거하면서 이 일대 농민들에게 큰 은혜를 베푼 데 대한 보답으로, '자선기념비'는 주석범의 손자이자, 주인식의 사촌 아우인 주영식朱永植(1867~1952)의 같은 선행을 기려 마을 주민들이 자진하여 세운 것이라 한다. 비각 내에 있는 '신안주씨삼세적선비창립발기문'은 다음과 같

시흥시 과림동 신안 주씨 3세 적선비각 정면

비각 오른쪽 측면

이 적고 있다.

　"무릇 사람이 남의 은공을 모르면 가히 사람이라 하랴.
(중략) 3대가 적지 아니한 재물로 두루 가난을 구제한 지 장
차 100년이 가까우니 이로써 미루어보건대 베푼 은혜가 산
이 무겁고 바다가 깊지 아니하다. (중략) 비록 주인의 거절로
성의를 얻지 못한 지 벌써 6, 7년이 지났건만 항상 미안한 점
이 있어 금년 봄에 동민 여러분께서 일제히 발론發論하기를,
주인의 거절함은 주인의 도리요, 우리의 적선비건립은 우리
의 성의이니 (중략) 기념품 중 값이 싸고 영구보존함이 비碑
를 세우니만 못 하므로 우러러 여러분께 청하오니, 각자 능
력대로 성의껏 모금하시어 주 씨 3대 적선의 은혜를 표시하

비각 왼쪽 측면

적선비 공원

면 어찌 아름답지 아니하리오." (시흥
시, 『시흥시의 문화재와 유적』에서 인용.)

그 끝에 정사년丁巳年 4월에 한
긍렬韓兢烈, 민재철閔載喆, 장선엽張善
燁, 김상준金相俊 외 21인이 발기하였
다고 되어 있다. 적선비각 건축 발기
문에서는 적선비를 풍우로부터 보
호하기 위하여 비를 세운 지 5년이
지난 1922년 2월에 민정현閔正鉉, 김
상준, 장선엽 등 주민 39명이 발기
하여 세웠다고 되어 있다. '삼세적선
비'는 비석 전면 중앙에 '신안주씨
석범 순원 인식 삼세적선비'라 새겼
으며, 오른쪽에 '아공삼세我公三世 희
사호시熙捨好施 조자손현祖子孫賢 팔십
사년八十斯年', 왼쪽에 '적선유경積善有
慶 비창비치俾昌俾熾 불위자천不違者天
후록면면後祿綿綿'이라는 명문銘文을
넣었다.

'자선기념비'는 비석의 주인공
이 장손이 아니어서 함께 이름이 올
라 가지는 못하였으나, 그에 못지않

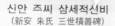

신안 즈씨 삼세적선비
(新安 朱氏 三世積善碑)

◎ 지정번호 : 시흥시 향토유적 제17호
◎ 지정일자 : 2005년 7월 14일
◎ 소 재 지 : 시흥시 과림동 355
◎ 시   대 : 1917년

　신안 주씨 삼세적선비(新安 朱氏 三世積善碑)는 과림리 출신(현 과림동)
의 주석범(朱錫範, 1815~1880), 주순원(朱順元, 1836~1895), 주인식(朱寅
植, 1862~1952)·주영식(朱永植, 1867~1952) 등 3세가 자선을 베풀자
은혜를 입은 과림동 중림·부라위와 계수리(현 계수동) 안골 등 주민들이
세운 비(碑)이다.
　신안 주씨 삼세적선비 창립발기문에 따르면 과림리 중림 출신의 주인식과
그의 부친 주순원, 그리고 조부 주석범 등 신안 주씨 3대에 걸쳐 과림리
중림·부라위와 계수리 안골 주민[絶量貧民]에게 춘궁기 때 매년 구휼
하고 세찬(歲饌)을 나누어 주고 영농비를 지원해 주자 은혜를 입은 해당주민
한긍렬(韓兢烈), 민재철(閔載喆), 장선엽(張善燁), 김상준(金相俊) 씨 등이
적선비 창립을 발기하고 주민 전원이 협동하여 1917년 4월 20일에 적선비를
건립하였다고 기록되어 있다.
　1922년 2월에는 적선비를 풍우(風雨)에서 보호하기 위하여 민정현(閔正
鉉)·한긍렬·이순구(李順九) 씨 등 29명이 발기하여 적선비각을 건립하
였다. 이 비를 통하여 신안 주씨 삼대에 걸쳐 이곳 주민들에게 얼마나
자선을 베풀었는가를 알 수 있으며, 이를 통해 일제강점기 과림동과
계수동의 마을 역사를 살펴볼 수 있으므로 시흥지역 지역사 연구에 있어
귀중한 자료이다.

적선비 안내판

은 선행을
베풀었기에
몇 년 후 별
도로 세운
것으로 보인
다. 이 역시
비석 중앙에

삼세 적선비

'주공영식자선기념비朱公永植慈善記念碑'라 음각하고, 오른쪽에 '삼세자선 효우유천 제술형지 의기혜시三世慈善 孝友由天 弟述兄志 宜其惠施', 왼쪽에 '적지백년 인리구비 향우만대 금석영체積之百年 隣里口碑 馨于萬代 金石永替'라 새겼다. 이들 3대는 어떤 덕을 베풀었기에 이러한 극찬을 받게 되었을까?

3대에 걸친 베풂

"고조부(주석범) 때부터 땅이 많았다고 해요. 만석꾼 집안이었던 거지요. 그런데 저희 조부(주영식)는 제가 다섯 살 무렵에 돌아가셨는데, 집안 어른들께 들으니,

아침마다 일찍 일어나셔서 뒷산에 올라가셨대요. 어느 집에서 연기가 나나 안 나나 살펴보시고는, 연기 안 나는 집에 양식을 가져다주게 하셨다더군요. 아마 고조부 때부터 그런 가풍이 있었던 듯해요." '자선기념비' 주인공의 후손 주기영 씨(1947년생)가 들려준 이야기다.

주 씨는 1992년부터 2003년까지 이 마을 통장으로 일했다. 시흥시가 펴낸 공식 기록에는 3대의 선행이 이렇게 적혀 있다. '과림동의 중림, 부라위 및 계수동 안골의 절량 빈민에게 양곡으로 구휼하고, 세밑에는 세찬으로 북어 쇠고기 김 등을 나누어 주는가 하면, 영농비도 무상 혹은 무이자로 주는 등 해당 주민들에게 희망을 잃지 않도록 힘썼다.'

주씨 집안의 재산형성과정을 지금으로서는 세세히 알기 어렵다. 단지 조선 시대부터 이 집안에서 전해 내려오는 명문明文을 통해 짐작만 할 수 있을 뿐이다. 시흥시가 2006년 발간한 『고서 고문서로 보는 조선시대 시흥』에는 주 씨네 명

주영식 자선기념비 전면

문 일부가 해제와 함께 수록되어 있다. 명문이란 개인과 개인, 또는 다자 사이에 특정사안에 대해 합의하고, 그 사실을 문자를 통해 공표함으로써, 상호간의 권리와 의무관계를 밝힌 문서를 말한다. 대부분의 명문은 토지, 가사家舍, 노비 등을 매매할 때 사용된 계약서이다. 책을 펴낼 시점에서 조사가 끝난 주 씨네 토지매매 명문은 80건에 이른다.

주석범의 생몰연대를 보면 순조 15년(1815)~고종 17년(1880)이다. 조선의 정치가 가장 어지러웠고 백성들의 삶이 갈수록 고달팠던 시기에 해당한다. 아들 순원도 마찬가지다. 그는 헌종 2년(1836)에 태어나 고종 32년(1895)에 숨졌다. 손자 인식은 철종 13년(1862)에서 해방되던 해인 1945년까지 살았다. 손자 대에 이르러서는 아예 나라조차 잃은 백성이었다. 또 한 명의 손자 주영식은 고종 4년(1867)에서 1952년까지 살았다. 6,25까지 겪었던 것이다. 이러한 역사적 상황까지 고려하면 3대의 선행은 더욱 빛이 난다.

주영식 자선기념비 후면

중림 마을 전경

뒤로 보이는 산들은
아직도 주인식 할아버지 후손들 소유라고 한다.

후손 기영 씨는 할아버지들이 재산을 불려
간 사연을 어렴풋이 알고 있다. "인자 식자 할아버
지와 영자 식자 할아버지 두 분이 서울 만리동에
서 장사를 하서서 큰돈을 벌었다고 해요. 물려받
은 땅도 땅이지만 재산이 더 불어난 거지요. 이분
들이 그 돈으로 땅을 계속 사들였대요. 과림동의
중림, 부라위, 모갈, 계수동의 안골, 건진물, 가일은
거의가 다 우리 집안 땅이었다니까요. 우리 주 씨
네 땅을 밟지 않고는 시흥을 지나갈 수 없었다는
군요. 시흥만이 아니고 경기도 광주 땅도 많았고,
전라도까지 농지를 가지고 있었다고 들었습니다.

주인식 할아버지가 살던 집터.
그 후손들이 새 건물을 짓고 산다.

한 가지 차이점은 저희 할아버지는 돈을 벌면 전답만 사들였는데, 인자 식자 할아버지는 주로 대지와 임야를 사셨다고 해요."

'적선지가 필유여경積善之家 必有餘慶'이라는 옛말을 입증이라도 하듯 주 씨네 집안 땅은 베풀면 베풀수록 불어난 것처럼 들린다. 그런데, 인식-영식 사촌 형제의 후손은 좀 다른 경로를 겪게 된다. 영식 할아버지가 소유했던 그 많은 농지는 해방 후 농지개혁 과정에서 거의 잃고 말았다고 했다. 반면 인식 할아버지가 매입했던 땅은 그대로 남았

주씨네 할아버지들이 밥 짓는 연기 안 나는 집을 살피러 오르곤 했다는 뒷산

주영식 할아버지가 살던 집터. 이곳에도 후손들이 새 건물을 짓고 산다.

다. 인식 할아버지 후손이 물려받은 땅은 대지만 7만 평이 넘었다고 한다.

　　이후 그의 후손들은 자신들의 땅에 집을 짓고 사는 사람들에게 대지를 매각했다. 매각은 80년대 중반부터 4차례에 걸쳐 이루어졌다. 그렇게 하고도 임야는 거의 그대로 남았다. "예전에 우리 할아버지들이 연기 안 나는 집을 살펴보러 올라갔던 뒷산은 물론이고, 저 옆 산도 지금까지 그 할아버지 후손들 땅이에요. 지금 그 땅들은 인식 할아버지의 손자며느리와 증손자들 공동소윱니다."

나눔의 교육장
베풀려는 마음도 중요하지만 이에 보답하려는 마음도 그에 못지않게 소중하다.

'삼세적선비'와 '자선기념비'를 세운 사람들은 신안 주 씨네 땅을 부치던 소작인이거나, 주 씨 집안의 마름, 마을 주민들이다. 앞서 언급한 '창립발기문'에 이런 구절이 있다. '말은 천 근을 지고 개미는 좁쌀 한 알을 지니니 많고 적은 것이 다르나 성의는 같으니 어찌 많고 적음을 가리랴.' 비석 건립을 위해 '성의껏 모금에 동참해 달라.'는 당부다. 특정한 목적을 위한 '나눔'이기는 하나, '어찌 많고 적음을 가리랴.'라는 표현은 단순한 권유 이상의 의미를 담고 있다.

오늘날의 과림동은 시흥 서북쪽에 위치한 동으로서 광명에 가깝다. 그런데 믿기 어렵게도 이 일대는 18세기 초인 조선 경종(1688~1724) 때 '호조방죽'이 생기면서 간척이 이루어져 육지로 변하기 이전에는 바닷가 어촌이었다. 당시로서는 대 간척사업을 벌여 바다를 멀찌감치 물러나게 한 것이다. 1914년 행정구역 대개편 이전 과림동은 인천부 황등천면에 속했다. 이후 부천군 소래면 과림리를 거쳐 1973년에 시흥군 소래읍 과림리가 되었다.

신안 주 씨 집안이 대대로 살아오던 과림동 중말은 더 이상 한가한 농촌이 아니다. 논밭은 상당히 남아 있긴 하지만, 마을은 곳곳에 중소 공장들이 자리 잡았다. 대대로 살아오던 신안 주 씨 후손들도 많이 떠났다. "지금은 중림에 민 씨들이 더 많이 삽니다. 물론 아직도 우리 선산이 저 너머 계수동 건진물에 있습니다. 지금도 5대조 할아버지까지 제사를 올리지요." (주기영 씨)

중말이 변했듯, '적선'과 '자선'의 시대는 지나가고 '나눔'의 시대가 왔다. 그럼에도 불구하고 '삼세적선비'는 여러모로 교훈 삼을 만하다. 여전히 '노블리스 오블리제'에 인색한 한국의 부자들에게 주 씨네 할아버지들의 정신을 들려주고 싶고, 아직도 '나눔'에 인색한 한국의 서민들에게는 저 발기문을 들려주고 싶다. 시흥시로서는 '나눔'이라는 시대적 가치를 높이는데 딱 맞는 산 역사적

능곡지구에서 2007년 발굴된 적선비

증거를 수고하지 않고 얻은 셈이다. 그러나 크게 활용하지는 못하는 듯해 아쉽다.

현재 '삼세적선비'의 비각은 굳게 잠겨 있다. 그 안에 보관된 각종 현판 13개를 간수하자면 불가피한 측면이 있다. 하지만 향토유적으로 지정하고, 단청을 손질하고, 소공원을 조성한다고 해서 저절로 유적이 가치를 발휘할 리 만무하다. 시흥시는 이를 어떻게 활용할 것인가를 더 깊이 고민해 봐야 한다.

아울러 2007년 발굴되었으나 방치되고 있는 능곡동의 적선비를 보전하는 대책이 요청된다. 능곡동 적선비는 현재 능곡택지개발지구의 한 음식점 앞마당에 방치되어 있다. 시흥시 향토사료실 김치성 상임위원에 따르면 이 비석은 과림동 적선비와 비슷한 연대에 건립된 것으로 추정된다고 한다. "예전에 이 마을에 살던 랑浪 씨와 조趙 씨의 선행을 기리는 비석으로 보이는데, 아직 정밀한 조사가 이루어지지 않았습니다. 안타깝게도 능곡지구 개발에 앞서 지표조사를 할 때 누락된 듯합니다. 이처럼 비슷한 시기에 건립된 적선비가 시흥관내에만 두 곳에 이른다는 것은 일제강점기 공동체 의식과 관련해서도 중요한 연구자료라고 판단됩니다."

| 도움말 주신 분 |

주기영 시흥시 과림동 주민
김치성 시흥시 향토사료실 상임위원

| 참고자료 |

시흥시, 『시흥의·문화재와 유적』, 1995.
시흥시, 『시흥의 인물과 행적』, 1995.
시흥시, 『고서 고문서로 본 조선시대 시흥』, 2006.

02
옛 소래염전 소금창고

답사일 : 2009년 10월 20일

허허벌판 폐염전부지

한창때 소래 염전은 무려 508만m^2(154만 평)에 달했다. 소금을 생산하는 염전 면적만 따져 그 정도이니 부대시설을 합하면 여의도(290만m^2)의 2배가 넘었을 것이다. 시흥시가 폐염전 자리에 조성하고 있는 갯골생태공원 면적만 해도 150만m^2(45만평)에 이른다. 이 공원 부지는 시흥시 쪽에 남은 폐 염전 면적의 3분의 1에 불과하다. 월곶동, 하중동, 포동, 방산동으로 둘러싸인 옛 염전 자리는 그야말로 허허벌판이다.

　　외지인이 막막하게 펼쳐진 이 벌판을 뒤져, 그 안에 남은 소금창고 2개 동과 옛 염전관리사무소를 찾아가는 길은 수월치 않다. 그나마 소금창고는 시흥 갯골생태공원 안에 있어 다행이다. 시흥시 장곡동 724번지를 찾아가서 공원 입구 주차장에 차를 세우고 '염전체험장' 표지판을 따라 1km쯤 걸어가면 소금창고가 나타난다. 하지만 옛 염전관리사무소는 포동 67번지라는 지번만으로는 찾아내기 어렵다. 포리초등학교를 찾아가서 마을 사람들에게 묻고 또 물어야 마을 앞 도로변에 쓰러질 듯 버티고 있는 건물을 겨우 발견할 수 있다. 그것도 (주)성담이라는 폐염전 부지를 소유한 회사 울타리 안에 있어 자칫하면 그냥 지나치기 십상이다. 그리 힘들여서 애써 이들 건물을 찾아가야 하는 이유는 소래염전의 역사가 곧 시흥의 근대사이자 한국 근현대사의 중요한 한 단면을 말해주기 때문이다.

1907년 조선과 신협약을 체결한 일본은 제물포 주안에 1정보(3,000평)짜리 시험 염전을 조성한다. 이전까지 조선에서 소금을 만드는 방법은 주로 전오제염법煎熬製鹽法이었다. 바닷물을 끓여서 소금을 구워내는 방식이다. 전오제염법은 비용이 많이 들고 생산효율이 낮다. 일본 식민당국은 시험 염전을 통해 한반도의 서해안이 천일염을 생산하기에 좋은 조건이라는 사실을 확인했다. 갯벌이 완만하고, 일조량이 크며, 바람이 많으며, 운송 교통망이 좋아야 한다는 염전의 조건에 딱 들어맞았던 것이다.

강제병탄이후 일본은 대대적인 염전 개발에 들어갔다. 소금은 식용으로

드넓은 옛 소래염전 자리

갯벌생태공원 내에 남아 있는 첫 번째 소금창고 정면

첫 번째 소금창고 후면

두 번째 소금창고 정면

두 번째 소금창고 후면

첫 번째 소금창고 오른쪽 측면

두 번째 소금창고 오른쪽 측면

소금창고 내부 천장

서도 중요하지만, 각종 공업의 원료로서 없어서는 안 되는 성분이었기 때문이다. 특히 군국주의적 팽창에 필요한 화약 원료 가운데 소금은 필수 성분 가운데 하나였다. 인천과 시흥 지역 염전 조성은 1912년경부터 본격화되었다. 이에 따라 남동염전, 군자염전, 소래염전이 점차 확장되었는데, 이 가운데 소래염전은 1930년대에 집중적으로 만들어졌다. 이들 염전은 이후 꾸준히 넓어져 남동염전이 300정보(90만평), 소래염전이 514정보(154만평), 군자염전이 603정보(180만평)에 이르게 되었다.

소래염전을 만들 당시 일본인들은 이 일대 주민들을 정왕동 이주단지로 강제이주 시켰다. "이 근처 일대는 원래 어촌이었습니다. 낮에는 파시波市에서 고기를 떼어다가 팔고 밤에는 청백자를 구워 생활했지요. 염전이 생긴 뒤에는 징발 당해 염전에서 부역을 하기도 했고요." 갯골생태공원 생태해설사인 차운동씨(35년생)가 들려준 당시의 생활상이다. 김치성 시흥시 향토사료실 상임위원

옛 염전관리사무소

염전관리사무소의 창고와 연결된 레일

도 이렇게 말했다. "염전이 생기기 전 이 일대는 어업과 해산물 채취가 주업인 '깡촌'이었습니다. 종전의 자염煮鹽 생산이 천일염으로 바뀌면서 주민들의 삶에 큰 변화가 왔지요. 소래철교(원이름은 경동철교)가 놓이면서 어업은 쇠퇴했습니다. 염전으로 노동력이 대거 이동했지요."

참고로 주강현의 『관해기』에 보면, 1920년대 군자염전이 조성되는 과정에서 당시 남한보다 일찍 염전 기술을 익힌 평안도 사람들이 집단으로 남하해 이곳에 '평안도 촌'을 형성했다는 이야기가 나온다.(일제는 남한 지역보다 북한 지역 염전을 훨씬 많이 개발했다.) 평안도 촌은 지금의 군자역 주변 마을로, 1922년 군자염전 축조사업 때 평안도 용강 등지의 사람들이 집단으로 이주해 오면서 취락으로 발전했으며, 당시 사람들은 이곳을 '피양촌'이라고 불렀다는 것이다. 군자역 서북쪽 지역은 '웃피양촌', 북쪽 지역은 '아래피양촌'으로 했는데 오늘날 전철 4호선 군자역 부근이 바로 그 동네들이다. 이처럼 소래염전과 군자염전은 시흥의 삶을 바꾸어 놓았다.

해방 이후 남한은 소금이 부족하여 적극적인 염전 장려정책을 시행했다. 그 결과 1955년 무렵에는 소금 자급자족이 이루어졌다. 하지만 소금이 과잉생산 되자 1961년부터는 오히려 염전 폐쇄정책으로 돌아섰다. 1966년 상공부가 가지고 있던 소래 염전 등의 영업권은 대한염업으로 넘어갔다. 앞서 언급한 폐염전부지 소유주 (주)성담은 대한염업의 후신이다. 이러한 염전 폐쇄 정책으로 염전은 하나둘 사라져 갔는데, 1980년대 들어 도시개발이 가속화되고 바다가 오염되면서 남동염전이 완전히 폐쇄된 데 이어 시화호 개발로 군자염전마저 사라졌다. 소래 염전은 규모가 계속 축소되면서도 1996년까지 소금을 생산하다가 결국 문을 닫았다.

이후 소래염전의 소금창고들도 차례로 사라졌다. 염전에서 거두어들인 소금을 보관했다가 출하하는 거점이었던 이들 소금창고는 2007년 5월 말까지만 해도 40동 정도가 남아 있었던 것으로 조사되었다. 그런데, 문화재청이 이들 소금창고를 근대문화유산으로 지정하려는데 반발한 (주)성담 측이 그 해 6월 4일 기습적으로 철거를 단행해 38동이 사라지고 말았다. 다만 이미 2003년부터 시작된 시흥시의 갯골 공원 조성부지에 포함된 2동만이 간신히 벼락을 피할 수 있었다고 한다.

천일염이 만들어지는 과정

소금창고들이 철거된 날짜는 명확하지만, 지어진 날짜는 분명치 않다. 1930년대에 소래 염전이 조성되는 과정에서 차례로 지어졌을 것으로 추정될 따름이다. 현재 남은 2개 동의 목조 소금창고는 수십 년 해풍에 시달리면서 한쪽으로 기울어져 가는 모습이다. 하지만 갯벌 공원 안에 새로이 설치된 체험학습용 염전에서 거두어들이는 제법 많은 양의 소금을 마지막으로 거두고 보관하는 장소로서 여전히 제구실을 다하고 있다. 이제부터 바닷물이 소금으로 변하여 창고로 들어오기까지의 과정을 살펴보기로 한다.

현재 운영 중인 체험 염전은 본디 염전 1정보(3,000평)의 4분의 1 크기다. 하지만 규모만 축소했을 뿐 염전의 생김새나 소금을 만드는 과정은 같다. 우선 염정鹽井에서 바닷물을 퍼 올린다. (물론 예전 염전에서는 그럴 필요가 없었다. 밀물 때 들어온 바닷물을 가두면 되었기 때문이다.) 이 짭짤한 물을 3단계로 나누어 증발시킨다. 1단계로 바닷물을 저수지에 가둔다. 저수지에 1주일 정도 바닷물을 두었다가 1차 증

체험학습용 염전 전경

각 지池 사이의 물길과 물꼬

발지로 보낸다. 1차 증발지는 '난치'라고 한다. '난치'에서는 10일을 가둔다. 이를 다시 2차 증발지('늦태')로 보낸다. '늦태'에서는 14일을 가둔다. 저수지 7일, '난치' 10일, '늦태' 14일을 더하면 30일, 즉 한 달이다. 3단계로 물을 마지막 단계인 결정지結晶池로 보내 다음날 오전 11시에서 오후 3~4시 사이에 거두어 들인다. 비와 바람이 순조로울 경우 봄과 가을에는 대체로 이러한 공식에 따른다. 그러나 태양열이 뜨거운 한여름에는 13~15일이면 소금 결정을 거둘 수도 있다. 아주 예외적인 상황이기는 하지만 비와 바람이 전혀 없는 이상고온일 때는 8일 만에 소금 결정이 보일 때도 있다고 한다.

1차 증발지-2차 증발지-결정지는 계단식으로 되어 있다. 각 지池 아래쪽엔 한 모서리 부분에 물꼬가 있다. 이 물꼬를 막으면 위에서 내려온 물이 가두어지고, 물꼬를 트면 염도가 높아진 물이 아래로 내려간다. 저수지 아래 '난치'와 '늦태', 그리고 결정지는 좌우 대칭형으로 양쪽에 설치되어 있고, 가운데는 '해주'라고 부르는 판자 지붕을 덮은 웅덩이가 있다. 즉 위쪽 '해주'를 가운데 두고 '난치' 한 쌍, 아래쪽 '해주' 좌우로 '늦태' 한 쌍, 더 아래 '해주' 좌우로 결정지 한 쌍 이런 식으로 조성되어 있는 것이다. '해주'의 역할은 비가 올 경우에 발휘된다. 그 과정은 다음과 같다.

비가 오면 '난태', '늦태'의 물꼬를 급히 터 준다. 며칠이나 증발 시켜 애써 염도를 높여놓은 바닷물에 빗물이 섞이면 그동안 수고가 허사이기 때문이다. 그러면 '난치'에 있던 물은 잘 설계된 물길을 따라 판자 지붕 아래 웅덩이(위쪽 해주)로 들어간다. '늦태'의 물도 아래쪽 '해주'에 따로 모이고, 결정지의 물 역시 더 아래 '해주'에 따로 흘러든다. 비가 개면, '해주'의 물을 다시 퍼 올려 '난치' 물은 다시 '난치'로, '늦태' 물은 다시 '늦태'로, 결정지의 물은 다시 결정지로 올려 보낸다. 이때 사용되던 도구가 수차水車처럼 생긴 '수리채'다. '수리채를 예전에는 '무자위'라고도 했고, '수자위'라고도 불렀다. 사람이 올라가서 둥근 계단 바퀴를 밟으면 그 힘으로 '해주'의 물을 다시 예전 자리로 퍼 올리는 것이다.

마지막 단계인 결정지는 바닥을 무엇으로 깔았느냐에 따라 토판, 옹패판, 타일판으로 나뉜다. 토판은 펄흙과 모래흙을 롤러로 다져 물이 스미지 않게 만든 바닥이다. 토판에서 채취한 소금을 토판염이라 부르는데, 펄흙 때문에 검은 색을 띤다. 따라서 깨끗하지 않아 보기 때문에 1950년대 중반에는 항아리 조각 등 옹기 조각을 바닥에 깐 옹패판이 등장했다. 그러나 토판염은 미네랄 성분이 풍부하다 하여 요즘도 전남 신안 등의 염전에서 생산된다. 옹패판은 1980년대 들어 타일판으로 바뀌었다. 검은색 정사각형 타일을 결정지 바닥에 깔면 태양열을 많이 빨리 흡수하여 염도를 높일 수 있고, 바닥이 매끄러워 소금 채취가 용이하기 때문이다. 현재 시흥 체험학습용 염전에는 세 형태의 결정지가 다 있다.

결정지에서는 '대패'라고 부르는 장대(아랫부분에 긴 가로막대가 달려 있음.)로 소금 결정들을 한가운데로 긁어모은다. 소금을 거둬들이는 이 작업을 '채염'이라고 한다. 채염 된 소금은 손수레를 이용해 창고로 실어 간다. 소금창고의 바닥은 널빤지를 다소 성기게 이어붙인 마루 모양인데, 땅보다 약간 높게 설치되어 있다. 왜냐하면, 아직은 물기가 완전히 빠지지 않은 소금을 이곳에 올려놓으면 틈 사이로 물기가 빠져나갈 수 있도록 하기 위해서다. 그 아래로 떨어진 소금기 머금은 물은 다시 수로를 타고 마지막 결정지結晶池로 다시 흘러 들어가도록 설계되어 있다. 애써 얻은 소금 손실을 줄이려는 지혜다.

소금을 얻기까지 과정을 염도의 측면에서 다시 한 번 살펴보자. 이곳 염정에서 퍼 올린 바닷물의 염도는 2.8도 정도다. 이를 저수지에 1주일 정도 두면 3도 정도로 올라간다. '난태'로 보내 10일 정도 지나면 염도가 10도 정도로 올라간다. '늦태'에 14일을 증발시키면 15도에서 20도 정도가 된다. 마지막 결정지에서 거두어들일 때쯤이면 20도 이상이 된다. 식용으로 쓰이는 천일염은 염도 22~26도 정도여야 한다. 염도가 이 정도면 앞 맛은 짜고 뒷맛은 달다. 염도 26도 이상이 되면 역시 앞 맛은 짜지만, 뒷맛은 쓰다. 염도가 30도가 넘으면 앞 맛도 쓰고 뒷맛도 쓰다. 소금 결정의 모양도 달라져, 길쭉한 육각형 형태가 된다. 염도 26도 이상 소금은 공업용으로나 쓸 수 있다. 따라서 염전에서는 염도를 잘 측정하는 일이 중요하다. 염전에서 쓰이는 재래식 염도계는 송진을 묻힌 나무 토막인 데, 이를 물에 넣어 뜨는 정도를 가늠하여 염도를 잰다. 염전에서 일하

는 염부들은 이런 재래식 염도계만 가지고서도 지금은 염도가 어느 정도니까 무엇을 어떻게 해야 한다는 걸 정확히 판단할 수 있다고 한다.

폐염전을 둘러싼 실랑이

현재 시흥 갯골생태공원 체험학습용 염전에서 시험적으로 생산되는 소금만 연간 400㎏ 정도다. 앞 맛은 짜고 뒷맛은 단 최고품질 식용염으로 소문이 나서 직판장까지 설치되어 있다. 예전 염전 1정보의 4분의 1 크기 미니 염전에서 생산되는 양이 이 정도이니 한창 시절 소래 염전 500여 정보에서 본격 채염 되던 양은 계산하기도 힘들다. 갯고랑을 따라 줄지어 늘어섰던 소금창고에 모인 소금은 염전관리사무소의 지시에 따라 배분되고 수송되었을 것이다. 염전이 워낙 넓었으므로 염전관리사무소도 여러 곳 있었을 것으로 추정되지만 현재 확인할 수 있는 사무소는 앞서 언급한 포동 쪽 사무소 한 곳뿐이다.

(주)성담 소유인 이곳 사무소의 창고 앞에는 녹슨 레일이 남아 있다. 아마도 소금창고의 물량을 이곳으로 옮겨오거나 이곳에 보관했던 소금을 출하하기 위해 이용했던 흔적으로 짐작되나 정확한 용도를 알 수 없다. (주) 성담 측이 자신들 소유인 폐염전을 나름의 방식으로 활용하기 위해 일반인들의 접근을 허용하지 않기 때문이다. 단지, 창고와 사무실로 쓰던 건물의 상태로 짐작컨대 일제 말기에 지어져 한때는 위세가 등등했을 것으로 추정해볼 수 있을 따름이다.

2009년 봄부터 시흥시에서는 장곡동 골프장 건설을 둘러싸고 큰 논란이 벌어졌다. 성담이 폐염전 부지 일부에 18홀 규모의 대중골프장을 짓겠다고 밝혔기 때문이다. 그 예정부지가 갯벌 생태공원 부근이어서 이에 반대하는 환경단체와 시민들이 크게 반발하고 나섰다. 논란의 핵심은 골프장이 들어설 경우 이곳의 생태환경이 크게 파괴될 것이라는 데 있다. 어느 쪽의 주장이 맞는지 틀리는 지를 떠나 논쟁의 구도는 성담 측에 불리할 수밖에 없다. 성담은 2007년 6월 근대문화유산 조사를 앞두고 소금창고 38개 동을 하룻밤 사이에 철거해 버린 사실이 있기 때문이다. 오랫동안 방치되고 있는 사유지의 활용방안을 두고 고민을 거듭하지 않을 수 없는 사기업의 입장을 십분 이해한다 해도, 소금창고 철거 사건은 '야만적 행위'라는 비난을 피하기 어렵다.

철거 사건 직후 당시 시흥시장은 "수도권에서는 그래도 원형 보전이 잘 이뤄진 근대 역사 문화유산을 기습적으로 철거한 것은 잘못된 일"이라며 못 박았다. 그리고 "옛 염전이 있던 곳에 부서진 소금창고를 복원하는 동시에 소금박물관과 소금제조 과정 체험 등의 생태체험학습이 가능한 소금 테마파크로 갯골 생태공원을 조성하겠다."고 밝혔다. 그러나 현재 예전 소금창고 자리를 모두 사들여 복원하는 계획은 시흥시의 입장에서는 벅찬 과제라고 판단된다. 지난 2003년 시작해 오는 2012년까지 700억 원이나 투입할 예정인 총 150만m^2 규모의 갯골생태공원 조성 사업을 제대로 진행하는 일만 해도 큰 사업이기 때문이다. 성담 측으로서는 예전 소금창고 자리만 시흥시에 넘길 수도 없을 것으로 보인다.

시흥시로서는 전라남도 신안군 증도에 있는 태평염전이 부럽지 않을 수 없다. 태평염전은 수도권 서해안 염전들이 폐쇄된 이후에도 꾸준히 소금을 생

성담이 불태운 소금창고 흔적

산해오다가 최근 들어서는 새롭게 주목받는 소금의 원산지로 떠올랐다. 태평염전과 이 염전의 석조 소금창고는 2007년 근대문화유산 제360호와 제361호로 각각 지정되었다. 시흥시 입장에서는 억울할 만도 하다. 한때 군자염전과 소래염전의 비중이 남한에서는 단연 으뜸이었다. 시흥의 미래 이미지를 만들어가는 데도 시흥의 근현대사를 근본적으로 바꾸어놓은 염전보다 더 좋은 소재를 찾기 어렵다. 하지만 지금은 사라진 소금창고의 복원을 꿈꾸기보다 현재 남은 2개 동의 창고와 아직 남은 염전관리사무소 자리를 어떻게 잘 보전하여 활용할 것인가를 고민하는 것이 더욱 더 현명하리라고 본다. 다시 말해 왕년의 한국 소금 메카라는 명성에 집착하기보다는 체험학습용 염전을 좀 더 늘리고, 기왕의 소금박물관과는 차별성 있는 박물관을 지어 생태적 측면을 연결하는 등 역사성과 현장성을 살리는 방안에 더욱 정성을 쏟을 필요가 있다는 것이다.

| 도움말 주신 분 |

차운동 시흥갯골생태공원 생태해설사
김치성 시흥시 향토사료실 상임위원
이기문 시흥시 신천동 주민(소래염전 끝 무렵 염부)

| 참고자료 |

주강현, 『관해기 2(서쪽 바다)』, 웅진지식하우스, 2006.
http://www.jachinews.com 『시흥자치뉴스』 홈페이지 관련기사

15부

안산

01
동주염전

답사일 : 2010년 6월 8일

일본 왕실에 진상하던 소금

안산시 단원구 대부동동 657 동주염전은 1953년에 문을 연 것으로 기록되어 있다. 하지만 이전 일제강점기부터 이곳에는 소규모 염전들이 존재했다. 따라서 1953년은 백범기 씨가 '동주염전'이라는 이름으로 지금의 염전 꼴을 갖춘 해라고 보면 맞다. "일제강점기에도 대부도 천일염은 일본 왕실에 진상하는 최고급 소금이었다고 해요. 동주염전이 생기고 여기 소금이 청와대에도 들어갔지요." 현재 동주염전의 대표인 백승근 씨의 말이다. 백범기 씨는 승근 씨의 작은 할아버지다.

　대부도 지도를 보면 동주염전은 전곡항 방향에서 선감도를 지나 안산 방조제, 금당 방조제, 상동 방조제 등이 축조된 만灣 쪽에 위치한다. "작은 할아버님이 염전 앞쪽 제방을 막아서 염전 규모를 갖춘 거죠." 해방 이후 남한은 소금 생산량이 부족하여 정부가 적극적인 염전 장려정책을 시행했다. 동주염전은 아마도 그 정책의 연장 선상에서 조성된 것으로 추정된다. 동주염전 자리가 군자염전이나 소래염전, 남동염전처럼 드넓은 갯벌은 없으나, 일조량이 많으며, 바람이 적당해야 한다는 염전의 조건에 딱 맞는 곳이었기 때문일 것이다. 일제강점기에도 이 일대에 소규모 염전이 있었고, 대부도 천일염을 첫손에 꼽았던 이유도 일조량과 바람만큼은 여기를 따라갈 수 없었던 덕이라고 할 수 있다.

그렇다고 동주염전이 아주 작은 규모도 아니다. 180만 평인 군자나 154만 평인 소래에 비길 바는 아니지만, 동주염전 전체 면적도 38만 평(저수지 3만 평과 임야 포함)이므로, 웬만한 동네 하나는 들어갈 만하다. 동주염전은 1~7구역으로 나뉘어 있는데, 1구역은 대체로 3만~4만 평이다. 이 외에 염전 체험장은 8구역에 별도로 조성되어 있다. "연간 생산량은 5만 가마 정도 됩니다. 예전엔 10만 가마씩 나왔는데, 지금은 일손도 부족하고, 여건이 좋지 않아 많이 줄었지요. 올해(2010년)는 특히 일기가 좋지 않아 생산량이 더 줄 것 같아요." 한 가마에 30kg이므로 한창때 여기서 생산되는 소금이 연간 300만kg쯤 되었다는 얘기다. 1960

동주염전 전경

염전 사무실 전면

일제 강점기부터 쓰던 염전 사무실과 망루

년대 염업이 민영화된 이후 "전국 최고 소릴 듣는 소금"을 이 정도 거둘 수 있었던 염전을 작은 염전이라고 하기는 어려울 것이다.

동주염전에서 가장 오래된 건물은 일제강점기부터 있었다는 염전 사무실과 망루다. 염전 한복판에 있는 이 나무판자로 지은 건물은 소래 염전에 남아 있는 목조 소금창고와 더불어 한국 서해안 천일염의 역사를 상징하는 대표적 건물이다. 이층 망루에 올라서면 염전에서 누가 지금 열심히 일하는지 한눈에 알 수 있다. 이 건물을 배경으로 염전을 찍어야 사진의 효과가 제대로 살아난다고 해서 구경 오는 사람, 촬영 오는 사람이 많다. 하지만 건물이 워낙 낡아 함부

염전사무실 실내

소금을 실어 나르기 위해 놓았던 레일

소금을 실어 나르던 기관차

로 들어가기도 어렵다. "여태까지는 잘 버텼는데, 올해 태풍에 견뎌낼 지 걱정입니다."

염전 가장자리로 뜸직뜸직 선 염부숙소와 소금창고들은 대체로 1960년대 지어진 것들이다. 황토 벽돌로 지은 일부 염부숙소엔 지금도 벽에 도배지 대신에 바른 1960년대 신문이 그대로 붙어 있다. 드럼통을 펴서 지붕으로 올린 숙소도 있고, 슬레이트 지붕을 올린 숙소도 있는데, 드럼통 쪽이 더 오래되었다고 한다. "염부들은 여름 한 철을 이곳에서 보냅니다. 그 안이 얼마나 더운지 몰라요." 근 50년이 지나다 보니 이들 건물은 퇴락한 곳이 많다. "염전을 둘러보러 온 분들 가운데는 저 건물을 손보더라도 옛날식으로 황토를 발라 수리 보전하자고 하시는

현재도 사용 중인 염부 숙소

염전 사무실 앞 종. 식사시간 등을 알리는데 사용했다

자수지에서 바닷물이 자연유하식으로 염전으로 흘러들어가도록 설계된 수로

분들이 있습니다." 백 사장은 염부
들이 더위에 얼마나 고생하는지
몰라서 하는 소리라며 쓴웃음을
지어 보였다. 어쨌거나, 염전사무
실과 염부숙소, 소금창고가 동주

소금창고

염전을 유서 깊은 천일염생산 터전으로 보이게 하는 것만큼은 틀림없다.

자연유하식 설계

동주염전의 또 다른 자랑거리는 자연유하식自然流下式으로 설계되었다는 점이다. 자연유하식이란 저수지에 가둔 바닷물을 인위적인 동력을 가하지 않고 염전으로 흘려보내는 방식이다. 상식적으로는 자연유하식이 성립하려면 염전의 기울기를 크게 하면 된다. 하지만 동주염전은 육안으로는 다른 염전과 전혀 다르지 않다. 즉 사방이 평평한 염전 그대로라는 것이다. 그러나 저수지물은 거의 눈에 띄지 않을 정도로 기울기를 준 설계에 따라 염전으로 흘러들고, 1차-2차 증발지를 거쳐 결정지까지 흘러내리면서 소금만 남고 물은 하늘로 돌아간다.

저수지물은 백중사리 때 방조제를 넘어 들어온 물을 가둔다. 여기서 자연적인 침전이 이루어지고, 수로를 따라 염전 가장자리 난치(1차 증발지)까지 흘러간다. 거기서 늦태(2차 증발지)를 거쳐 결정지로 내려오는 것은 다른 염전과 다를 바 없다. 좌우대칭형인 염전 사이 가운데에 비가 올 때 염도가 높아진 물이 빗물에 희석되지 않도록 임시 저장하는 해주가 죽 늘어서 있는 것도 다르지 않다. 소금창고에서 난치 끝까지는 대체로 700~800m이므로, 이 긴 거리를 바닷물이 내려오면서 자신의 '결정'을 남기는 구조다.

현재 염전은 구역별 도지제로 운영된다. 염부 몇 사람이 구역을 맡아 소금

소금창고 내부

을 받아서 도지를 내고 나머지는 자신의 몫으로 가져간다. "예전에 월급제로 할 때는 염부가 100명도 넘었어요. 염전 일이 상당 부분 기계화되면서 인력이 필요 없어지기도 했지만, 월급제로는 운영이 어렵습니다." 동주염전의 염부는 현재 18명. 그러나 기계화가 되었다고는 하지만 항상 일손이 달린다.

일반적으로 염전의 마지막 단계인 결정지는 무엇을 바닥에 까느냐에 따라 토판, 옹패판, 타일판 등으로 나뉜다. 토판은 펄흙과 모래흙을 롤러로 다져 물이 스미지 않게 만든 바닥이다. 토판에서 채취한 소금을 토판염이라 부른다. 토판염은 펄흙 때문에 검은색을 띠기 때문에 깨끗하게 보이지 않는다 하여 1950년대 중반에는 항아리 조각 등 옹기 조각을 바닥에 까는 옹패판이 등장했다. 옹패판은 1980년대 들어 타일판으로 바뀌었다. 검은색 사각 타일을 결정지 바닥에

소금창고 정면

깔면 태양열을 많이 빨리 흡수하므로 염도를 높일 수 있고, 바닥이 매끄러워 소금 채취가 쉬워지기 때문이다. 동주염전의 바닥은 전부 옹기타일판이다. 옹패판과 타일판의 장점을 모두 살린 방식이라고 할 수 있다.

"타일판은 염도가 74% 정도 됩니다. 장판판은 88%이고, 중국산 수입 소금은 대부분이 99%입니다. 염도가 높다고 좋은 소금은 아니지요. 타일판 염도 정도가 가장 질이 좋은 소금입니다. 그래서 우리 염전에서는 옹기타일판을 쓰지요. 물론 장판판을 쓰면 생산량이 갑절로 늘어납니다. 그래도 우리는 타일판을 고집합니다. 타일판 소금이 좋은 또 하나의 이유는 서해는 갯벌이 좋아서 미네랄이 풍부한데, 타일판 소금이 미네랄 함유량이 높습니다." 브랜드명도 '동주'인 이곳 소금은 백 사장의 말대로 시중에서 가장 좋은 소금으로 성가가 높다.

"소금박물관 땅 기증하겠다"

백승근 사장은 우리나라 소금과 염전에 대해 참 할 말이 많다. "일본에서는 한국 천일염 연구가 꽤 깊숙이 이뤄지고 있습니다. 하지만 정작 한국에서는 천일염 연구가 부진합니다. 아니 거의 없다고 해도 과언이 아닙니다." 사실 1920년대에 우리나라 서해안에 주목하고 천일염 염전을 대대적으로 만든 것도 일본이다. 식용과 공업용, 군수용 소금을 수탈하기 위해서라고는 하지만 우리는 그저 저들이 가르쳐준 대로 소금을 생산했을 뿐이다. "천일염업이 민영화되면서 전라도 쪽에 염전이 많이 생겼습니다. 그래서 이제는 경기도 서해안 염전은 거의 사라지고 전라도에는 많이 남았습니다." 이런 실정까지 고려하면 지지부진한 소금연구를 안타까워하는 백 사장의 심경에 충분히 공감이 간다.

"또, 지금 염부 일을 하려는 사람이 없어요. 한여름 폭염 밑에서 고된 노동을 하지만 수입이 많지 않기 때문이지요. 젊은이들은 점점 기피합니다. 모르긴 몰라도 머지않아 여기 염부도 외국인 노동자를 쓰게 될 거예요. 그러면 앞으로가 큰일입니다. 만약에 천일염 제조가 고부가가치 산업으로 각광을 받게 되었을 때, 저는 그러리라고 확신합니다만, 그럴 때 우리는 소금제조 기술이 끊기게될 거고, 그러면 외국으로부터 그 기술을 되사와야 하는 상황이 벌어질 겁니다. 서글픈 역설이지요."

그나마 백 사장이 위안으로 삼는 것은 젊은 대학생 몇 명이 소금 연구를하고 있다는 점이라고 한다. "서울대 다니는 학생들이 동아리를 만들어서 우리소금의 성분 분석도 하고, 홍보도 해주고 그럽니다. 외국에다가 '동주 솔트'라고 알리기도 하구요. 기특하지요." 백 사장은 이제는 은퇴할 나이에 이른 고령

염전체험장. 현재 조성 중이다.

염부들에 대한 대책도 필요하다고 강조했다. "그 사람들 퇴직하면 할 일이 없어요. 이들을 위해 연금을 주는 방안이라도 마련해보자고 다니면서 떠들어도 실현이 잘 안되는군요."

"소금유통구조도 엉망이에요. 초창기에 정부가 중간상(브로커)들을 키웠어요. 그래서 지금 이들이 농간을 부려도 어쩌지를 못합니다. 예를 들어 30kg 가마당 시중가가 1만8,000원 선이면, 출하가가 1만1,000~1만3,000원입니다. 그런데 브로커들이 끼어들어서 생산자 출하가는 막 후려치고, 소매가는 내리지 않습니다. 또 연간 계약을 해놓고도 막상 출하 시기가 되면 더 낮은 값에 내리면 내고 싫으면 말라는 식이에요. 그들이 담합을 해서 염전을 따돌리면 그 염전은

사용하지 않는 염부 숙소 내부

소금을 팔 곳이 없기 때문에 울며 겨자 먹기로 그들 하자는 대로 따라갈 수밖에 없지요. 이를 개선해야 하지만 누구도 용기 있게 나서지 못하는 실정입니다. 염전과 소비자가 직거래하면 양쪽 다 이익인데 말이죠."

백 사장은 요즘 체험장 염전창고를 짓느라 바쁘다. 어찌 됐든, 관광객이나 소비자들이 와서 직접 소금 만드는 체험을 해보도록 하고 직거래하는 방향으로 점진적이나마 노력해야 한다는 생각에서다. "헌데, 체험용 소금창고를 짓겠다고 했더니 자치단체에서 도와주겠다고 하더라고요. 그래서 자재를 8,000만 원어치나 사들여서 일단 시작을 했지요. 그런데 막상 지원을 요청하니까 서류가 미비하다면서 지원 불가라고 연락이 왔더라고요. 참 서운합니다."

그럼에도 불구하고 백 사장은 만약 여기에 소금박물관을 짓는다면 땅을 내놓겠다고 했다. 한국 천일염이 이렇게 사라지도록 내버려 둘 수도 없고, 예전

해주

염전의 자취가 이렇게 스러지도록 보고만 있을 수도 없기 때문이다. "게다가 소금박물관이 서서 이 일대가 관광코스로 활성화되면, 지역경제도 살고, 우리 염전도 활로를 찾을 수 있으니 일석이조이지요. 지금까지 많은 관계자가 다녀가셨습니다. 일제강점기 염전사무실 등을 활용하자는 방안도 여러 번 나왔습니다. 그런데, 도통 진척이 없군요." 백 사장은 올 태풍 철에 염전사무실이 쓰러지기 전에 뭔가 결정이 나기를 학수고대하고 있다.

| 도움말 주신 분 |

백승근 동주염전 대표
정진각 안산시사편찬위원회 상임위원

| 참고자료 |

http://www.djsalt.co.kr/ 동주염전 홈페이지

02
선감학원의 흔적

답사일 : 2010년 6월 8일

편린만 남은 선감학원

화성 전곡항과 안산 대부도 사이에는 원래 탄도, 불도, 선감도라는 3개의 섬이 있었다. 하지만 간척사업을 통해 세 섬은 대부도와 연결돼 하나의 섬을 이루었다. 탄도는 탄도항이라는 항구 이름을 남겼고, 불도는 작은 거리 이름으로 축소되었으며, 선감도는 안산시 단원구 선감동이 되었다. 더구나 대부도조차 이제는 도로로 연결되어 있기 때문에 이들 섬의 과거를 제대로 기억하는 이들은 지역 토박이 정도다.

지금 선감동엔 경기영어마을 안산캠프, 경기도청소년수련원 등 청소년과 관련된 큰 시설이 자리 잡고 있다. '선감학원'은 선감동 400-3 지금은 경기창작센터로 변한 바로 그 자리에 있던 일제강점기 말기 '불량소년 감화시설'이었다. 1942년 총독부가 설치한 '선감학원'은 해방 후 경기도가 운영하는 또 다른 '선감학원'이 되었다가, 1982년 경기도립직업학교를 거쳐 현재 경기창작센터로 변신했다. 그러니까 1982년 이전에는 이곳도 청소년과 관련된 중요한 시설이었다.

일제 강점기 선감학원의 흔적이 아직도 몇 가지 남아 있다. 우선, 당시 강

박태원 도지사 선정비

京畿道知事朴泰元善政碑

당과 교실에서 아래 운동장으로 내려오는 계단이다. 중간에 있던 화단을 거쳐 위아래를 연결하는 계단은 유심히 살피지 않으면 발견조차 어렵다. 이 계단은 이번 답사에서 처음 발견한 흔적이다. "계단이 남아 있다는 건 나도 오늘 처음 알았네. 내 기억으로는 옛날 계단이 맞아요." 선감학원 통역 교사였던 아버지를 따라 이곳에서 초등학교 3학년까지 살았던 홍석민 씨의 증언이다.

두 번째 흔적은 예전 강당 앞에 심었던 소나무다. 1942년 4월 선감학원 개원을 기념해 일본인 교사 11명이 소나무 열 한 그루를 식수했는데, 이제는 네 그루만 남았다. 세 번째는 일본인 원장과 부원장이 살았던 관사다. 현재 경기창작센터 아래쪽에 위치한 기와집이 원장 관사이고, 그 옆집이 부원장 집이다. 원장 관사는 현재 주소로 선감로 135-15인데, 적어도 외형상으로는 보존상태가

일인 교사들이 기념식수 했던 소나무

양호하다.(안타깝게도 이 관사 내부는 관리인이 부재중이어서 살펴보지 못하였다.)

"원장 사택은 대부도 큰 부자였던 윤 씨네 소유였어요. 그걸 총독부가 사들인 거지."(홍석민 씨) 총독부는 선감학원을 조성하면서 당시 선감도 주민들의 집과 땅을 수용했고, 원주민 대부분을 섬 밖으로 이주시켰다. 부원장 관사는 기역자 집인데, 들보 상량문에 "明治四十五年"이라고 돼 있다. '명치 45년'이면 1912년이므로, 100년가량 된 고옥이다. "부원장 집에서 공부를 했던 기억이 나요. 한 20명이 들어가는 교실로 활용을 했거든."

네 번째 흔적은 앞산(우물재산)의 작은 무덤들이다. 경기창작센터에서 남쪽으로 야산이 솟아 있는데, 1995년 이곳을 발굴했을 때 15세 전후의 청소년 유골이 대량 발굴되었다. 강제수용과 강제노동을 못 견뎌 탈출을 시도하다 숨진 소년들이나 열악한 환경 때문에 병사한 소년들을 이곳에 묻거나 내다 버린 흔적이다. 이 야산에 이런 무덤이 정확히 몇 기나 되는지, 방치된 유골은 얼마나 되는지 정밀조사 했다는 기록은 남아 있지 않다.

선감학원과 직접 관련되지는 않으나 그 기구한 역사와 간접 관련되는 흔적이 하나 더 있다. 야산 서쪽 어귀 마을로 가는 길목에 세워진 '京畿道知事朴泰遠善政碑'다. 1967년 건립된 이 비석은 당시 박태원 도지사가 선감도 원주민들의 재이주와 농지 재불하를 위해 힘써준 데 대한 보답으로 주민들이 세웠다고 한다. 총독부에 의해 강제이주 당했던 주민들 일부가 해방 후 경기도 도유지로 넘어간 자신들의 원래 터에 돌아와 살기 시작하면서 빼앗긴 땅의 재불하를 요구했는데, 박 지사가 이를 일부나마 해결해 주었다는 것이다. 선감동 땅은 현재도 80% 이상이 경기도 소유다.

이들 다섯 가지 직간접 흔적들이 그 자체로 선감학원의 역사를 말해 주지

원장 사택

는 않는다. 이들 흔적이 재발견되어 세상에 널리 알려지기까지는 일본인 이하라 히로미츠井原宏光씨 등의 남다른 노력이 있었다. 이제부터는 이들 흔적이 무엇을 말해 주는지, 남은 과제가 무엇인지를 정리해 보기로 한다.

'불량 소년'이라는 낙인과 격리 정책

정진각 안산시사편찬위원회 상임위원이 정리한 자료에 따르면, 조선총

원장 사택 뒤란의 우물

원장 사택 정문

독부는 1923년 감화령感化令을 발표하고 함경남도 영흥에 영흥학원이라는 학교를 세웠다. 설립 목적은 '8세에서 18세의 소년으로 불량행위를 하거나, 불량행위를 할 우려가 있는 자'를 감화시킨다는 것이었다. 일제는 1938년 전라남도 목포 고하도에 목포학원이라는 감화원을 추가로 설치하였고, 1942년에는 감화

원장 사택의 창문. 나무 덧창이 일제 강점기 것으로 추정된다

부원장 사택

령을 보다 강화한 조선소년령을 발표하였다.

선감학원 설립 작업은 이보다 앞서 1940년 총독부 경기도지사로 부임한 스즈카와鈴川壽男에 의해 착수되었다. 스즈카와는 부임 일성으로 "경성에 있는 토막土幕의 정리와 부랑아의 일소"를 내세웠다. 이는 1930년대 들어 더욱 가혹해진 일제의 수탈정책으로 인해 몰락하는 농민이 급증하면서 도시 주변에 움막집을 짓고 연명하는 인구가 늘고 부랑아가 늘어났기 때문이다. 1930년대 후반에 부랑아는 전국적으로 2만 명 이상인 것으로 추산되었다. 스즈카와의 말에서 짐작할 수 있듯이 이 시기에 이르면 거리를 떠돌 수밖에 없게 된 청소년을 '감화'한다는 애초의 취지는 사라지고 이들을 '분리수거' 해서 보이지 않는 곳으로 격리하겠다는 게 총독부의 방침이었다고 할 수 있다.

애초 선감학원 설립 부지는 고양군 중면과 송포면 일대, 인천 굴업도 등이

선감학원 강당과 교실이 있던 자리

거론되었다. 하지만 이들 대상지는 각각 홍수 대비가 어렵고, 거리가 멀며 물이 부족하다는 이유로 제외되었다. 새로운 후보지는 당시 부천군 대부면에 속해 있던 선감도였다. 선감도는 일단 거리가 가깝고, 농경지가 비옥하며, 관리하기 편하다는 이유로 적지로 결정되었다. 선감학원 설립작업은 1941년 본격적으로 착수되었다. 당시 이 섬에는 91가구 529명이 살았다. 조선총독부는 선감도의 땅 15만7,000평을 매입하고, 선감학원 운영을 보조할 15가구 70여 명 이외엔 모두 섬 밖으로 이주시켰다. 선감도 원주민들은 이 과정을 "헐값매수"와 "강제이주"로 기억하고 있다.

앞서 말한 홍석민 씨의 부친은 이때 선감도에 왔다. "원래 우리는 대부도가 고향이었어요. 그런데 선감도 지주 집안에 우리 당고모가 있었거든. 우리 부친이 일본 유학생 출신이라 일본어를 잘해서, 그 집안 토지 보상 문제를 봐 주러 왔던 거라. 그 과정에서 일을 잘하니까 일본 관리들이 통역 교사로 일해 달라고 요청을 해서 교사로 선감도에 머물게 된 거지."

선감학원이 문을 연 것은 1942년 4월이다. 학원은 500명을 수용할 수 있는 규모였으며, 개원 당시 1차 수용 '부랑아'는 200명이었다. 경기도 형사과와 부내 각 경찰서가 협동하여 잡아들인, 경성부내(서울 경기 인천)의 거리에서 부랑 걸

예전 강당과 교실에서 운동장으로 내려오던 윗계단

식 생활을 하는 10~17세 소년들이었다. 그해 11월 하순에서 12월 초에
는 2차 검거가 있었다. 총독부는 이 정책으로 하여 "도시의 명랑을 얻고
동시에 이 소년들은 낙원인 선감학원에서 자애 있는 보육을 받아 훌륭한
황민이 될 것"이라고 선전했다.

　　하지만 선감학원은 '낙원'이 아니었고, '자애 있는 보육'도 이뤄지지
않았다. 소년들은 '농사기술의 습득과 자급자족'이라는 미명 아래 엄격한
규율과 통제 속에서 중노동에 시달려야 했다. 이러한 과정은 1980년대 초 신군
부가 사회정화라는 미명 하에 '불량배와 부랑인'을 마구잡이로 검거하여 중노
동을 시켰던 '삼청교육대'를 연상시키기도 하고, 영화 〈크로싱〉에서 묘사된, 북

아래 계단

한 '꽃제비 수용소'를 떠올리게 하기도 한다. 어쨌거나 한창 활동적인 나이에 섬에 격리된 채 열악한 시설에서 끼니도 제대로 못 먹고 고된 노역을 감당해야 했던 수용 '부랑아'들은 목숨을 건 탈출을 감행하기도 하였다.

야음을 틈타 탈출을 시도한 소년들은 선감도와 불도 사이, 불도와 탄도 사이, 탄도와 전곡 사이 바다를 건너가야 했다. 이들 섬 사이의 거리는 비교적 가까운 편이어서 소년들로서는 헤엄을 쳐서 건너갈 수 있으리라는 계산을 했던 듯하다. 일부 구간은 썰물 때 걸어서도 건널 수도 있었다. "조수를 잘 알아야 해요. 그런데, 거기 수용됐던 아이들이 그걸 알기나 했겠어? 빤히 보이는 거리니까 헤엄을 치면 되겠다 싶었겠지만, 거기 섬과 섬 사이는 유속이 굉장히 빨랐거든. 그러니까 뛰어들었다가 익사한 경우가 많았지."(홍석민 씨)

선감학원은 '부랑아 교화'라는 공식 목적과는 달리 숨겨진 목적이 있었다. "사회 반역아 등을 보호·육성하여 대동아전쟁의 전사로 일사순국一死殉國할 인적 자원을 늘린다"는 것이었다. 1943년 11월에 촬영된 선감학원 수업 사진을 보면 칠판에 이런 내용이 적혀 있다. "천황폐하의 감사한 호의로 우리들도 군인이 될 수 있게 되었다. 명예로운 일본의 군인이 된다는 일은 더없는 행복이다. 나는 몸을 단련하고 마음을 닦아서 훌륭한 청년이 될 것이다. 그리고 지원병이 되어 천황폐하의 고마운 은혜에 보답할 것이다."

1942년 당시 국민학교 2학년으로 선감학원의 원감이었던 아버지井原英一를 따라 이곳에서 3년여 동안 생활했던 이하라 히로미츠 씨는 다음과 같이 증언하였다. "(탈출을 시도한 소년들이) 대부분 익사하거나 육지에 닿았다고 하더라도 곧 잡혀 왔습니다. 물론 잡혀 와서는 지하실에 감금되어 잔혹한 체벌을 받았지요. 학원에서는 탈출을 방지하기 위하여 아이들 가슴에 선감도의 '선仙'자를 쓴 작업복을 입히고, 저녁에는 이를 모두 벗게 하여 교관들이 인원 파악을 하고 탈출을 못하도록 벌거벗긴 채로 재웠습니다."

1942년 4월부터 1945년 8월 해방까지 약 3년 4개월 동안 도망치다 빠져

예전 운동장 자리

죽고, 굶어 죽고, 폐결핵에 걸려 죽고, 초근목피로 연명하다가 독버섯을 잘못 먹어 죽은 선감학원생의 숫자는 지금까지 정확히 집계조차 되지 않았다. 그러다가 해방을 맞았고, 해방 이후 선감도는 경기도에 이관되었으며, 선감학원은 운영 주체가 바뀌었으나 여전히 선감학원이라는 명칭의 '부랑아' 수용소 역할을 하였다. 정진각 상임위원은 두 선감학원은 근본적으로 달랐다고 한다. 일제강점기 선감학원은 민간인이 거주하지 않는 폐쇄적 공간에서 운영되었으나, 해방 이후 선감학원은 민간인들이 섬 내에 같이 거주하며 반공개적으로 운영되었다는 것이다.

그런데, 흥미로운 점은 해방 이후인 1960년대에도 선감학원 단속은 마구잡이였으며, 여기서 탈출하려는 '부랑아'들이 많았다는 신문 기사다. 〈경향신문〉

선감학원 앞산인 우물재 산

우물재산에 있는 작은 봉분. 선감학원에서 숨진 원생의 무덤으로 추정된다.

1964년 10월 26일 자 7면엔 "자유에의 탈출-부랑아수용소 선감학원생들/ 공명에 놀아난 단속/ 연고자 있는데도 잡아서 보내기도"라는 제목의 기사를 싣고 있다. 이에 따르면 당시 선감학원생 427명 가운데 3분의 2가 부모나 연고자가 있는 소년들인데도, 경찰과 당국이 마구잡이로 잡아다 보낸 경우이며, 이들이 목숨을 걸고 탈출을 감행한다고 전한다. 이 기사는 연고자가 있는 원생의 명단까지 공개하고 있다. 사회 하층의 청소년들을 "청소대상"으로 간주하고, 이들의 인권을 유린하는 행태가 버젓이 계속되었다는 증거다. 식민지배의 부정적 유산은 이처럼 오래도록 긴 그림자를 드리웠다.

무엇을 할 것인가

일제 강점기 선감학원의 참상을 세상에 알린 사람은 이하라 히로미츠 씨다. 이

탄도항과 전곡항

하라 씨와 홍석민 씨는 같은 교실에서 함께 배운 국민학교 동급생이다. 그는 해방 후 일본으로 돌아가 성장했으며, 트럭 운전수를 하며 생활하였다. 그는 44세 되던 1980년 유년의 추억이 깃든 선감도를 찾았고, 이후 30여 차례 한국을 방문하고 자료를 모아 1989년 『아! 선감도』라는 자전적 소설을 써서 자비 출판하였다. 이하라 씨는 일본 우익의 협박에도 굴하지 않고 선감학원에서 소년들에게 가해졌던 조선총독부의 가혹한 정책을 폭로하는 데 힘썼다. 『아! 선감도』는 1992년 김양식 씨의 번역으로 〈문화일보〉에 연재되면서 국내에도 널리 알려졌다.

1996년 이하라 씨는 선감학원 앞 야산에서 당시 숨진 소년들을 위한 위령제를 열었다. 그는 이 자리에서 '수난ㆍ선감학원생도위령비'를 건립하겠다고 밝혔다. 그러나 15년가량 지난 현재도 위령비는 세워지지 않고 있다. "이하라 씨가 일본에 가서 그 뜻을 밝히고 모금 운동을 벌였다고 해요. 그래서 300만 엔가량의 성금 기탁증서를 받았답니다. 그런데 위령비 건립을 놓고 한국 측에서 '그런 위령비는 일본인이 아니라 우리 손으로 세워야 한다'는 의견이 대두되었

탄도항과 전곡항 사이 바다

고, 건립을 허가해야 할 경기도와 안산시 사이에서 서류가 오고 가다가 슬그머니 중단된 것으로 알려져 있습니다." 정진각 상임위원이 들려준 이후 사정이다.

　강진갑 문화재청 문화재 전문위원은 지난 2008년부터 선감학원을 근대 역사문화유산으로 보존하자고 주장해왔다. 그는 2010년 4월 박선영 국회의원 주최로 열린 정책세미나에서 일제가 한국을 병탄한 지 100주년이 되는 해를 맞아 이곳을 탈출하다가 익사한 아이들의 원혼을 달래주고, 일제 식민지 지배 체제 현장을 보존하기 위해 선감학원 일대에 선감학원을 주제로 하는 역사문화공간을 조성할 것을 제안했다. 이하라 씨가 추진한 위령탑을 건립하고, 역사 전시 공간으로서 원장 관사를 구입해서 리모델링하자는 구체적인 방안까지 제시했다.

강 위원의 주장은 경청할 가치가 충분하다. 그런데 그 속도를 높여야 할 것으로 보인다. 원장 관사는 이미 다른 사람에게 소유권이 넘어가 있는 상태이고, 그가 2008년 답사에서 확인했다는 1954년 시설도 지금은 찾아보기 어렵다. 위령비 건립이 늦어지고 있는 점도 아쉽기 짝이 없는 일이다.

강 위원의 제안에 한 가지 더 보태어 강조할 점은 선감학원의 슬픈 역사를 일제 식민당국의 가혹한 수탈과 인권유린의 역사로 한정하기보다는 시야를 더 넓힐 필요가 있다는 점이다. 선감학원을 일제의 "어린이 근로정신대"로 규정하는 것은 나름대로 의의가 있다. 하지만 일제 수탈만을 강조할 때 해방된 나라에서도 '부랑청소년'을 격리 수용하고 인권유린을 해도 괜찮은 대상으로 취급한 역사는 가려질 우려가 있다. 선감도가 진정으로 차세대 주역 청소년을 위한 공간으로 자리매김하려면 일제의 잔학상을 폭로하는 것을 넘어 우리가 청소년에게 저지른 잘못까지 철저하게 반성해야 한다고 본다. 따라서 아직도 전모가 밝혀지지 않은 선감학원의 역사를 파헤치는 작업부터 다시 시작해야할 듯하다.

| 도움말 주신 분 |

정진각 안산시사 편찬위원회 상임위원
홍석민 선감동 주민(일제강점기 선감학원 통역교사 자제)

| 참고자료 |

국회의원 박선영의원실 편, 『어린이 근로정신대를 아십니까?-박선영의원 주최 제26회 정책세미나 자료집』, 2010.
『경향신문』 1964년 10월26일자
『한국일보』 2010년 3월5일자

03
최용신 묘역

답사일 : 2009년 11월 11일

한적하고 조촐한 묘역

함경남도 사람 최용신崔容信은 안산시 상록공원 한 귀퉁이에 잠들어 있다. 묘비 위에 붉은 장미 한 송이와 안개꽃 다발이 하나 놓여 있을 뿐 묘역은 조촐하고 한적하다. 시인 이용악李容岳(1914~1971)이 일찍이 노래했듯, 함박눈이라도 내릴 라치면 최용신은 어쩌면 저 북쪽 산과 산 너머 두고 온 고향을 그리워할지도 모르겠다. 어쩌면 루씨여자보통학교를 다니던 시절 원산의 명사십리를 다시 밟고 싶어 할는지도 알 수 없다. 그녀가 장중첩증으로 숨을 거둔 나이는 고작 스물여섯이었으니까.

1909년 8월 12일 함남 덕원군 현면 두남리에서 출생. 어릴 때 마마를 심하게 앓아 얼굴과 정강이에까지 심한 상흔이 남아 있었음. 원산 루씨학교를 우등으로 졸업하고, 협성여자신학교에 진학. 1931년 10월 경기도 화성군 반월면 샘골泉谷에 YWCA 농촌지도원으로 파견됨. 1934년 봄까지 천곡강습소를 세우고 문맹퇴치와 농촌생활개선 운동에 헌신. 1934년 일본으로 가 고베여자신학교에 입학했으나 각기병에 걸려 6개월 만에 귀국. 다시 샘골로 와 삶의 마지막 불꽃을 태우다 1935년 1월 23일 장중첩증으로 타계. 향년 25.

최용신 선생 묘

　너무나 잘 알려진 최용신의 이력이다. 그녀는 이제 '농촌사업가'라는 자신
의 묘비명을 넘어, 국권 상실기의 암울한 시대에 농촌계몽 운동에 일생을 바친
독립운동가로 소개된다. 1995년 그녀에게는 건국훈장 애족장이 추서되었다. 또
한 심훈沈薰이 1936년 『상록수』로 그녀의 사랑과 헌신을 문학적으로 형상화한
이래 그녀는 상록수라는 보통명사와 동의어가 되었다. 안산시 상록구라는 명칭
도 그녀로부터 왔고, 상록수역이라는 역명도 그녀에게서 왔다. 원래는 일리 공
동묘지(현 일동 818번지 일대)에 있던 그녀의 묘소가 옮겨온 이 자리의 현재 주소 역

김학준 교수 묘

시 안산시 상록구 해빛나길 56번지^(본오3동 879-4)다. 청춘을 샘골에 바친 이 젊은 신여성은 이제 추앙받는 선구자의 반열에 올랐다.

그러나 그 과정에서 그녀가 '박제화' 되었다는 점도 부인하기 어렵다. 한 치의 흐트러짐도 없는 냉철한 여성, 1930년대라는 식민지 시대의 '인텔리 여성' 으로서 농촌을 계몽해야 한다는 투철한 사명감을 가졌던 인물, 자신의 인생을 송두리째 샘골의 어린이, 청년, 부녀에게 바쳤던 강철 같은 의지의 여인. 물론 이런 이미지는 그녀 생전에 이미 형성되었고, 과히 틀린 것도 아니다. 하지만

최용신 선생 브론즈

최용신 선생 사진

그녀의 상像은 소설과 영화로 거듭되면서 지나치게 굳어진 면이 있다. 심훈의 『상록수』는 지금까지 40종 가까이 거듭 출판되었고, 1961년엔 신상옥이, 1978년엔 임권택이 그녀를 영화화했다. 그녀의 탄생 100주년이던 2009년 10월에는 그녀를 아시아 여성운동의 맥락에서 다시 자리매김하려는 국제학술 회의까지 열렸다. 그런데도 그녀가 왠지 쓸쓸해할 것 같다는 느낌을 그녀의 묘소 앞에서 떨치기 어려웠다. 왜?

최용신기념관

따지고 보면 딱히 최용신이 서운해할 일은 없어 보인다. 안산시 향토유적 제18호인 그녀의 묘소 옆에는 생전에 부부의 연을 맺지 못한 약혼자 김학준金學俊의 묘가 나란히 있다. 1912년생인 김학준은 최용신보다 세 살 어린 고향 후배이지만, 두호구락부라는 청년모임을 함께 하면서 연인 사이로 발전했고, 훗날 백년가약을 한 사이가 되었다. 그해 4월 결혼식을 올리기로 했던 최용신을 떠나보내던 날 김학준이 "관뚜껑을 열고는 최 선생 시체를 끌어안고, 영혼결혼식이라도 해야 하겠다고 해서 말리느라 혼이 났다."는 증언이 남아 있는 걸로 미루어 그 둘은 진정으로 사랑했던 사이였던 듯하다. 동경제대 법대를 졸업한 김학준은 그 후 영생고 교사를 하다가 조선어학회사건(1941년)으로 3년 6개월이나 수감되기도 하고, 해방 후에는 문교부 편수관, 성균관대와 동국대 법정대 교수를 거쳐 조선대 교학처장을 지냈고, 1974년 타계했다. 옛 약혼자 곁에 묻어달라는 유언에 따라 가족들은 그를 이곳에 안장하였다고 한다.

　　시간이 꽤 흐른 후에 이루어지기는 했으나 최용신기념관도 세워졌다. 2004년 10월 최용신이 샘골 강습소에서 가르쳤던 홍석필이 1억5천만 원을 쾌척하여 건립이 시작된 기념관은 2007년 11월 개관하였고, 이후 1종 박물관, 국가보훈처 현충 시설로 지정되었다. 상록공원 언덕배기에 들어선 최용신기념관은 영상실, 전시실을 갖추고, 최용신과 관련된 영상물을 상영하고 유물을 전시하고 있다. 기념관이 들어선 자리 앞에 큰 향나무가 두 그루 서 있는데, 그 자리가 샘골 강습소가 있던 곳이다.

　　"흥미로운 점은 당진분들이 이곳을 많이 찾아오셔요." 기념관 해설사 이영하 씨는 "아마도 당진에 심훈 문학관이 있기 때문인 듯하다."고 했다. 당진에서

최용신 선생 추모비

추모비

황혼이 저무는 길목에서 스승님의
가르침의 글귀를 다시한번 되새겨 봅니다
잠자는자 잠을깨고 눈먼자 눈을떠라
살길을 닦아보세
조선에 부흥은 농민에 있고 민족의 발전은
농민에 있다

농촌계몽운동가 건국 훈장 애족장 최용신 선생

최용신 기념관 전경

오는 단체 관람객들은 전시물이나 해설에는 별 관심이 없고 최용신기념관이 당진으로 옮겨가야 하는 거 아니냐고 따지기 일쑤라고 한다. "최용신 선생에 대해 말씀을 드리면 소설 내용과 차이가 있다고 항의를 하시기도 하지요. 소설 배경이 이곳 샘골이냐 당진이냐, 진짜 약혼자가 소설 속의 박동혁이냐 김학준 선생이냐를 묻기도 하고요." 당진 사람들뿐만 아니라 상록구 주민들조차도 채영신은 알아도 최용신은 잘 모르는 형편이니 그럴 만도 하다.

기념관에는 샘골 강습회 시절 사용되었던 물건이 일부 전시되어 있다. 조선기독여성회(YWCA)가 최용신을 파송한 1931년 10월부터 1935년까지 실제로 쓰던 유품들이다. 최용신은 부임하자마자 샘골 예배당 부설 샘골 강습소를 확대 개편하는 일에 착수했다. 이듬해 5월경에는 강습생이 점점 늘어나 110명에 달하여 초만원을 이루었다고 한다. 오전반 오후반 야간반으로 분반해도 지원자를 수용할 수 없는 형편이 되자 최용신은 강습소 증축계획을 세웠다. 그해 8월 학부형위로회를 열어 그동안 학생들이 익힌 솜씨를 보여주고 마을 주민들의 뜻을 모아내는 데 성공했다. 이후 샘골 뒷동산 솔밭 주인 박용덕朴容德이 1,052평을 기증하여 마을주민들과 함께 공사에 들어갔고, 이듬해 1월 낙성식을 가졌다. 이 시절의 강습소 모형과 최용신이 학창 시절 놓았던 무궁화 자수(한반도 모형으로 교실에 항상 걸려 있었다고 한다.), 출석부 등이 주요한 전시품이다.

이와 함께 최용신과 관련된 신문 기사, 유언장, 당시 교가, 사진 자료, 심훈과 유달영이 쓴 책의 초판본 등이 진열돼 있다. 이영아 해설사는 "여기에 나와 있는 것 말고도 유품이 다수 있으나 전시실이 좁아 다 활용하지는 못하고 있다."고 말했다. 하지만 당시의 교과서 등은 샘골 강습소에서 쓰던 것들이 아니다. 1930년대 조선에서 쓰였던 책들을 수집한 것이다. 예를 들어 최용신이 샘골 강습소에 부임하여 자신이 손수 조선어독본을 제작한 것으로 알려져 있으나 진본은 기념관에 없

다. 더 아쉬운 점은 당시 사용하던 풍금이 기념관에 있었으나 샘골 교회 측에서 가져가 버렸다고 한다.

아닌 게 아니라 샘골 교회 뒤쪽에는 별도의

기념관에 전시된 상록수 초판본

유물관 간판이 보인다. "교회 측에서 유물을 더 내놓지 않으려고 해요. 교회에 유품이 상당히 있다고 하더군요. 그런데 웬일인지 교회 측에서 마음을 열지 않는 듯해요." 이영아 씨는 "교회를 비난하는 건 아니다."라는 단서를 강조하면서 대단히 안타깝다는 표정을 지었다. 그렇다면 샘골 교회는 왜 기념관을 싫어하는 걸까?

최용신 선생과 당시 샘골강습소 학생들 사진

둘로 나뉜 최용신 기리기

"글쎄요……. 제가 부임한 지 1년이 채 안 되어서 자세한 사정은 잘 모르지만 기념관이 세워지기까지 안산시와 교인들 사이에 앙금이 많이 쌓인 듯해요. 심지어 교인들 가운데는 길 건너 건물을 사서 별도의 최용신 선생 기념시설을 갖추자고 하는 분들도 있지요. 하지만 제가 이곳 상록공원이 죽으면 상록수 이미지가 죽는다고 만류하고 있는 형편이지요." 샘골 교회 담임 진광호 목사는 "사실 교회와 교인들이 소장하고 있는 유물 중에는 진본도 많고 소장 가치가 더 높은 자료가 많다."고 말했다. 그래서 임시로 당시의 교재, 졸업장, 사진, 생활도구, 풍금 등을 전시할 유물실을 다시 꾸미는 중이라고 밝혔다. 하지만 지금 공사 중이라 그 유품들을 보여주기는 어렵다고 했다.

기념관과 교회 간의 갈등은 1985년으로 거슬러 올라간다. 전두환 정부는 1985년 현 공원과 교회 자리를 공원 부지로 지정했다. 최용신의 묘역마저 밀어버리고 거기에 공원을 만들겠다는 것이었다고 한다. 『상록수』의 채영신은 알아

당시 입학원서와 출석부

당시 샘골 강습소 교복

도, 사랑과 헌신으로 청춘을 바친 실제 인물 최영신은 모르는 정부의 무지막지한 정책 결정이었던 셈이다. 더구나 최용신의 업적을 끊임없이 깎아내리고 싶어 하는 일부 지역유지들까지 있었으므로, 자칫하면 천곡교회(현 샘골 교회)까지 사라질 판이었다. 이에 뜻있는 인사들이 중심이 되어 보존 및 상록수 정신 계승 범시민 운동을 벌였다. 힘겨운 작업 끝에 1994년 국민 고충 처리위원회에서 천곡교회는 보존하기로 결정이 내려졌다. 이러한 과정에서 공원을 꾸미려는 시와 교회 간의 갈등은 깊어질 대로 깊어진 듯하다.

최용신 선생이 학창시절 수놓았고 교실에 항상 걸어두었다는 무궁화 자수

공원 측은 지금도 여전히 내심 샘골 교회가 이전해 주기를 바란다. 100년 역사를 가진 교회이지만 예전 모습은 자취를 찾아볼 수 없으므로, 교회가 다른 곳으로 옮겨가면 예전 샘골 강습소도 복원하고, 기념관도 더 제대로 꾸릴 수 있다고 보기 때문이다. 반면 교회는 교회대로 최용신이 샘골 교

심훈문학비(오른쪽)와 최용신 선생 교훈비

회에 파송된 전도사이므로 교회 측이 기념사업을 주도해야 하는 게 맞다는 입
장이다. 기념관을 짓는 과정에서도 교회와 상의 없이 일이 진행되었다는 점도
교인들의 심기를 매우 불편하게 만들었다. 진 목사는 "우리 교회는 재정도 넉넉
하고, 인원수용에 있어서도 기념관을 능가하기 때문에 법으로 풀어주기만 하면
우리가 최 선생을 기리는 작업을 더 잘 해낼 수 있다고 본다."고 말했다.

　　진 목사가 기념관이 제 역할을 못 한다고 보는 이유는 또 있다. "최용신 선
생이 살아계셔서 지금 이곳에 파송된다면 무슨 일을 먼저 하리라고 보십니까?

최용신 선생이 직접 식수했다는 향나무.
나무 아래 돌들은 당시 샘골강습소 주춧돌이다.

샘골강습소 종탑

제가 볼 때는 우선 가정문제, 외국인노동자 문제, 다음 세대 교육문제를 해결하는 작업부터 하셨을 겁니다. 저 역시 우리 교회의 사역을 가정 사역, 문화 사역, 다문화 사역으로 정하고 있습니다." 사실 상록공원과 샘골 교회는 아파트 숲으로 둘러싸였다. 바로 앞에 사우나, 횟집, 노래방, 영어학원 간판이 즐비하다. 최용신이 지금 파송되었더라면 막막하지 않았을까? 가정문제, 외국인노동자문제, 교육문제가 1930년대와는 질적으로 판이하게 달라진 문제들이기 때문이다. 그러나 최용신의 삶을 반추해보건대 진 목사 말처럼 그러한 문제 해결에 또 한 번 청춘을 던졌을 것이라고 보는 게 맞을 것이다.

샘골강습소 낙성식 기념사진

2009년 10월 한국프레스센터에서 열린 국제학술 심포지엄의 주제가 '상록수 최용신 기억 속에서 아시아로 걸어 나오다'였던 것도 진 목사의 말과 일맥상통하는 바가 있다. 1930년대 근대적 계몽의 프로젝트는 21세기 다문화의 개념조차 정리되지 않은 채 다양한 문화의 혼종이 실험되고 있는 안산에서 새롭게 다시 태어나야 한다는 데는 토를 달기 어렵다. 여전히 미완인 한국의 근대와 그 위를 덮친 탈근대의 물결이 일렁이는 곳이 안산인 탓이다. 김형목 독립기념관 한국독립운동사연구소 선임연구위원은 국제학술 심포지엄 기조 발제('최용신에 관한 연구 동향과 전망')에서 '최용신 정신' 계승을 위한 대안을 다음 여덟 가지로 정리하여 제시했다.

첫째, 정기적인 학술대회를 개최하고 성과물을 발간해야 한다. 둘째, 오랫동안 안산시에 거주한 노인 등의 증언 채록을 통해 '국제도시' 안산시의 정체성을 확립하고 옛것과 새것이 조화되는 사회적 유대감의 바탕을 만들어야 한다. 셋째, 최용신 봉사상을 제정하고 시상 대상자를 지구촌으로 확대해야 한다. 넷째, 연극회 음악회 등 문화행사를 지역민의 자발적이고 적극적인 참여의 방식으로 개최해야 한다. 아울러 '최용신 바로 알기'의 방안으로 『최용신 평전』을 발간해야 한다. 다섯째, 한글 사랑을 고취할 수 있는 특별전시회를 정기적으로 개

샘골교회 전경

최하자. 여섯째, 최용신 어학당을 설립하여 이주 노동자들에게 우리 글과 말, 우리 역사 등 다양한 교육프로그램을 시행해야 한다. 일곱째, 최용신 다큐멘터리나 드라마를 제작한다. 여덟째, 상록수역에서 최용신기념관까지 거리와 주변 상가, 아파트 등을 문화공간으로 조성하자.

그의 제안은 안산시가 마음만 먹으면 언제든지 실행에 옮길 수 있는 사항들이라고 판단된다. 하지만 그 전에 둘로 나뉜 최용신 기리기 사업부터 통합하는 일이 시급해 보인다. "그렇잖아도 지난가을부터 기념관 측과 마음을 터놓고 얘기하는 작업을 진행하고 있습니다."(진광호 목사) 그 대화에 가속도가 붙어갈수록 최용신 묘역의 쓸쓸함도 사라져 갈 듯하다.

| 도움 말 주신 분 |

이영아 최영신기념관 해설사
진광호 샘골교회 담임목사

| 참고자료 |

안산시 · 경기도향토사연구협의회, 『상록수 최용신 기억속에서 아시아로 걸어나오다-최용신 탄생100주년기념
　　　　국제학술회의 자료집』, 2009.
안산시사편찬위원회, 『안산시사』, 1999.
심훈, 『상록수』 서울대학교출판부, 1996
경기도, 『경기도 근대문화유산 조사 및 목록화 보고서』, 2004.
최용신기념관 홈페이지 http://choiyongsin.iansan.net

16부

안성

01
안성 우전대장간과 의정부 도매대장간

답사일 : (안 성) 2009년 6월 30일

(의정부) 2009년 5월 19일

대장장이들의 한숨

"인터뷰요? 그런 거 안 합니다." 안성시 석남동 우전대장간 주인 김필모 씨는 한
마디로 딱 잘랐다. "그건 해서 뭐합니까? 수없이 조사해 갔지만 달라진 게 있나
요? 그만 돌아가세요." 똑같다. 거절 이유도 거절 방식도. 지난 5월 의정부시 의
정부1동 도매대장간 주인 안영선 씨를 찾아갔을 때도 그랬다. 두 사람 팔뚝은
이들이 노련한 대장장이들임을 한눈에 알 수 있게 해 주었지만, 둘 모두 망치를
내리치듯 조사를 거부했다.

"대장간이 없었으면 이 나라가 지금 있지도 않아요."(안영선) "대장간 망치질
소리가 그치면 농사는 끝이에요."(김필모) 두 사람 다 대장일에 자부심을 갖고 있
었다. 하지만 더 이상 자신들 일을 전수하려는 사람도 없는 판에 정부도 지자체
도 아무런 대책이 없는데 분개하고 있었다. "전통문화 조사한답시고 숱한 사람
이 찾아왔지만, 그건 우리를 위해서가 아니라 자신들을 위한 일 아닙니까?"

한참 설득을 해서야 두 대장장이는 자신들 이야기를 조금 털어놓았다.(그래
도 의정부 안영선 씨는 한사코 사진 찍기를 거부했다. 결국 대장간 내부만 찍을 수 있었다.) 이들은

실망할 대로 실망한 상태였다. 전통과 근대 사이에 끼여 명맥을 유지하던 시절은 이미 한 세대 전에 끝났다. 대장간이 농기계 철공산업으로 바뀌는 과정을 지켜낸 그들이지만, 다른 분야와는 달리 그들에게는 명맥이 이어지리라는 보장이 없다. 그들은 지금도 그렇게 근현대사의 한 귀퉁이에서 풀무로 화로를 피워 쇠를 달구고 담금질을 할 따름이다.

농업이 주업이던 시절 대장간은 절대적으로 필요한 곳이었다. 철은 소금과 더불어 국가가 통제하는 물건이었다. 대장간에서 일하는 사람은 대장장이 · 딱쇠 · 대정장이 · 성냥 · 바지 · 야장冶匠 · 철장鐵匠이라 불렸다. 또한 다루는 쇠에 따라 유철장鍮鐵匠 · 주철장鑄鐵匠 · 수철장水鐵匠으로 나누었다. 수철장은 무쇠를 다루는 야장인데, 조선후기부터 '대장장이'라고 하면 수철장만을 일컫는 말

안성 석정동 우전대장간

우전대장간 판자문짝

우전대장간 내부

시커멓게 그을은 대장간 천정

로 자리 잡았다.(《경기민속지》6권 308쪽)

대장장이의 역할은 1960 년대까지 상당히 중요했다. 개 항 이후 근대화가 시작되었지 만, 산업화 진전 속도는 완만했 기 때문에 농업이 가장 중요한

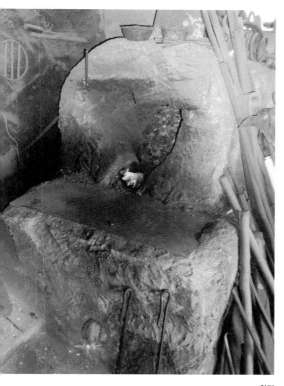

화덕

산업의 위치를 차지한 탓이다. 그렇다고 전통시대처럼 농업을 천하지대본이라 여긴 것은 아니다. 일제 강점기에는 자기네 산업화와 식민 야욕을 뒷받침하기 위해 조선의 농업을 중시했다. 해방 후 정권들도 농업의 중요성을 강조했지만, 농업의 희생 위에 산업화를 이루려 했다는 점은 다를 바 없다. 그렇게 본다면 대장장이는 한국 산업화의 밑거름이 된 농업을 더 아래에서 받치는 역할을 해온 것이다.

집게와 망치

모루

화덕을 중심으로 작업하기 편리하게 도구들이 놓여 있다

점포에 진열된 물건들.
우전대장간에서 직접 만든 것들도 있고,
도매상에서 떼온 중국산도 있다

그러나 1970년대 들어 고속 산업화가 시작되면서 이들은 버려졌다. '공업의 농업 수탈'이 가속화하면 할수록 대장장이가 설 자리는 사라져 갔다.

산업화가 얼추 끝났을 즈음 한국인들은 '전통'이라는 미명 아래 대장장이들을 다시 불러내고자 시도했다. 마치 그들을 잊고 지내 미안하다는 듯 그들의 도구와 작업 방식을 보존해야 한다고 목청을 높였다. 옛날 장터에 대장간을 재연했다. 하지만 대장장이들이 근대화의 과정에서 어떤 삶을 살았는지, 그 의미는 무엇인지, 그들을 어떻게 대해 주어야 하는지에 대해서는 고민하지 않았다. 대장장이들이 흔쾌히 인터뷰에 응하지 않는 이유는 아마도 그 때문인 듯하다.

100년 고옥의 우전대장간

우전대장간은 안성시 성남동(법정동) 203-15에 있다. 안성 시내에서 안성2동 주민센터 쪽으로 안성교를 넘어가기 바로 전이다. 1분만 걸어가면 안성천이 나온다. 우전대장간이 자리 잡은 집은 고옥이다. "이 집은 100년쯤 됐다고 해요." 어렵게 말문을 튼 김필모 씨는 은근히 전통적인 집에 대장간을 열고 있다는 걸 자랑했다. 김 씨는 약 30년 전인 1970년대 말에 이 집을 사서 대장간을 들였다.

집은 기와만 새로 놓았을 뿐 벽체와 기둥은 옛 모습을 간직하고 있다. 흙벽에 서까래, 처마, 기둥 모두 나무로 돼 있다. 도로변 점포는 두 칸인데, 한 칸은 대장간이고, 다른 한 칸은 호미, 낫, 삽 등속을 파는 가게다. 대장간 쪽 서까래는 긴 세월 화덕 열기와 연기를 견딘 흔적이 역력하다. 화덕은 섭씨 2,000도

우전대장간에서 내려다 본 안성 석정동 거리

우전대장간에서 본 안성교

까지 올라간다. 점포 뒤편은 살림집인데, 김 씨네가 살지는 않는다. 김 씨는 안성천 너머 아파트에서 출퇴근 한다.

점포 덧문도 흥미롭다. 셔터 구실을 하는 덧문은 노란색 페인트칠을 한, 널쪽을 미닫이식으로 끼워 여닫도록 돼 있다. 아침에 이 널쪽들을 떼어낸 뒤 묶어 대장간과 가게 사이에 세워 둔다. 1960년대에나 볼 수 있었던 방식이다. "이런 문은 안성 시내에서도 우리 집밖에 없을걸요."

김필모 씨는 1956년생이다. 예전 안성읍 도기동 형제 많은 집에서 태어났다. 40년 전인 10대 중반에 가난한 살림에

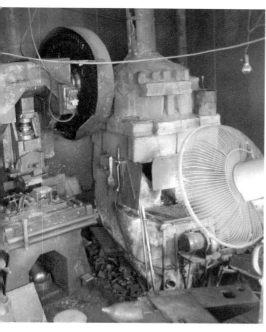

의정부 도매대장간의 화덕과 선반기

도매대장간. 건축공구도 제작 판매한다는 선팅이 눈에 띈다.
안에 있는 이가 안영선 씨다.

입이라도 덜자 해서 대장일을 배우러 들어갔다. 노임도 없고 밥만 먹여주는 자리였지만, 전도유망해 보이는 대장장이 일이라 열심히 배웠다. "그때가 60년대 후반인데, 그 때만 해도 대장간 일이 많았어요. 잘만 배우면 돈도 좀 벌겠다 싶어 열심히 했지요."

불 다루는 일을 배우는 데만 몇 년이 걸렸다고 했다. 풀무로 화롯불을 피워 쇠를 달구는 일은 까다롭다. 만들 연장 종류에 따라 쇠를 달구는 온도를 잘 조절해야 한다. 호미 하나 제작하는데도 쇠를 불에 예닐곱 번 달궈야 한다. 쇠를 자르고, 쇠를 익히고, 연장의 형태를 대강 만드는 겉목치기를 하고, 쇠를 갈고, 망치질로 다듬고, 담금질을 하고, 숫돌에 갈아야 호미 하나를 만들 수 있다. "불 다루는 일도 어렵고, 성형도 어렵습니다. 40년이 지난 지금도 배우는 자세로 일을 합니다."

그러나 하루 12시간 이상 일하며 호미 낫 괭이 보습 가래를 만드는 법을 터득했을 무렵 대장일은 이미 사양길을 빠르게 굴러떨어지고 있었다. 농촌마다 경운기 바람이 불었다. "일을 배울 때는 일감이 넘치더니, 한 번 내리막길을 타기 시작하자 금방"이었다. 대장간을 찾는 농부의 발길이 점점 뜸해지면서 '대장간으로 돈 좀 벌겠다' 싶었던 기대는 접어야 했다. 그래도 배운 일이 그것이니 독립해서 대장간을 열었다.

"지금도 작은 농기구를 사러 오는 사람들은 있지요. 멀리 용인에서도 우리 집을 찾아옵니다." 문제는 직접 만드는 연장은 가격경쟁력을 잃었다는 점이다. 호미 하나를 직접 제작할 경우 5,000~6,000원은 받아야 한다. 하지만 중국산이 대량으로 밀려들어 오면서 2,000원이면 살 수 있게 됐으니, 불을 피우고 망치를 잡아도 예전 같은 흥을 내기가 어렵다.

'조선 후기 삼남과 서울을 연결하는 상업과 교통의 중심지로 허생전의 주 무대였던 안성장터가 옛 모습 그대로 재현된다. 이곳에서는 유기전 나뭇전 초 물전 대장간 주막 물장수 엿장수 떡장수 등을 직접 볼 수 있다.'

안성 바우덕이 축제 가운데 안성장터를 소개하는 대목이다. 하지만 김필모 씨는 코웃음을 친다. "바우덕이 축제요? 뜻이야 좋지요. 그런데 그걸 하면 우리는 귀찮기만 해요. 요 앞 안성천변에서 장터를 재현하는데, 그때마다 대장간 물건들을 옮겨 갔다 다시 실어 와야지, 그렇다고 물건이 팔리는 것도 아니지, 힘만 듭니다. 그렇다고 시에서 그 기간에 장사 못 했다고 보상을 해주는 것도 아니고……." 대장간이 소중한 유산이라는 점은 인정하면서도, 실제로 그 일을 하는 이들은 소외된다는 푸념이다. 평소엔 관심도 기울이지 않다가, 축제 때 전시용으로 동원되는 기분을 짐작할 만하다.

"더 맥 빠지는 건 대장일을 배우려는 사람이 없어요. 요즘 누가 이 힘들고 어려운 일을 하려고 하겠습니까? 대장간이 없어져서는 안 될 텐데……." 김필모 씨는 이제 그만 얘기하자고 했다.

2002 경기 으뜸이 안영선 씨

안영선 씨는 2002년 제조업 부문 경기으뜸이로 선정되었다. '창의적인 발상과 능동적인 직업의식을 바탕으로 자신의 분야에서 최고의 자리에 오른 전문가'로

모루와 망치

도매대장간 내부

인정받은 것이다. "그러면 뭘 해요. 조사만 디립다 해가고 그걸로 끝입디다. 상준 사람들 생색만 내는 거 아닙니까?" 말은 그렇게 했어도 안 씨네 도매대장간 한쪽 벽엔 그 때 찍은 사진이 걸려 있었다. 어엿한 장인匠人이라는 자부심과 장인이 장인 대접 못 받는 현실 간의 괴리가 그의 마음을 뒤숭숭하게 하는 듯했다.

도매 대장간은 의정부시 의정부1동 232번지 추병원 삼거리에 있다. 공구상이 몇 집 늘어서 있는 이곳에서 대장간은 안 씨네 한 집뿐이다. 도매 대장간은 경기 북부에서 유일한 대장간이기도 하다. 도매 대장간도 두 칸으로 나뉘어 있다. 한 쪽은 대장일하는 곳이고, 다른 쪽은 완성된 연장을 파는 곳이다. 대장일을 하는 곳엔 화로가 2개 있다.

안 씨는 1943년생이므로 65세를 넘겼지만 다부진 몸매나 눈빛이 그 나이로 보이지 않는다. 50년간 건강한 노동으로 다져진 체력 덕분인 듯하다. 안 씨는 원래 오산이 고향이다. 안 씨도 안성 김 씨처럼 10대 중반에 대장장이 일을 배웠다. 기록에 따르면 1958년 수원 북수동 형제대장간에서 망치를 잡았다. 안 씨는 일을 가르쳐준 스승이 주충준이라는 분이었다고 했다.

의정부에 자리를 잡은 건 30년 전인 1979년이다. 당시엔 그래도 조수를 5~6명 거느린 제법 규모 있는 대장간이었다. 하지만 안 씨네 대장간 역시 변화하는 세태에 밀려 점점 축소되었다. 지금은 안 씨 혼자 일한다. 안 씨 또한 "낫쇠스랑 호미가 중국산에 밀리는 현실"에서도 이 일을 놓지 못한다. 이 나라에서 대장간이 없어져서는 안 된다는 고집 때문이다.

"우리를 이용대상으로만 보지 말라고 쓰십시오." 안 씨 인터뷰는 거기까지였다. 이야기를 나눌수록 치미는 게 있는지 그는 입을 닫았다. 사라져가는 대장간을 기록으로라도 남겨야 하지 않겠느냐고 해도, 돌아가서 대장간 지원책을 건의해보겠다고 해도 손을 내저었다. (대장간 내부 사진 몇 장은 허락했다. 하지만 본인 사진 촬영도 거부했다. 나중에 기록을 찾아보니 그는 이순이 넘어 방송통신대학 법학과에 입학했다고 한다. 진작 알았더라면 진학 동기가 무엇인지, 졸업은 했는지, 앞으로 계획은 어떤지 물어보았을 텐데, 아쉽다.)

| 도움말 주신 분 |

김필모 안성 우전대장간 주인
안영선 의정부 도매대장간 주인
김태원 안성문화원 원장
황말무 의정부 문화원 감사

| 참고자료 |

경기도박물관, 『경기민속지』 4권 생업기술 · 공예 편, 2003
경기도, 『우리 시대의 삶—2002 경기으뜸이』, 2002
http://www.baudeogi.com/ (안성 남사당 바우덕이 축제 홈페이지)

02
안성목장

답사일 : 2010년 8월 17일

한국 근대 축산의 발상지

안성시 공도읍 신두리와 웅교리에 걸쳐 있는 안성 목장은 흔히 한독목장이라 고도 불린다. 안성지역 사람들조차 자기 지역 이름을 딴 안성 목장이라는 공식 명칭보다 한독목장이라는 옛 이름이 더 귀에 익다고 한다. 벌써 20여 년 전에

안성목장 전경

안성목장 내부를 가로지르는 도로　　　　　　　　　　　　　　안성목장의 초지(안성목장측 제공)

공식이름이 바뀌었다는 점을 고려하면, 한독목장이라는 옛 이름이 사람들 마음 속에 심어준 강렬한 인상이 여전히 남아있다는 뜻이다.

　　정확히 언제 개명이 이루어졌는지는 분명하지 않다. 현재 안성목장 내 '팜 랜드' 조성사업을 맡고 있는 유기엽 부장에 따르면 "1981년 축협중앙회가 발족 될 당시 농협 소유 축산 자산을 분리 이관했는데, 당시 서류에도 '한독목장'으 로 되어 있었다."고 한다. 그 이후 개명을 했다는 서류는 아직 찾지 못했다는 것 이다. 추정컨대 1980년대 중반쯤 '안성 목장'이라는 이름으로 공식 개명한 듯하 다. 목장 준공이 1969년 10월이므로 공식적으로는 약 15년간 한독목장이라고 하다가 그 후 25년 넘게 안성 목장이라고 불렀다는 얘기다.

　　한독목장이라는 이름 속에는, 한국 낙농업, 나아가 한국 축산업이 독일의 도움을 받아 처음으로 근대 산업으로 발돋움했다는 의미가 담겨있다. 한독목장

안성목장의 호밀밭(안성목장측 제공)

90년대에 지어진 우사. 지금은 한우를 키우고 있다.

60년대 말 개장 당시 독일에서 들여온 송아지 우리

은 1964년 독일을 방문한 박정희 전 대통령과 뤼프케 전 독일 연방대통령 간의 정상회담에서 잉태되었다. 이 자리에서 박 대통령은 뤼프케 대통령으로부터 한국 낙농발전에 선도역할을 할 시범 목장 건립을 위한 지원 약속을 받아냈다. 당시 한국은 1인당 국민소득이 76달러에 불과한 빈국이었다.

"60년대 한국 축산은 일반농가에서 부업으로 소 한두 마리를 기르는 정도였습니다. 산업이라고 하기에는 민망한 정도였지요. 특히 낙농업은 빈약하기 짝이 없었습니다. 60년대 중반 통계인데, 국내 젖소는 전국을 통틀어 고작 700두 수준이었습니다. 60년대 초반 안성에는 젖소가 단 두 마리뿐이었다는 통계도 확인했습니다." (유기엽 부장)

이런 상황에서 무려 48만6,000평이나 되는 넓은 초지를 확보하고, 홀스타인 품종 등 독일의 고등 젖소 200마리를 들여왔다는 것은 한국 축산업으로서는 '대혁명'이라 부를만한 일이었다. 당시 독일의 낙농 기술자들이 입국해 이들 젖소 사양 관리법, 젖소 먹이인 초지 조성과 재배 방법 등을 전수했다. 독일 기술자들이 가져온 송아지 우리를 비롯해 각종 공구가 아직도 안성 목장 창고에 남아있다.

무엇보다도 한독목장을 사람들에게 깊이 각인시킨 것은 공간적 규모였을 것이다. 경부고속도로 안성톨게이트에서 불과 7, 8분 거리인 안성 목장에 들어서면 지금도 그 초지 규모에 감탄사가 저절로 나온다. 드넓은 초원은 사진이나

- 박정희 대통령 한독목장 시찰 '69.05.14 -

1969년 5월 목장을 시찰차 방문한 박 대통령

영화로만 보았던 당시 사람들에게 한독목장의 규모는 상상 그 이상이었을 것이다. 1969년 10월 11일 준공식 사진에 찍힌 수천 명 군중은 아마도 그 너른 목장에 압도되었을 듯하다.

한독목장의 역사를 모르는 사람들은 한국의 목장 하면 대관령을 떠올리기 십상이다. 그러나 대관령의 목장은 훨씬 후에 조성되었을 뿐만 아니라, 한독목장이 한국 땅에 근대 축산업을 소개하고 뿌리내리도록 도움을 주었기 때문에 생겨날 수 있었던 목장이라고 할 수 있다. 1970~80년대 들어서야 한독목장을 벤치마킹한 대형 목장들이 생겨났기 때문이다.

"현재 국내 젖소는 50만 두에 이릅니다. 우유 생산량은 세계 4위 수준이구요. 전국 젖소가 700두였던 나라에서 이제는 넘쳐나는 우유를 버리는 나라가

80년대에 지어진 축사

예전 젖소 축사를 개조해 만든 실내 마장馬場

될 수 있었던 출발점이 바로 우리 안성목장입니다."(유기엽 부장)

　1980년대 후반 들어 안성목장은 방향을 선회한다. 이미 그때쯤엔 낙농가들의 사양기술이 안성목장보다 앞서갈 정도로 발전해 있었기 때문에, 젖소만이 아니라 양돈, 양계 등으로 축종을 다양화하는 실험에 들어간 것이다. 그러다가 1990년대 말부터 축산물 수입 완전 개방을 앞두고 한우 사육농가들의 불안이 확산되자 안성목장은 한우 중심의 목장으로 방향을 잡았다. 2010년 8월 현재 안성목장에는 31개 동의 우사에서 한우 2,053마리가 사육되고 있다.

　초기에 48만6,000평 규모였던 초지도 많이 줄었다. 농협 산하 교육원, 종묘센터, 전산센터, 위생교육원, 축산연구원 등이 하나씩 하나씩 들어올 때마다

안성목장의 발상지이자 미래 팜랜드 중심이 될 연못

부지를 조금씩 내주어야 했기 때문이다. 현재 안성목장의 부지는 약 39만 평이다. 그러나 9만6,000평을 내주고도 안성목장의 초지는 여전히 드넓다. 우사 31동은 넓은 부지 가운데 귀퉁이 일부를 차지하고 있는데 불과하다.

"우리 목장 호밀밭이 몇 년 전 티브이 뉴스 영상으로 소개된 적이 있습니다. 바람에 일렁이는 호밀이 독특한 자연경관을 보여주거든요. 인터넷 포털사이트에 안성목장을 치면 우리 목장을 촬영한 사계절 사진이 많습니다. 경기도에서 우리 목장이 사진 찍기 좋은 곳 베스트 파이브에 꼽힙니다."

유기엽 부장은 우사를 지나 구릉 초지를 가로지르는 미루나무 길이 TV 드라마 야외촬영 장소가 되기도 했다고 자랑한다. 원래는 조사료 생산지였던 초지가 그동안 잘 보전된 덕에 이제는 경관자원으로 탈바꿈하고 있는 것이다.

농협은 지난 2007년부터 안성목장 일부를 '팜랜드'라는 명칭의 축산 테마 공원으로 꾸미는 작업을 하고 있다. 2010년 4월 착공에 들어간 팜랜드는 39만 평 안성목장 부지 가운데 입구 쪽 8만 평의 땅에 체험학습 공간과 브랜드 타운, 도이치 빌리지, 전시체험 홍보관 등을 조성한다는 야심 찬 프로젝트다. 낙농 후진국에 독일산 젖소를 들여와 근대 축산업의 기틀을 놓았고, 시장개방에 대처하기 위해 한우 사육기술 전파에 힘을 쏟다가, 이제는 한국축산의 미래를 위해 또 하나의 거대한 실험을 시작하는 것이다. 이처럼 한국농업의 고민과 성취, 그리고 모순을 집약적으로 보여주는 안성목장의 과거-현재-미래를 좀 더 살펴보자.

팜랜드 건설 현장

안성목장 기념석.
1970년에 세운 것으로 상단에 한국과 독일 국기가 선명하다.

"낙농입국"의 꿈

현재 안성목장에는 초창기 건물이나 축사가 거의 남아있지 않다. 60년대 지어진 건물은 모두 헐리고 신축됐으며, 축사는 80년대와 90년대에 새로 지었다. 그나마 유일한 건조물은 예전 사무실(현 승마센터) 근처에 세워진 〈한독목장 기념비〉다. 1970년 8월 15일에 건립한 이 기념비는 거석 윗면에 한국과 독일 국기를 새겨 넣고, 그 아래 비문이 새겨진 명판을 박았다.

"……버려진 산지를 개발하여 이루어진 이 목장은 축산을 바탕으로 부강한 농촌을 건설하려는 우리의 열의의 결실이며 우리나라 낙농업 발전의 요람지가 될 뿐만 아니라 자립에 눈뜬 농민에게 의욕과 희망의 상징이 될 것이다. 훗날 우리 자손들은 이 목장이 농촌 근대화를 이룩한 근원의 하나임을 알게 될 것이며……."

비문이 예견한 대로 한독목장은 우리나라 낙농업 발전의 요람이 되었다.

한반도 근대화의 기점인 개항으로부터 따져 거의 90년 이상 지나서야 근대 축산업이 뒤늦게 시작되었고, 그마저도 당시 박정희 정부의 힘이 강력했기에 가능했다는 사실을 놓쳐서는 안 되지만, 그렇게라도 축산 근대화가 추진되었기에 오늘이 있다는 점은 부인할 수 없다.

"기념비가 된 돌은 초대 목장장이신 이범열 장장이 안성 금광면에서 직접 고른 돌이라고 들었습니다." 유기엽 부장에 따르면 이 장장은 원래 안성 보개면 출신으로서, 한독목장이 안성에 터를 잡는 과정에서 큰 역할을 했다고 한다. "이 장장께서 당시 경기도 농산과장이었습니다. 목장 조성은 정부가 주도하고 경기도가 실무를 담당했거든요. 그런데, 원래 정부안에 올라간 후보지는 안성, 평택, 천안 이렇게 3곳이었대요. 헌데, 이 장장이 나서서 안성의 입지가 가장 좋다고 강력하게 주장했기 때문에 이곳에 목장을 설립하기로 결정되었다고 하더군요." 안성 공도의 후보지가 경부고속도로에서 가장 가깝고, 목장용 초지를 조성하는데 적합한 구릉지이면서 토질 또한 좋다는 점이 높은 점수를 받았다고 한다.

목장 예정부지가 46만 평이 넘었으므로, 땅을 사들이는 일도 수월치 않았다. 땅임자가 200명이 넘었기 때문이다. 이들을 일일이 찾아다니면서 부지를 확보한 이도 이범열 씨였다고 한다. 목장은 4년여에 걸친 준비작업과 공사 끝에 1969년 10월 11일 준공됐다. 이후 초기 2년간 독일 기술자들이 상주하면서 선진적인 젖소 사육관리와 사료작물 재배관리법을 전수했다. 이 기간이 지나 1971년 10월 한독목장의 업무는 농협으로 인수인계됐다.

초대 장장을 임명하는 과정에서도 흥미로운 일화가 전해진다. "정부에서는 장관급 목장장을 임명하려고 했답니다. 독일에서 들여온 차관으로 국가 차원에서 세운 목장이니만큼 격을 높이려고 한 것이지요. 하지만 독일 측에서 난색을 표했답니다. 왜냐하면 높은 분이 장장이 되면 기술이전 실무에서 껄끄럽다는 것이지요. 차라리 외국어를 할 줄 알고, 축산 실무에 밝은 사람을 장장으로 해달라고 그들이 강력하게 요청하는 바람에 결국 조성 실무를 담당했던 이범열 장장님으로 결정되었다고 합니다. 이 장장님께 직접 들은 얘깁니다."(유기엽 부장)

당시 한독목장의 기능과 역할은 자신이 거대한 젖소 목장이 되는 것이 아니었다. 낙농을 원하는 농가들을 교육하는 것이 주 임무였다. 다시 말해 이들에게 젖소 사양관리, 우유 생산과 출하 관리법 등을 제대로 가르친 다음 그들에게 목장에서 낳은 좋은 젖소 송아지를 나누어주고 직접 기르도록 하는 한편 목장의 넓은 초지에서 수확한 조사료를 공급하는 것이었다. 한독목장은 자신의 역할을 충실히 감당했다고 자부하고 있다.

"설립 후 이 목장은 한국낙농 태동기에 목장을 경영하거나 새롭게 목장을 개설하려는 이들의 귀중한 벤치마킹 대상이 되었고 목장장이나 전문 관리자로 활동한 수많은 핵심 낙농 요원들을 배출하였으며 목장에서 생산된 우수 혈통의 송아지는 인근 농가에 분양되어 낙농진흥의 소중한 기틀이 되었다."(안성목장 내부문건 〈안성목장 및 팜랜드 해설내용〉)

70년대 농가들이 젖소를 선호하게 된 것은 환금성이 높았기 때문이다. 일반 소를 기를 경우 송아지를 길러 내다 팔기까지 최소한 24개월을 먹여 길러야 한다. 아무리 빨라야 2년 만에 목돈을 쥘 수 있다는 얘기다. 그러나 젖소는 매일 우유를 생산했기 때문에 현금 회전율이 비교가 되지 않을 정도로 좋다. 따라서 70년대 중반이 넘어서면서 10마리, 20마리씩 젖소를 기르는 농가가 크게 늘어났다.

80년대 들어 낙농가의 기술은 눈부시게 발전했다. 젖소를 기르는 입장에서 어떻게 해야 우유 생산량을 늘릴 수 있는가에 대해 자체적으로 연구와 노력을 거듭했기 때문이다. 청출어람 격으로 이들을 지도했던 한독목장보다 낙농가들의 기술발전 속도가 오히려 더 빨랐다. 한독목장이 안성목장으로 이름을 바꾸고 다양한 축종으로 눈을 돌리게 된 데는 이런 사정이 깔려 있다.

한독목장과 안성의 축산업 관계도 언급하지 않을 수 없다. 60년대 초반 군내에 젖소가 2마리밖에 없었던 당시 안성군은 일약 전국 축산의 중심 지역이 되었다. "80년대 중후반에는 안성의 축산 예산이 전라남북도 관련 예산을 합한 것보다 많았다"는 이명종 경인일보 안성 주재 기자의 증언은 한독목장으로 인한 안성 축산의 비약적 발전상을 단적으로 말해준다. 안성목장이 한우 중심으로 방향을 선회한 뒤에도 안성 축산의 명성은 그대로 유지되

안성목장의 상징과도 같은 느티나무

최신식 시설의 축사

개장 당시 축사 모습

고 있는 듯하다. "요즘도 전국에서 출하되는 한우 고기의 25%가 안성산이라고 해요." (이명종 기자)

한우 사육으로 바뀐 이후에도 안성목장의 주 임무는 사양관리 기술 개발과 교육이다. 즉 한우를 길러 출하하는 데 목적이 있지 않고, 기르는 법을 개선해 농가에 보급하는 게 주 기능이다. 한우 개량 기능은 농림부가 관리하는 충남 서산의 일명 '김종필 목장'에서 담당하고, 젖소의 개량은 고양 원당의 목장에서 하고 있다.

일렁이는 호밀밭, 초원을 달리는 말

한독목장을 추동한 힘이었던 '낙농입국'의 꿈은 초기 20년 동안 충분히 실현되었다고 할 수 있다. 이후 우루과이 라운드 시대 한국 축산업이 직면했던 고민을 타개하기 위해 시작한 한우 사육도 일정한 성공을 거두었다. 하지만 한국 축산업, 나아가 한국 농업이 직면한 현실은 녹록지 않다. 이를 넘어서기 위해 안성

목장이 시도하고 있는 실험이 '팜랜드'다. 축산업의 활로가 보이지 않는 상황에서 체험형 축산 테마공원을 조성해 축산과 관광을 결합해 보자는 것이다.

안성목장은 이미 2009년부터 말과 승마로 눈을 돌렸다. 더는 젖소도 한우도 경쟁력을 갖추기 어렵기에 축산 2세대들이 주목하고 있는 축종이 말이다. 이에 따라 안성목장은 2009년 6월 승마센터를 열었다. 승마센터는 실내 마장과 실외 마장을 갖추었다. 마사와 마장은 초기 젖소 우사와 착유장을 리모델링해 마련했다. 이후 승마를 체험하고 배우려고 이곳 승마센터를 찾아오는 사람이 꾸준히 늘고 있다. 말을 타고 바람에 일렁이는 호밀밭과 초원을 달리도록 한다면 더할 나위 없는 수도권 명소가 될 수 있다는 게 안성목장 관계자들의 판단이다.

'팜랜드'는 그 연장 선상에 놓인다. 도시 어린이들이 찾아와 직접 각종 가축에게 먹이를 주고 만져볼 수 있는 체험공간, 가족단위로 승마를 체험하고 즐길 수 있는 승마장, 국내 최고급 명품 축산물을 한자리에서 보고 먹을 수 있는 공간인 브랜

개장 당시의 목장 초지

목장에 첫선 보인 유우들.

우사로 입주하는 개장 당시 젖소들

드 판매장과 한우 셀프식당, 안성목장이 있을 수 있게 해준 독일과의 인연을 강조해 역사성을 살리고 독일산 와인과 스테이크를 즐길 수 있는 도이치 빌리지, 어느 때나 농축산 관련 기자재와 우량 가축 품평회 등을 실내에서 열 수 있는 농축산 전시 홍보체험관 등을 갖추겠다는 구상이다. 안성목장은 2011년 5월 '팜랜드'가 개장하면 가족 단위 휴양객이 몰릴 것으로 기대하고 있다.

"팜랜드의 농촌 그린스쿨 안에 역사관도 별도로 설치할 겁니다. 아직 창고에 남아있는 초창기 독일제 기구, 기계 등의 유물과 한국 근대 축산의 발상지로서 안성목장이 걸어온 길을 다양하게 전시해 역사를 보여주도록 꾸밀 예정입니다. 도이치 빌리지를 독일풍 건물로 지어 한독목장의 역사와 분위기를 한눈에 알 수 있도록 할 계획도 갖고 있습니다." (유기엽 부장)

물론 안성목장이 한우 사육 개선이나 조사료 생산 등 기존의 임무를 포기하는 것은 아니다. 129ha 초지에서 연간 3,500t에 이르는 건초와 사일리지를 생산하고, 월 500t 유기사료를 생산하는 일은 계속된다. 고급육 생산을 위한 초음파 진단, 우량 송아지 조합 분양 및 기술지도, 각종 산학협력을 통한 연구시험 참여 등도 포기할 수 없는 안성목장의 주요 업무다. '팜랜드'는 미래형 축산을 준비하는 활로 모색의 일환일 따름이다.

'팜랜드'가 성공을 거둔다고 해서 한국 축산업의 장래가 밝아진다는 보장은 없다. 하지만 '팜랜드'라는 구상 자체를 통해서 한국 축산업이 안고 있는 모순의 일단을 엿볼 수는 있다. '팜랜드'가 지난날 경험들을 제대로 복원 전시하고, 축산인들의 고민을 폭넓게 수용할수록, 단순한 테마파크를 넘어, 안성목장 전체를 미래를 위한 역사가 살아 있는 공간으로 다시 태어나게 할 수 있을 듯하다.

| 도움말 주신 분 |

유기엽 NH팜랜드 사업부 부장
정종의 NH팜랜드 사업부 과장
이명종 경인일보 안성주재 기자

| 참고자료 |

『안성목장 및 팜랜드 해설내용』, 안성목장 내부자료, 2010.

03

옛 안성군청(현 안성1동 주민센터)

답사일 : 2009년 6월 30일

주민 곁으로 거듭 낮아진 80년

안성1동 주민센터는 2009년 6월 초 센터 앞마당에서 작은 음악회를 열었다. '제라늄 향기 속'이라는 주제로 개최된 음악회에는 동장과 직원들이 직접 출연하여 기타를 연주하고 시를 낭송했다. 이민희 계장(행정민원담당)은 "우리 주민센터 건물이 생긴 이래 81년 만에 처음 열린 감격적인 행사"라고 소개했다.

81년 전이면 1928년이다. 안성·양성·죽산 3개 군이 통합되어 안성군이 된 해가 1914년이므로, 그로부터 14년 만에 번듯한 새 안성군청 건물이 지어진 셈이다. 아치형 출입구를 중심으로 좌우대칭을 이루는 이 붉은 벽돌 2층 건물은, 당시로서는 최신식 청사였음에 틀림없다. 왜냐하면 오늘날에도 먼발치에서부터 단연 돋보이는 건물이기 때문이다. 일제강점기 군청은 아무나 함부로 드나들 수 있는 공간이 아니었다.

"이 앞길이 38번 국도였다고 하더군요. 그 얘기를 듣고 깜짝 놀랐습니다." 이 계장이 신기해할 만도 하다. 현재의 국도 38호선은 장호원 방향에서 오다가 안성시가지로 들어서지 않고 외곽을 빙 둘러 평택 방향으로 빠져나간다. 포장도 잘 돼 있고 시원하게 뚫려 있다. 하지만 주민센터 앞 도로는 지금 차량 통행조차 뜸한 이면도로 수준이다. 그래도 이 길은 오랫동안 누구나 드나들기 어려 웠던 군청 앞을 지나는 신작로, 그것도 대로였을 것이다.

이 길 주변이 일제강점기 안성의 중심 번화가였다는 증거가 일부 남아 있 다. 지금은 형편없이 퇴락한 군청 길 건너 사진관 건물(현 서삼식당. 이에 대해서는 뒤 에 자세히 서술한다.)이 그 가운데 하나다. 이 건물 역사도 80년이 넘는다. 당시 사 진관은 최첨단 근대 기술을 상징하는 장소였다. 또 한 블록 떨어진 곳에는 전국 최대 규모인 정미소 자리가 남아 있기도 하다. 정미소 또한 근대 농업의 첨단 시절이었다.

군청이 언제 이전했는지는 알아내지 못했다. 다만 안성면이 안성읍으로 승격한 이후였다는 사실만큼은 확실하다. 안성읍은 1937년 7월 1일 자로 승격

안성1동 주민센터

주민센터 측면   주민센터 측면(주차장 쪽)

했다. 당시 경기도 내에서 읍이 된 면은 수원, 안성, 개성 3곳뿐이었다. 공교롭
게도, 일본인 상권이 끝내 침투·장악하지 못했다는 이야기가 전해 내려오는 3
곳과 일치한다. 속설에 따르면 이들 지역에서는 토착 상권이 절대 우세했다고
한다.

　군청은 현 안성1동 주민센터 뒤쪽 지금은 대형마트가 들어선 자리로 옮겨
가고, 군청 건물은 읍사무소 차지가 되었다. 안성읍사무소는 1998년 4월 1일 안
성1동사무소로 간판을 바꾸어 달았다. 안성군이 안성시로 승격하면서 안성읍
이 3개 동으로 분할되었기 때문이다. 현재는 명칭 변경에 따라 안성1동 주민센
터라는 이름으로 불린다. 식민통치 지방행정의 중심에서 갈수록 격이 낮아지기
는 했지만, 주민들과는 점점 더 가깝고 친숙한 기관이 되어가는 80년 세월이었
던 셈이다.

　안성1동 주민센터의 주소는 안성시 영동 410번지로 표시한다. 영동은 예

주민센터 창호 주민센터 뒷면

전 리 시절의 흔적이다. 안성1동은 영동과 길 건너 낙원동 등 법정리 15곳^{(행정리} 19곳)을 행정구역으로 하는 제법 넓은 동이다.

안성1동 주민센터 건물은 대지면적 4,800m^2에 건축면적 267m^2인 2층으로 되어 있다. 1층은 평범한 동사무소이고, 2층은 오래전부터 문서보관 창고로 사용한다. 내부는 2005년 리모델링을 하여 개조했다. 현관 앞에는 둥근 기둥 열주 列柱를 세워 모양을 냈다. 화단에는 제라늄을 가득 심어 가꾼다. "하지만 건물 외벽과 외관은 손대지 않았습니다. 그래도 튼튼합니다."^(이민희 계장)

2004년에 발간된 〈경기도 근대문화유산 조사 및 목록화 보고서〉는 이 건물을 '일제 강점기에 세워진 지방의 소규모 관청 건물의 전형'이라고 평가해 놓았다. 하지만 이는 '전형'의 범주를 꽤 넓게 잡은 표현인 듯하다. 정면의 형태 등에서 일제 강점기 관공서 풍이라는 것을 단박 알아챌 수는 있으나, 고유한 건축미를 고려하여 공들여 설계하고 지은 건물이라는 점도 쉽게 감지할 수 있다.

문아당과 서삼식당

문아당은 안성1동 주민센터 맞은편에 위치한 각종 인장, 복사, 명함 제작을 주로 하는 점포다. 주소는 낙원동 403-15. 옛 38 국도를 사이에 두고 영동과 낙원동이 갈리기 때문이다. 문아당 주인 이상돈 씨는 대를 이어 이 점포를 운영하고 있다.

"지금은 현대식 건물이지만 예전에는 여기에 함석지붕으로 된 니은자 형 점포 주택이 있었지요. 요 아래 낙원연립 자리는 경찰서였어요." 이 씨는 이 동네에서 50년 넘게 살았다. 부친 이명록 씨(작고)는 "일제시대에 그림을 배운 분"으로 붓글씨를 잘 써서 바로 이곳에서 도장도

측면에서 바라본 주민센터

문아당 주인이 선친으로부터 물려받은 전각대

옛 38국도

새기고 대서代書도 했다고 한다. 이 씨는 부친으로부터 자연스럽게 일을 배웠다.

"도로는 비포장이었어요. 차가 지나가면 먼지가 하도 날려서 바가지로 물을 뿌리던 일이 기억나네요. 군청 울타리는 지팽나무로 되어 있었지요." 멀지 않은 광신로터리 일대가 논바닥이었던 시절 얘기다. 이 씨는 아버지에게 물려받은 전각대篆刻臺를 보여주며 옛날을 회고했다.

문아당 아래쪽으로 낙원동 406-1번지에는 '서삼식당'이 있다. 유리문에 '뼈다귀해장국, 감자탕, 아침식

주민센터 내부

주민센터 맞은 편 문아당

문아당과 식당 자리는 예전에
니은자 함석집으로 연결돼 있었다고 한다.

서삼식당 건물. 예전에는 사진관으로 쓰였다고 한다.

사 됩니다. 신속배달'이라고 쓰여 있는 '서삼식당'은 그러
나 문이 굳게 잠겼다. 문 닫은 지 오래라고 한다. "원래는
사진관이었어요. 오기환 씨라고 아버님하고 친구였지요.
그분이 '공원사진관'을 했었지요."

　　정확히 언제부터 언제까지 사진관이었는지는 확인
할 길이 없다. 이전 기록에 보면 이 이층 건물 위층은 대
서소로도 쓰인 적이 있다고 한다. 사실 낙원동 일대에는
대서소가 여럿 있었다고 전한다. 그러나 지금은 줄지어
있던 연탄가게, 전기상회, 싸전 등등과 마찬가지로 다 사
라지고 '서삼식당' 건물만 남았다.

　　만약 이곳이 사진관이었다면 2층은 스튜디오였을

서삼식당 2층　　　　　　　　　　　　　　　　　　　　　　　　　　서삼식당 창호

중앙정미소

것이다. 사진사가 구식 라이카 카메라의 천을 뒤집어쓰고 초점을 맞춘 다음 필름판을 끼워 넣고 "펑" 하는 구식 플래시를 터뜨리며 사진을 찍던 곳. 1층에는 수많은 안성의 얼굴들 사진이 진열되어 있었을 터이다. 그 자취야 흔적도 없을 테지만 한 번 들어나 가보고 싶었다. 그러나 아쉽게도 문은 열리지 않았다.

남은 과제

옛 안성군청은 근대문화유산으로 충분히 가치가 있다고 판단된다. 안성의 한 시대를 증언하는 건물로서 지금도 손색없이 제구실을 하고 있기 때문이다. 건축사적으로도 의미 있는 자산이라고 할 수 있다.

옛 사진관이었다는 '서삼식당' 건물도 보전할 필요가 있다. 이 건물은 낙원공원 확장사업에 따라 곧 헐릴 예정이다. 이미 이 거리 일부는 2009년 6월 현재 철거작업이 시작되었다. '서삼식당' 건물은 매우 낡아 안전 면에서도 문제가 있어 보인다. 그러나 일제 강점기 상가 건물의 한 전형을 보여준다는 점에서 보존 방안을 고려해 볼 가치가 있다.

이 일대를 공원화한 다음 이 건물을 일제 강점기 사진관으로 되살려 활용한다면 일석이조의 효과를 거둘 수도 있으리라 판단된다. 또 이 사진관에 옛 안성의 사진이나 중심거리 미니어처를 만들어 전시하는 방안도 강구해 봄직하다.

| 도움말 주신 분 |

김태원 안성문화원 원장
임상철 안성문화원 사무국장
한성기 안성문화원 총무과장
이민희 안성1동 주민센터 행정민원담당
이상돈 문아당(안성시 낙원동 도장포) 대표

| 참고자료 |

경기도, 『경기도 근대문화유산 조사 및 목록화 보고서』, 2004
http://anseong.go.kr 안성시청 홈페이지

04
옛 안성소방파출소 망루

답사일 : 2018년 11월 2일

안성 시가지가 훤히 보였던 망루

안성시 봉남동(안성시 중앙로 447) '안성소방서 CPR 교육센터 건물'에 가면 소방망

옛 안성 소방파출소 건물

루가 여전히 우뚝하다. 교육센터 왼쪽에 붙은 망루는 4층 높이다. 망루에 올라서면 안성 시가지가 한눈에 들어온다. 시내 곳곳에 고층 아파트가 들어섰는데도 그렇다. 1977년 망루가 지어질 당시엔 근동에서 가장 높은 장소였을 터이다. 의용소방대원들은 돌아가며 이 망루에 올라가 화재 발생을 살폈다.

1995년 안성소방서가 개서하기 전까지 망루가 위치한 건물은 평택소방서 안성파출소였다. 건물 아래를 살펴보면 소방차를 세워두던 자리라는 것을 단박 알 수 있다. 리모델링을 하여 차고지를 교육장으로 바꾸었으나, 소방차 3대가 항시 대기하던 당시를 상상하기 어렵지 않다.

평택소방서 안성파출소는 1989년 정식으로 설치되었다. 바로 그 해 평택소방서가 개서했기 때문이다. 그렇다면 1977년에서 1989년까지 12년간은 어디 소속이었을까? 안성의용소방대가 이 건물을 사용하며 안성의 화재를 살피고, 진압했다.

사실 평택소방서도 1984년에야 평택(소방)파출소가 되었다. 그 이전, 즉 1914년부터 1984년까지는 진위의

망루 정면

의용소방대가 소방 업무를 맡았다. 의용소방대는 정식 소방대 편제가 갖추어지지 않은 지역에서 화마로부터 재산과 생명을 지키는 최일선 조직이었다.

의용소방대의 약사略史

조선시대 화재 진압은 금화도감禁火都監의 업무였다. 갑오개혁 이후 소방은 경찰 산하의 업무가 되었다. 하지만 전국적인 소방 조직을 갖추기는 어려웠다. 따라서 자치적으로 불을 끄는 자구 조직이 마을별로 만들어졌다. 초가집이 많았던 시절이라 불은 삼시간에 마을을 집어삼킬 수 있었다.

의용소방대는 일제강점기인 1915년부터 구성되기 시작한 것으로 파악된

측면에서 본 망루

다. 전시체제였던 1939년 경방단警防團이 만들어지면서 소방업무가 경방단으로 넘어갔다가, 해방 후 미군정기에 소방행정이 분리되었다. 정부 수립 이후 다시 내무부 치안국 산하에 소방이 편제되었다. 1970년대 들어 소방업무는 지방자치단체로 넘어갔다.

그러나 해방 이후 소방 행정이 체계적으로 정비되지 못했기 때문에, 그 빈틈은 의용소방대가 메웠다. 1957년 통계를 보면 정식 소방관은 1,053명이나 의용소방대원은 6만5,849명이나 된다. 무려 65배나 많다. 소방행정이 어느 정도 자리를 잡은 1970년대 이후에도 여전히 마을의 불은 의용소방대가 진압해야 했다.

의용소방대는 소방법에 따라 소방본부장, 소방서장이 관장하는 소방업무를 보조하기 위하여 각 행정단위에 설치된 소방조직이다. 의용소방대원은 지역에 거주하는 주민 중에서 희망자로 구성되며, 급여는 없다. 단지 화재 출동 시 수당을 받을 따름이다. 안성의 경우 1989년 이전에는 의용소방대가 화재를 전담했다.

사무실에 남아 있는 1960년대 서류들

1995년 안성소방서가 문을 열면서, 옛 소방파출소 건물은 다시 의용소방대가 사용하게 됐다. 망루로 올라가려면, 철근 콘크리트 건물인 교육센터 2층 의용소방대장 사무실 뒤쪽 출입구를 이용해야 한다. 망루로 올라가는 계단은 좁고 가파르다. 망루 꼭대기 층에는 출동을 급박하게 알리는 비상벨과 스피커의 흔적이 여전히 남아 있다.

"제가 중학교 다닐 때 소방대는 안청중학교 옆에 있는 코스모스 아파트 근

의용소방대 편성표와 전임 소방대장 사진

처에 있었습니다. 창전동이지요. 이곳으로 새 건물을 지어서 이사할 무렵 망루는 안성에서 가장 높은 건물이었습니다." 이병주 안성의용소방대 남성대 총무부장은 1988년에 의용소방대에 들어왔다고 했다. "의용대원들은 차 뒤에 타고 다니며 출동했지요. 의용대원이 40~50명가량이었던 것으로 기억합니다."

"80년대 말과 90년대 초에 큰불이 났었어요. 시장에서도 화재가 발생했고, 안성초등학교가 불탔습니다." 안성초등학교 화재는 정확히 1991년 2월 22일 발생한 것으로 기록되어 있다. 1902년 안성 최초로 세워졌고, 1920년대에 지어진 교사校舍는 이때 불로 외벽 형태만 남은 채 전소했다.

현재 의용소방대 사무실에는 4명의 의용소방대장 사진이 걸려 있다. 1대 주덕조(1990~1995), 2대 박주원(1995~1997), 3대 김일광(1997~2007), 4대 박용순

2층 의용소방대장 사무실

2층 교육장. 예전에는 이곳이 소방대원들 대기실과 휴게실이었다.

망루로 올라가는 계단. 현재 의용소방대장 사무실 쪽으로 나 있다

건물 옥상에서 본 망루

망루에서 내려다보이는 안성시내

망루 꼭대기로 통하는 나무계단. 삭아서 부서진 발판이 여러 개다.

(2007~2013). 이전 대장들의 사진은 없다. 다만 1963년 부여 사비루에서 찍은 기념사진이 보인다. 모두 정복에 정모 차림이다. 아마도 야유회 사진인 듯하다.

더 귀한 자료도 있다. 이 부장이 캐비닛에서 꺼내 보여준 자료는

망루 위쪽에서 찍은 계단 부분

망루 꼭대기에서 찍은 안성시가지

사무실에 보관돼 있는
1962년 의용소방대원 이력서철

단기 4294년(서기 1961년) 공문 발송부

'1962년 이력서철', '비품대장', '의용소방
대원증명서발급대장', '단기 4294년도 공

현재도 보관되어 있는 각종 문서철

의용소방대원들의 나들이 사진. 1963년 10월 부여 사비루

문발송부', '출동인명부' 등이다. 단기 4294년이면 서기 1961년이다. 탁자 위에 올려놓으니 문서철만 한 무더기다.

들춰보니 '소방차(GMC) 비품출납부// 77년 4월 21일/ 수원소방서에서 인수/ 2호 안상군청/ 4,500ℓ, 무상'이라 적혀 있다. 안성의용소방대 소방차가 77년 수원소방서에서 왔다는 걸 알 수 있다. 또 다른 비품출납부를 보면 1966년 9월에 안성경찰서에서 인수한 소방차 기록도 보이고, 1981년 평택 동아자동차에서 인수한 소방차 기록도 나온다.

이런 기록도 있다. '단기 4294년 6월 29일/ 안성읍장 귀하/ 6·25 제11주년 기념 특집화보 첨부상황 보고의 건/ 위의 건 아래와 같이 첨부상황을 보고 하나이다' 1974년 휘발유 사용 기록을 일자별로 기록한 장부도 있고, 1975년 비품 목록을 기록한 장부도 있다.

엄밀히 말해 안성 소방파출소 시절 소방망루는 1970년대 후반 건물이므로 불과 40여 년 전 건축물이다. 근대의 문화유산이라 하기엔 이르다. 하지만 한 시절 안성에서 가장 높은 건물이었고, 안성시내의 화재를 감시하던 사회적 의미는 평가받을 만하다. 그보다 더 눈여겨볼 것은 의용소방대가 보관하고 있는 과거의 기록들이다. 비록 단편적이고, 한갓 장부에 불과하지만, 지역사와 사료로서 적어도 보존 가치는 지니고 있다고 판단된다. 생활의 중요한 부분이지만, 전혀 정리되지 않은 채 잊혀가고 있는 소방의 역사를 언젠가 다시 쓰려면 이러한 자료도 소중하다.

| 도움말 주신 분 |

이병주 안성의용소방대 남성대 총무부장

| 참고자료 |

"하늘아래 가장 높았던 소방서", 『경향신문』 홈페이지, (http://h2.khan.co.kr/print.html?id=201612240138001)
"의용소방대 역사", 『경상남도소방본부』 홈페이지, (http://www.gnfire.go.kr/gnfire/cm/cntnts/cntntsView.do?mi=301&cntntsId=20)

05
한경대학교

답사일 : 2010년 10월 5일

70년 동안 7번 바뀐 교명

안성시 석정동 국립 한경대학교는 2010년 4월 개교 71주년을 기념했다. 한경대
학교라는 명칭으로는 11주년이지만, 학교 역사를 1939년 4월 문을 연 안성공립

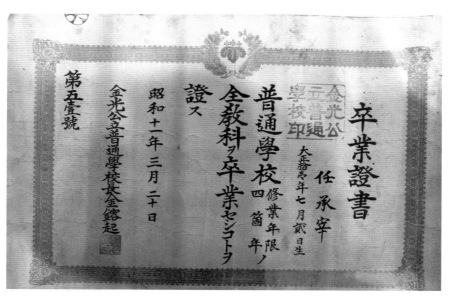

1936년 졸업증서

농업학교부터 기산하기 때문이다. 지난 70여 년 동안 한경대의 교명은 크게 7번 바뀌었다. 안성공립농업학교(1939)–안성농업중학교(1949)–안성농업고등학교+안성농업중학교(1950)–안성농업고등전문학교(1965)–안성농업전문학교(1970)–안성농업전문대학(1979)–안성산업대학(1991)–한경대학교(1999). '안농安農'으로 약칭되는 농업학교 시절만 반세기가 넘는 52년, 산업대학 시기가 8년, 종합대학 이후가 11년이다.

농업학교 시절을 정확히 따지면 56년이다. 교명에 농업이 들어간 햇수는 52년이지만, 안성농업전문대가 완전히 폐교한 해는 1994년이기 때문이다. 이보다 앞서 안성산업대학이 되었으나 1991년 이전 입학한 농전 학생들이 모두 졸업할 때까지는 농업학교가 존속한 것으로 보아야 한다.

농업학교로서 '안농'은 3~6년제 중등과정과 고등과정을 넘나들었다. 교육정책이 바뀌는 과정에서 그때그때 학제가 개편된 탓이다. 예를 들어 1965년 안

1948년 6학년 학생의 수업노트. 그림을 그린 솜씨가 뛰어나고, 노트 정리가 인쇄물처럼 정갈하다.   1950년대 본관 사진

성 농업고등 전문학교가 된 까닭은 3년제 실업고등학교와 2년제 초급실업 대학으로 구분되어 있던 과정을 통합한 교육정책 때문이다. 통합 이유는 실업고등학교와 초급실업 대학이 나뉨으로써 일관된 실업교육을 하기 어렵다는 판단에 따른 것이다. 즉 실업고등학교 졸업생이 다른 분야로 진출하거나, 다른 분야 고교 졸업생이 초급실업 대학으로 진학하는 데서 오는 교육 손실을 막아보자는 취지다. 이에 따라 고교 과정(3년)과 초급대학 과정(2년)을 통합한 5년제 고등전문학교가 생겼다.

50년 넘게 농업근대화의 주역을 길러낸 '안농'의 시작은 지역의 실업가 박필병朴弼秉(1885~1949)의 사재 기부에서 출발한다. 1920년대 양조장 경영으로 재산을 모은 박필병은 지역사회의 교육기관 설립을 위해 1937년 경기도에 거금을 회사했다. 안성지역 인재양성을 위한 공립중학교를 세워달라는 뜻이었다. 그의 기부금액이 정확히 얼마인지는 기록이 일치하지 않는다. 한경대 교정에

1964년 인천교육대학 부설 초등교원연수원 수료기념사진

1965년 한 학생이 낸 결석계.
모내기 때문에 결석한다고 밝히고 있다.

세워진 그의 동상 옆 '공적기'에는 당시 돈 10만 원(현재 가치 15억 원)으로 되어 있고, 학교의 홈페이지 기록에는 5만 원으로 돼 있다. 물론 5만 원도 거액이다.

1939년 설립 당시 안성 공립농업학교는 교사校舍가 미처 마련되지 않아 안성공립보통학교 교사를 임시로 빌려 썼다. 이듬해인 1940년 공동묘지였던 부지를 정비하여 신축 교사를 마련하고 이전하였는데, 그 자리가 현 위치다.

"당시 학교의 설립은 안성군민의 자녀교육을 위한 열망, 박필병 선생의 교육을 통한 사회 발전 염원, 일본 식민당국의 군량미 확보를 위한 미곡 증산정책이 복합적으로 작용한 결과였다. 설립 초기 안성 공립농업학교는 5년제로서 초대 교장宇都宮與曾治을 비롯한 교사 대부분이 일본인이었으며 모집정원은 55명이었다. 당시 수원을 제외한 안성 주변에서는 농업학교가 유일한 중등교육기관이었기 때문에 학교의 위상이 높았다. 교과목으로는 수신修身, 공민과公民科, 국어, 역사지리, 수학, 이과, 체조무용교련, 경종耕種, 토양비료, 양잠, 농업경제, 임

업, 농업토목, 회화, 음악, 중국어, 영어 등이었다."^(한경대 홈페이지)

　'안농'은 해방을 맞아 한국인 교장^{申泰登}이 취임하였고, 4년제, 6년제 등 학제 개편을 겪다가 6·25 직전 3년제 농업고등학교와 4년제 농업중학교 병설 학교로 개편되었다. 이후 앞에서도 언급하였듯이 몇 차례 교명과 학제를 변경하였다. 이 과정은 곧 '안농'이 전국적으로 유능한 농업인력을 양성하는 중등교육기관에서 고등교육기관으로 성장하는 과정이라 할 수 있다. 농업이 주력 산업이었던 시대가 지나감에 따라 '안농'은 산업대학이 되고, 여기서 한 차례 더 비약하여 오늘날의 한경대학교가 되었다. 하지만 역시 한경대의 뿌리는 '안농'이고, 한경대 역시 이 점을 잊지 않고 있다.

안성농업중학교 시절의 기념사진. 1950년.

3동 남은 농업학교 시절 건물

1939년 학생 55명으로 시작한 한경대는 2010년 현재 3개 단과대학, 3개 대학원에 재학생만 6,400명가량(휴학생 제외) 되는 종합대학으로 성장했다. 단과대학은 농생명과학대학 5개 학부(과), 이공대학 19개 학부(과), 인문사회과학대학 6개 학과이고, 대학원은 생물환경 정보통신전문대학원, 전자정부대학원, 산업대학원이다.

　　현재 한경대의 캠퍼스는 4만8,000평가량 된다. 여기에 주간부와 야간부 합쳐 6,400명가량의 학생이 다니므로 캠퍼스가 비좁은 편이다. "원래 학교 부지가 현재보다 2~3배 넓었다는 소리를 들었습니다. 17만 평 정도 된다던가? 원래 관립학교였으므로 해방 후 학교가 경기도로 넘어갔지요. 그런데 초기에 경기도가 학교 운영을 위해 학교 부지 일부를 분할 매각해서 교직원들 봉급을 주었다는 얘기가 전해지지요." 방효필 한경대 공학교육혁신센터(기업체애로기술지원센터) 책임연구원이 들려준 말이다. 방 책임연구원은 이 학교 졸업생이기도 하다.

방 책임연구원의 말을 뒷받침해 줄 공식 기록은 학교에 남아 있지 않다. 다만 학교 주변 관공서의 입지로 미루어 일정 부분 신빙성이 있다고 할 수 있다. 한경대와 이들 관공서는 부지를 맞바꾸기도 하고, 관공서가 이전하면서 부지를 대학에 돌려준 사례도 있다고 한다. 어쨌거나 설립 초기의 학교모습을 간직한 건물은 대학 박물관 소장 사진으로나 전해질 뿐 실물로 남아 있지 않다. 다만 캠퍼스 곳곳에 자리 잡은 아름드리나무와 숲만이 농업학교의 전통을 보여주는 직접 증거라고 할 수 있다.

예를 들어 1988년에 지어진 대학본부 앞 아름드리 조경수들은 1940~50년대 사진 속에도 등장한다. 이전 본관 앞에 보이는 어린나무들이 수십 년간 지금의 모습으로 자라난 것이다. 김정렬 한경대 도서관 팀장은 "캠퍼스 곳곳의 나무는 대부분 농림고 시절인 60년대에 심은 것들"이라고 했다. 교내에는 소나무, 향나무, 목련, 이깔나무 등 거목을 가지런히 심고 가꾼 곳이 많다.

방 책임연구원에 따르면 학교에서 가장 오래된 건물은 현 생물환경·정보통신전문대학원 건물 뒤에 있는 3개 동의 건물이다. 대학원 바로 뒤편 건물은 현재 창고로 쓰이고 있는데, 방 책임연구원은 이곳이 잠사蠶舍가 있던 건물이라고 한다. 그는 뒤늦게 공부해 1976년 농업전문학교에 입학했다. 1981년 졸업할 무렵에는 교명이 이미 농업전문대학이라고 바뀌었다고 한다. 그는 통산 37회 졸업생이다. 그가 학교에 다니던 시절에는 이 잠사 건물에서 잠업 실습을 하였다고 하며, 당시에도 오래된 건물이었다고 한다.

잠사는 지금 사라졌다. 한일자로 길게 지어진 건물 오른쪽 끝부분 지하에

본부 건물 전경

있던 잠사를 없애고 그 위에 주차장을 만들었다. 하지만 건물 자체는 남아 있다. 현재 창고로 쓰이는 이 건물은 초록색으로 칠해진 나무 지붕과 굴뚝 형태가 최소한 1950년대 또는 그 이전 양식으로 추정된다. 창틀은 나무로 돼 있고 각 출입문에 기역자 형태 칸막이를 한 점도 눈에 띈다. 그 뒤로 현 기계공학관 옆 건물도 예전 잠사 건물과 동일한 형태로 지어져 있다. 현 기계공학관 건물 자리에는 예전에 농업공작실이 있었다고 한다.

"농업공작실은 공작실과 농업기계실로 나누어져 있었습니다. 농업기계실에는 경운기 40대와 콤바인, 이앙기 등이 죽 있었지요. 경운기는 학생 1인에 한 대 꼴이었어요. 당시로서는 대단한 것이었지요. 이곳에서 김홍윤 교수 같은 홀

박필병 선생 동상

륭한 교수들이 학생들을 가르쳤습니다. 저도 직접 배웠구요. 당시엔 스승과 제자가 한 몸 한마음이었다고나 할까요."

현 기계 공학관과 그 옆 건물은 같은 형태였을 것으로 추정된다. 그러나 한쪽 건물은 헐고 새로 지은 기계공학관이 되었고, 그 오른쪽 건물만 남았다. 이 건물은 잠사와 같은 건축양식이나 지붕은 기와를 얹었다. 창틀은 잠사 건물과 마찬가지로 나무로 되어 있다.

또 다른 한 동의 같은 양식 건물은 옛 잠사와 농업공작실을 바라보는 지점쯤에 있다. 현재는 '생산제조실험실'이라는 간판이 붙어 있다. '생산제조실험실'도 외관은 같으나 슬레이트 지붕이고, 창호도 알루미늄 새시로 바뀌었다. 이들 3개 동의 건물이 일제강점기 건물인지 확증하기는 어렵다. 하지만 한경대 캠퍼스에 남은 최고最古 건물인 것만은 확실하다.

박물관에 소장된 자료들

한경대학교 박물관은 개교 70주년을 기념하여 2009년 세워졌다. 중앙도서관 위쪽에 위치한 대학 박물관에는 흥미로운 전시물들이 수집되어 있다. 예를 들어 이 학교 1회 졸업생인 임승재 씨의 졸업장 같은 귀한 문서와 사진들이다.

임 씨의 졸업장은 공립보통학교 것부터 있다. 소화昭和 11년(1936년) 금광보통학교 4년 과정을 마쳤음을 증명하는 이 문서는 임 씨의 아들 흥순 씨가 기증한 것이다. 임 씨는 안성공립농업학교를 소화 18년(1943년) 졸업했는데, 당시의 졸업장에는 풍천승재로 기재돼 있다. 즉 보통학교 졸업 당시인 1936년에는 창씨 개명을 하지 않아도 괜찮았지만, 이 시기에 이르면 이름을 고치지 않고는 졸업을 할 수 없었다는 것을 말해 준다.

옛 본관 모형. 도서관 로비에 전시돼 있다.

졸업 후 임 씨는 이듬해 고양군 농회農會로 발령 받는데, 그 임용장도 있다.
해방 후 그는 초등교원 시험에 합격한다. 단기 4281년(1948년) 시행된 경기도초
등교원자격검정에서 합격하였음을 증명하는 문서에는 임승재라는 본디 이름
이 똑똑히 기재되어 있다.

소화 18년 안성 공립농업학교 2학년 풍천광이라는 학생의 '통지부'(성적
표)도 있고, 단기 4280년(1947년) 안성 공립농업중학교 5학년 4반 조동삼 학생
의 '학업성적급근태통지표'도 있다. 1960년대 초 안성농업고등학교 시절 김성
만 학생(19회)의 '생활통지표'도 보인다. 더 재미있는 전시물은 1965년 결석계다.
"축산과 1학년 이의범// 소생은 이번 모내기 사정으로 인하여 六月 五日 하루
를 결석하겠기에 보호자 연서로 결석계를 제출하나이다." 밑에는 보호자와 본
인의 도장이 선명하다.

옛 잠사관 건물

옛 농기계관

눈길을 끄는 또 하나의 전시물은 1948년경 재학 중이던 6학년 학생의 수업노트다. 생물학 노트로 추정되는 이 공책에는 세포분열 과정을 그린 그림과 관련 설명이 마치 인쇄된 것처럼 쓰여 있다. 펜촉에 잉크를 묻혀 쓰던 당시 형편에서 이처럼 정성 들여 그림을 그리고 깨끗이 정서한 공책은 당시 학생들이 얼마나 공부에 집중했는가를 단적으로 증거 한다. 학생뿐만 아니라 교수들의 연구록도 정성이 대단하다. 1964년 수의獸醫 과목을 가르쳤던 박종구 명예교수의 당시 연구록 역시 곤충을 초 사실적으로 묘사한 그림과 설명이 펜글씨로 쓰여 있다.

이 밖에도 1980년대 교직원의 봉급명세서를 비롯해 흥미로운 자료가 잘 전시돼 있고, 사진도 일제강점기부터 현재에 이르기까지 일목요연하게 정리되

한경대 박물관

어 있다. 물론 70년이라는 학교의 역사를 고려하면 전시물은 빈약하다고 할 수도 있다. 그러나 학교가 그동안 줄곧 공립이었고, 여러 차례 교명이 바뀌고 학제가 변경된 사정을 감안하면 이 정도 자료를 모으는 데도 상당한 정성과 노력이 필요했을 것이다.

한경대학교의 전체적인 캠퍼스 분위기는 과거보다는 미래 쪽에 훨씬 더 관심이 많은 듯하다. 2009년 펴낸 『한경대학교 70년사』도 현재의 발전상과 향후 비전에 대한 분량이 압도적으로 많다. 이 역시 학교가 걸어온 길이 변화와 기복이 심했던 탓인 듯하다. 하지만 학교가 더욱 발전하기 위해서는 지난 역사에도 관심을 더욱 기울일 필요가 있다. 역사는 그저 자랑할 연륜이 아니라 도약의 틀을 재발견하는 밑거름이기 때문이다.

| 도움말 주신 분 |

김정렬 한경대 도서관 팀장

방효필 한경대 공학교육혁신센터(기업체애로기술지원센터) 책임연구원

| 참고 자료 |

한경대학교, 『한경대학교 70년사』, 2009.

http://www.hankyong.ac.kr/ 국립 한경대학교 홈페이지

17부

안양

01
안양유원지(안양예술공원)

답사일 : 2009년 10월 6일

계곡을 막은 다섯 개의 풀장

안양시 만안구 석수1동에 위치한 오늘날의 안양예술공원에 가서 옛 안양유원
지 시절을 떠올리기란 쉽지 않다. 공원 입구에 빽빽이 들어선 고층 아파트의
숲, 계곡을 따라 번듯하게 들어선 상점들, 세련미를 자랑하는 갖가지 예술 작품

안양예술공원 입구에서 바라본 아파트 숲. 예전에는 저 일대가 온통 포도밭이었다.

안양예술공원 입구에서 올려다 본 삼성산

과 조형물, 그 사이를 한가롭게 산책하는 시민들은 유원지 시절과는 사뭇 다른 풍경을 빚어내기 때문이다. 하지만 예술공원이 끝나는 부분까지 올라가서 찬찬히 입구 쪽으로 계곡을 따라 내려오다 보면 적어도 1970년대까지 소급할 수 있는 낯익은 유원지 풍경의 편린을 언뜻언뜻 만날 수 있다. 약간의 상상력을 발동해 계곡물이 철철 흘러넘친다고 가정하면 안양유원지를 구성했던 다섯 개의 풀장을 떠올리는 일도 가능하다. 그 자취를 밑에서부터 더듬어 올라가 보자.

유원지 입구에서 가장 가까이에 들어섰던, 그래서 안양유원지라는 이름을 낳았던 풀장은 입구에서 그리 멀지 않은 곳에 있었다. 1932년 안양역장이었던 일본인 혼다 사고로本田貞五郎는 철도수입을 늘리는 방안을 강구하다가 이곳 삼성산과 관악산에서 흘러내리는 계곡을 막아 풀장을 만들면 좋겠다는 아이디어를 떠올린다. 그는 조한구 당시 서이면장과 야마다山田 시흥군수를 찾아가 이 구상을 털어놓고 지역유지들을 설득하여 1,500원의 예산으로 천연수영장 2조를 만들었다. 이 수영장은 안양 풀이라고 명명되었다. 이것이 안양유원지의 시발이라고 한다. 그의 구상은 적중하여 안양 풀은 곧 여름철 명소가 되었다.

안양은 경부선을 타고 서울경성 사람들이 당일 코스 나들이를 하기에 가장 적합한 곳이었다. "나의/ 고향은/ 급행열차가/ 서지 않는 곳.// 친구야// 놀러오려거든/ 삼등객차를/ 타고 오렴." 안양 출신 시인 김대규의 '엽서'라는 시의 전문이다. 그의 시는 비록 해방 이후에 쓰였지만, 그가 노래했던 삼등객차는 일제시대와 더 잘 어울린다. 1930년대만 해도 서울 주변, 특히 경부선 하행열차를 타고 여름 물놀이를 갈만한 마땅한 장소가 없었기에 안양 사람들뿐만 아니라 서울 사람들까지 안양유원지를 찾았다.

계곡 입구까지 저 유명한 안양 포도밭이 줄줄이 이어지고, 계곡을 따라서는 소나무와 밤나무 숲이 울창했던 이곳은 해방 후에도 둘째가라면 서러운 나들이 코스로 꼽혔다. 6·25 이후 안양에 주둔한 미군부대(속칭 '83부대')는 안양 풀 위쪽에 새로운 풀장을 조성했다. 안양보육원에 수용된 아동들을 위한 풀이었는데, 이 풀은 '대형 풀장'이라는 이름을 얻었다. 대형 풀은 후일 안양의 유지인 권용술 씨가 시내 노른자위 땅과 맞바꾸었다. 유원지 경영을 위해서가 아니라 근명여상의 재단이었던 안양보육원 측이 근명여상을 이전할 자리를 인수하기 위해서였다는 것이다.

그 이후 대형 풀장 위로 두 개의 풀이 더 들어섰다. 바로 위쪽 풀은 '맘모스 풀장'이라고 불렸는데, 장석재 현 안양문화원장의 부친인 장배근 씨 소유였다. 더 위에 조성된 풀은 '만안각 풀장'이라고 불렸다.(김종수 안양문화원 감사의 증언)

비교적 예전 모습을 간직한 계곡 옆 상가

1980년대 들어 '만안각 풀장' 근처에 인공 풀이 하나 더 생기기는 했다. 새로 들어선 블루몬테 호텔이 구내에 작은 풀장을 만들었기 때문이다. 이것까지 치면 안양유원지에는 모두 6개의 풀장이 있었던 셈이다. 그러나 1990년대 말 안양시가 이들 풀장을 모두 인수하고 예술공원으로 꾸미면서 호텔 풀장을 제외한 다섯 개의 인공풀은 모두 사라지고 말았다.

이처럼 계곡을 막은 인공풀이 계속 늘어나던 1969년 안양유원지는 '국민관광지'로 지정되었다. 계곡을 따라 맑고 푸르른 냇물이 우거진 수림과 어우러져 있어 언제든 편하게 찾을 수 있는 수도권의 휴식처로 사랑받았던 안양유원지는 이로부터 1980년대 초반까지 전성기를 구가하게 된다. 김종수 씨에 따르면 안양유원지는 "한창때 한여름에는 서울 남대문보다 인파가 붐볐다."고 기억한다. 한창 산업화가 진행되던 60~70년대에도 여름철 당일치기 물놀이 코스로 안양유원지만 한 곳이 없었기 때문이다. 비록 하루지만 기차를 타고 서울을 벗어날 수 있다는 해방감에 더해 더없이 차고 맑은 물에 몸을 담그고 놀 수 있는 경치 좋은 곳으로 이보다 더 좋은 장소를 찾기도 어려웠다.

안양역에서 안양유원지까지 거리는 약 3㎞. 따라서 일제강점기에도 유원지 입구(현재의 지하도 자리)에는 안양 풀장 간이역이 만들어질 정도였다. 해방 후에도 행락철이면 이곳 간이역에 기차가 섰고, 역에서 풀장까지는 임시버스가 운행되었다고 한다. 그 길의 양옆으로는 저 꼭대기 만안각 풀장을 지나서까지

일본인 역장이 최초로 조성했던 첫번째 풀장이 이 근처에 있었을 것으로 추정된다.

노점상과 간이 상점이 줄줄이 늘어서 있었다.

안양을 먹여 살리던 유원지

"50~60년대에는 안양유원지가 안양 사람들을 먹여 살렸다고 해도 과언이 아닙니다. 하루에 2만 명씩이나 다녀가는 명소였으니까요. 장사를 하려는 사람들은 아예 봄에 이곳 석수동 사람들에게서 점포 자리를 세 얻었지요." 김종수 감사는 자신이 국민학교에 다녔던 1950년대에는 마을별로 아이들이 몰려와서 계곡에 흘러내린 토사와 돌덩이를 치웠다고 한다. 당시 김 감사의 집은 안양역 근처였는데, 누가 시키지 않아도 "안양사람들을 먹여 살리는" 안양유원지를 정비해야 한다는 마음에서 아이들까지 자진해서 양은도시락을 싸서 정비작업에 나섰다는 것이다. "당시 안양 아이들은 자부심이 대단했지요. 서울 애들이 아랫지방으로 내려가려면 안양에 절을 하고 가야 했고, 또 지방 아이들이 서울로 가려면 안양에 절을 하고 가야 한다는 우스갯말이 있었지요."

한 가지 흠은 계곡물을 내려보내는 관악산이나 삼성산이 돌산이어서 수량이 일정치 않다는 점이다. 비가 오면 계곡물이 크게 불어났다가 1주일이면 말라버린다. 풀장이 여러 개 생긴 이유도 그 때문이다. 또 장마가 오래 계속되는 해엔 여름 장사는 끝이었다. 계곡물이 너무 차서 8월 중순이면 더는 물에 들어가기 힘들었다. 그러나 봄가을로도 안양유원지를 찾는 인파는 꽤 있었다. 왜냐하면 안양의 명물 딸기와 포도 덕분이었다. "안양 포도는 진짜 입안에서 살살 녹습니다. 어른들께 들은 얘기인데, 안양은 토질이나 물이 포도재배에 딱 알맞다고 하더군요." 그 안양 포도를 길러내는 포도밭이 유원지 앞으로 계속 이어져 있었다고 한다. 딸기와 포도는 서울 사람들을 봄가을로 안양까지 불러낸 또 하

6 · 25 직후부터 이곳에서 영업해 온 백운여관

나의 중요한 이유였다.

안양유원지가 입장료를 받기 시작한 것은 1970년 들어서였다. 1969년 국민 관광지로 지정되고, 이듬해 관광협회 안양유원지 지부가 결성되면서 입장료를 받았다. 명목은 청소비와 자릿세. "1인당 입장료는 담배 한 갑 값 정도였습니다." 국민 관광지로 지정될 당시 안양유원지는 계곡 3km를 따라 호텔 3곳, 여관 12곳, 방갈로 19개 동, 풀장 6개소, 유기장 14개소, 카바레 2개소, 식당 17곳, 사격장 1개소를 갖추고 있었다. 1973년 통계에 따르면 한 해 동안 관광객이 120만 명 다녀갔고, 원화 소득이 2억 원, 외화소득이 1만5,000달러에 이르렀다.

그러나 1980년대 들어서는 양상이 사뭇 달라졌다. 유원지 상권을 둘러싸고 '깡패'가 동원될 정도였다. "엉덩이만 붙였다 하면 돈 내라는 풍조가 생겼지요. 그 이전에는 그런 일이 없었어요. 바가지 상혼도 아마 그때부터 시작되었을 겁니다." 거기다 1977년 안양을 휩쓴 대홍수로 계곡은 엉망이 되었다. 정비를 하기는 했으나 다섯 개의 풀을 운영하기에는 수량과 수질이 따라주지 않았다. 풀장들은 수질을 유지하기 위해 소독약을 점점 많이 쓰게 되었다. 바가지가 갈수록 극성을 부리는 데다 수질 역시 계속 나빠지면서 안양유원지의 이미지는 쇠퇴하기 시작했다.

더욱이 80년대 중반을 넘어서면서 수도권에 가볼 만한 행락지가 늘어나고, 자동차 보급률이 높아지면서 더 이상 안양유원지는 수도권 최상의 나들이

'대형풀장' 있었던 자리 옆에 들어선 물놀이 관련 시설

'맘모스풀장'이 있었던 자리 옆에 세워진 정자 안양정

코스가 아니었다. 깨끗한 물이 흘러넘쳐 안양의 수영선수를 배출하던 풀장을 찾는 발길은 눈에 띄게 줄었다. 길가에 빼곡히 들어서 정겨운 유원지 풍경을 연출했던 노점상과 식당은 '행락객들에게 한 푼이라도 더 뜯어내려는 야바위꾼과 바가지 상혼'에 잠식당해 버리고 말았다. 급기야 안양유원지는 1984년 11월 국민관광지 지정이 취소되었다.

　　한때 안양을 먹여 살리던 안양유원지의 옛 명성을 되찾으려는 시도가 없었던 것은 아니다. 유원지를 활성화하는 방안으로 유원지 내에 '미니 민속촌'을 만들자는 의견이 대두되었다. 모두들 좋다고 손뼉을 쳤지만 정작 실행되지는 못했다. 이곳 주민들이나 상인들이나 남이 땅을 내놓는 것은 바랐지만, 자기 땅을 내놓아 '미니 민속촌'을 만들 생각은 없었기 때문이다.

유원지에서 예술공원으로

안양시는 1999년부터 안양유원지를 현대적으로 개발하는 사업에 착수했다. 그 결과 2005년 '제1회 안양 공공 예술 프로젝트'의 개막식을 개최하고 유원지의 명칭을 안양예술공원으로 바꾸었다. 안양 공공 예술 프로젝트는 'Anyang Public Art Project'의 머리글자를 따 'APAP'라고 약칭한다. 'APAP 2005'에는 국내외 작가 52명이 참여하여 계곡을 따라 조형미와 개성이 넘치는 작품을 설치하였다. 안양예술공원 홈페이지의 설명을 그대로 옮겨 본다.

만안각 풀장이 있었던 곳으로 추정되는 지점과 1980년대에 들어선 호텔

수량이 줄어들면 급격히 건천으로 변하는 이곳 계곡의 특성을 잘 보여주는 하천바닥과 주변 음식점.
음식점의 분위기는 1980년대 초반을 연상케 한다.

안양예술공원은 수도권의 대표적 휴양지로서의 명성뿐만
아니라 다양한 문화적 배경을 간직하고 있는 장소이다. 신
라와 고려 시대의 불교 유적들, 일제의 흔적과 미군의 주
둔, 이데올로기의 상흔과 새로운 문화적 욕구가 그것이
다. APAP 2005는 이러한 흥미로운 안양예술공원의 역사적
사회적 문화적 배경과 국내외 예술가 건축가 디자이너의
상상력이 결합한 공공예술 프로젝트이다. 다종다양한 안
양예술공원의 역사적 사회적 문화적 배경이 만들어 내는
불협화음들 속에서 '역동적 균형' 찾기를 시도했던 APAP
2005는 전시관, 전망대, 각종 쉼터들, 안양예술공원의 기

백운여관과 함께 6·25 직후부터 영업을 하고 있다는 자연식당

안양천을 정비하면서 쌓은 계단식 석축

억에 관한 작품들, 다양한 용도로 사용될 수 있는 파빌리온 등으로 구성되었다. 안양예술공원을 둘러싼 자연과 인간, 개발과 보존, 과거와 현재 사이에서 예술이 찾아낸 균형인 APAP 2005는 안양예술공원을 방문한 관람객들에게 흥미로운 텍스트로 읽혀질 것이다.

현재 안양예술공원은 만안각 풀장이 있었던 더 위쪽 서울대 수목원 입구까지만 차가 들어간다. 이곳 계곡의 수량을 조절하기 위해 수목원 안에 저수지를 만들었다고 한다. 수목원 앞에서부터 개울은 굽이를 이루며 내려온다. 구불구불한 하천을 따라 APAP 프로젝트의 결과인 조형물이 곳곳에 서 있는데, 그 사이 사이 1970~80년대 유원지 상가를 연상시키는 점포와 말끔하게 새 단장한 커피숍이 공존한다. 위의 인용문 그대로 비동시적인 것들이 동

안양유원지 옛 사진
(이하 사진은 안양문화원 발간 『안양의 옛 사진』에서 스캔.)

안양유원지 입구

시적으로 병존하면서 여러 시대가 한 공간에 공존하는 느낌을 자아낸다.

"안양유원지에는 6 · 25 직후부터 영업을 했던 곳이 딱 두 곳 남아 있습니다. 꼭대기 자연식당과 유원지 입구 쪽 백운여관이지요." 자연식당은 주차장 근처여서 비교적 찾기 쉽다. 그 아래로 내려와 옛 풀장의 자취를 보여주는 곳이 '만안각 풀장' 자리로 추정된다. 더 내려와 삼성3교라는 다리를 지나면 '안양정'이라는 정자가 보이는데 이곳 앞쪽이 '맘모스 풀장' 자리인 듯하다. 그 하류에 '워터 파크'라는 레포츠 시설 건물이 있고, 그 앞이 '대형 풀장' 자리로 짐작된다. 더 입구 쪽으로 내려오면 백운여관이라는 오래된 여관 건물 앞에 예전 풀장이 있었던 자리로 짐작되는 곳이 있는데, 여기가 일본인이 처음으로 만들었던 풀장으로 추정된다. 하지만 안양시가 계곡을 정비하면서 이들 풀을 모두 없앴

예전 안양풀장

기 때문에 정확한 자리를 찾기는 어렵다.

　"우리 안양사람들, 특히 저 같은 세대 입장에서는 예전과 같은 자연풀장을 하나 만들었으면 얼마나 좋을까 하는 생각을 합니다." 김종수 감사의 지적은 새겨들을 만 하다고 판단된다. 한때 산업화 시대 수도권의 일등 피서지로서 안양을 먹여 살렸던 안양유원지 시절을 기억하기에는 그보다 더 좋은 방법이 떠오르지 않는다. 안양 사람들로 하여금 안양의 근현대를 살아내게 한 장소의 상징성을 살리려면 역시 풀장을 다시 만들어야 제격 아니겠는가.

| 도움말 주신 분 |

박준호 안양문화원 사무국장
김종수 안양문화원 감사

| 참고자료 |

안양시사편찬위원회, 『안양시사』, 2008
경기도, 『경기도 근현대문화유산 조사 및 목록화 보고서』, 2004
http://apap.anyang.go.kr 안양예술공원 홈페이지

02
옛 국립수의과학검역원

답사일 : 2018년 9월 7일

이제는 흔적만 남은 안양 유일의 국립기관

안양시 만안구 안양6동 480번지(안양로 175) 농림축산검역본부는 2015년 12월 이삿짐을 싸기 시작해 2016년 4월 경상북도 김천혁신도시로 이전을 완료했다.

안양 구 국립수의과학검역원 정문. 지금은 아무런 표지도 붙어 있지 않다. 공원과 공영주차장으로 운영 중이다.

본관동 표지판

정문 입구 왼쪽에 걸려 있는 부지개발 계획안과 청사

1942년 가축위생사업소라는 명칭으로 안양에 터 잡았던 시점부터 따지면 74년 만이고, 1964년 새로운 청사를 짓고 전국의 본부로 새롭게 출발한 해로부터는 계산해도 반세기가 넘는다.

안양시민들에게 농림축산검역본부는 가축연구소 혹은 수의과학검역원이라는 이름이 더 친숙하다. 1964년 새 청사를 지으면서 안양가축연구소라 개칭했고, 1998년에 국

본관동 상부의 부조.
여러 종류의 동물들이 상징적으로 표현되어 있다.

립 수의과학검역원으로 명칭이 바뀌었기 때문이다. 2011년에 농림수산검역검사본부로, 2년 뒤인 2013년엔 농림축산검역본부로 개칭했어도 입에 익은 이름은 쉬 떠나지 않는 법이다.

인터넷으로 안양6동 지도를 찾아보면 안양로 변에 아무런 표시가 없는 여러 동의 건물과 부지가 나온다. 바로 이 자리가 옛 국립수의과학검역원이다. 총면적이 5만6,309㎡(약 1만7,000평)에 건물이 27개 동에 이른다. 현재 건물 대부분이 비어 있다. 2019년부터 본격적인 철거가 시작될 예정이기 때문이다. 본관 앞 넓은 정원은 현재 공원으로 개방되어 있고, 일부 건물만 소방훈련 시설 등으로 활용 중이다.

바이러스 연구동

세균연구동 내부의 돼지열병연구

동물의 영혼을 달래던 비석도 옮겨가고

국립 수의과학검역원은 무엇을 하던 기관일까. 우선, 수입 동물이나 축산물을 검역하고, 수입 축산식품의 위생 검사를 담당한다. 아울러 가축의 질병 방역 사업을 수행한다. 예를 들어 구제역이 돌면 긴급 방역을 지휘한다. 조류 인플루엔자 방역도 이곳의 중요 임무 가운데 하나다. 국산 축산식품의 위생관리 및 안전성 검사도 이곳에서 맡는다. 쇠고기, 돼지고기, 닭고기 등 육류와 우유, 유가공품 등이 안전한지 검사하는 것이다.

이와 함께 국립 수의과학검역원은 수의과학 기술개발 및 연구, 동물용 의약품 등의 검정과 검사 및 안전관리, 동물보호 및 복지 사업을 진행한다. 한마디로, 가축 질병과 축산 식품 검사 관련 업무를 총괄한다. 안양은 그러니까 수십 년간 동물과 축산물의 안전을 책임진 도시였던 셈이다.

안양 국립수의과학검역원 앞마당에 있었던 축혼비畜魂碑는 이 기관과 관련된 이들의 마음을 상징적으로 보여준다. "열 목숨 얻기 위해 한 목숨 바친 그대 희생 빛내리. 넋이여 고히 잠드소서. 1969년10월20일" 검역과 검사의 과정에서 자신의 목숨을 내어준 축생들에게 바치는 헌사인데, 희생된 동물의 명복을 비는 연구자들의 마음씨가 드러난다. 축혼비 건립과정에 관해 『국립수의과학검역권 100년사』는 다음과 같은 회고를 싣고 있다.

> 1968년 농림부 장관에게 체계적 축산단지 조성에 관한 보고서를 제출한 최재윤 박사는 우수한 연구라 하여 상금 10만 원을 받았다. 최 박사는 상금을 뜻있게 쓰고 싶다 하여 축혼비 건립을 제안했다. 비문 역시 최 박사가 직접 지었다. 이후 해마다 식목일 행사 전에 전 직원이 모인 가운데 축혼비 앞에서 동물들을 위한 제사를 올렸다. 제사상에는 채소만을 올렸다. 희생된 동물의 넋을 기리는 제사에 그들의 살을 올릴 수 없다고 판단했기 때문이다.

축혼비는 지금 안양에 없다. 김천으로 이사하면서 아예 가져갔기 때문이다. 70년 이상 안양에서 생명을 거둔 동물들을 생각하면 어쩐지 허전하다. 열 목숨에게 고기를 제공하기 위해 제 목숨을 내놓은 생명들을 기리는 비석 하나 이 자리에 다시 세워도 좋을 듯하다. 21세기에 더욱 중요해진 생명의 가치를 되새기게 하는 의미도 적지 않을 것이다.

본관 오른쪽 전면의 정원

아름다운 건물로 손꼽혔건만

국립수의과학검역소의 본관 건물도 아름다운 건축으
로 손꼽히던 작품이다. 2003년 안양시 건축문화상을
수상했고, 2014년 경기도가 발간한『지도로 보는 아름
다운 경기건축』에도 수록되어 있다. 본관은 건축가 이
광노李光魯(1928~2018)가 설계했다. 이광노는 남산 어린
이회관, 국회의사당, 서울대 캠퍼스, 삼성빌딩, 서울대
학병원, 주한중국대사관, 아산재단 중앙병원 등 한국
건축사의 중요 건물들을 설계한 분이다. 이광노 선생

정원의 산책로

은 서울대학교 공과대학 건축과 교수로 있던 1960년대 초반 국립수의과학검역소(당시엔 안양가축연구소) 본관의 설계를 맡았다. 이 본관 건물은 곧 사라질 운명이므로, 〈안양시사〉(2010년)의 평가를 그대로 인용하는 것도 의미가 있다고 본다. (《안양시사》의 기록을 길게 인용한 이유는 본관 동 내부를 직접 답사하지 못하였기 때문이기도 하다.)

"건립 당시 아직 미개발 상태였던 뒷산을 배경으로 자아내는 아름다운 주변 경관과 조화를 이루는 디자인이다.

정원의 아름드리 버드나무

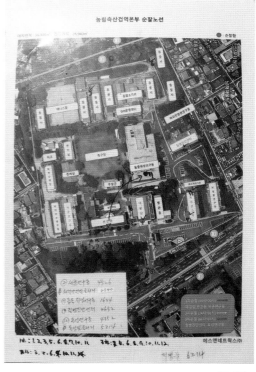

건물 배치도

옆으로 긴 2층의 주 건축물의 지루함을 없애기 위해 기둥을 벽면 밖으로 돌출시켰으며, 그 사이의 창들이 리듬감을 더해 주고 있다.

중앙 현관의 차양 지붕은 돌출되어 있는데 V자 모양으로 하늘로 치켜 올라가 있어 더욱 경쾌한 분위기를 만들고 있다.

이렇게 중앙 현관 주변을 외줄 기둥과 경쾌한 지붕으로 디자인하는 것은 1950~1960년대 한국 건축가들이 즐겨 사용하던 것으로, 당시에 모더니즘 경향이 넓게 퍼져 있었음을 알 수 있다.

내부의 바닥과 기둥의 마감은 인조석 테라죠 물갈기로 하였으며, 그 바탕을 연분홍, 살구색 등 온화한 계통으로 배색하여 자칫 차가워 보일 수 있는 실험실의 내부에 온기를 주고 있다.

또한 현관 내부 중앙 기둥에 1950년대 한미경제원조 조치에 의해 이 건물이 지어졌음을 나타내는 표식 동판이 붙어 있다.

평면을 살펴보면, 북쪽에 복도를 배치한 평복도형으로 남쪽에 실험실과 사무실을 배치하였다. 서쪽에는 계단실을 두어 높아지는 대지에 맞추어 옥외로 통하는 출구를 두었다.

이 건물은 계단실의 창을 옆으로 길게 내고 열려 있는 공간도 세밀한 창살로 구획하여 르 코르뷔제에를 비롯한 근대 건축가들이 즐겨 사용하던 국제주의 양식이 짙게 배어 있다.

여기서 한가지 주목할 것은 전면은 콘크리트 마감으로 하였는데 측면과 배면 등 뒤편의 외벽만은 붉은 벽돌로 되었다는 것이다.

이는 한국전쟁 직후부터 이어지는 전쟁 복구사업의 연장에서 본다면 풍족하지 못한 재료의 생산 및 수급, 무엇보다 기술적으로 수준에 미치지 못했던 당시 상황으로 인해 완벽한 콘크리트 구조물을 만들어 내기에는 여러 가지로 부족했던 것에 기인한다.

따라서 전체의 형태는 국제주의 양식의 모습을 띠고 있지만, 구조 기술과 이를 뒷받침하는 재료는 이에 미치지 못하여 건물의 뒤편에서는 현장의 재료를 활용하여 겉모양을 맞추어 나갔음을 알 수 있다.

콘크리트로 미끈한 형태를 빚는 요즘 추세에 비추어 볼 때 1960년대 서울에서 한참 떨어진 한적한 농촌이었던 안양의 교외 현장에서는 재래 재료인 붉은 점토벽돌로 근사한 외양을 만들어 냈던 것이다.

이 건물에서 또 하나 깊게 살펴보아야 할 것은, 건물 전면부의 3층에 새겨져 있는 부조물인데, 이는 한국 현대미술사에서 대표적 조각가인 김문기의 작품이다. 이 부조물에는 인간의 안전한 식생활을 확보하기 위하여 여러 가지 실험에 사용되는 동물들의 형상이 양각으로 새겨져 있으며, 오른쪽 위 한 켠에 'LABORATORY'라고 씌어 있어 이 건물이 실험시설임을 알려 주고 있다.

이 실험실 건물 뒤편(서쪽)에도 굴뚝 등 소각시설을 갖춘 적색벽돌의 부속시설들이 1970년대까지 있었으나 지금은 없어졌다. 또 검역원 직원들의 사택이 있던 자리에는 안양세무서(현 만안세무서)가 들어서면서 모두 없어져 옛 모습은 사진기록으로만 남아 있다." (원문 그대로 옮기지 않고, 편의상 임의로 줄바꾸기를 하였다.)

그나마 동물 릴리프는 남았다

답사일 현재 본관 3층 전면부에 설치된 부조浮彫는 그대로 남아 육안으로 확인할 수 있다. 조각가 김문기의 작품인 이 부조의 제작 과정에 얽힌 이야기가 『국

동물사 내부

립수의과학검역권 100년사』에 실려 있다. 당시 건축을 담당한 직원(박근식)이 작성한 회고에 따르면, 건축 설계 당시부터 연구소의 취지를 살릴 부조물을 세우기로 하고, 세심하게 준비했다고 한다. 설계자와 조각가에서 '지구상의 모든 동물을 질병으로부터 보호하기 위해 미생물을 연구하고 백신을 만드는 곳'이라는 연구소의 취지를 여러 차례 설명하고, 취지에 맞는 작품을 주문했다는 것이다.

스케치 단계에서부터 긴밀하게 논의를 계속한 끝에 작품은 천지 창조 당시를 재현한 느낌으로 탄생했다. "조각은 마치 성서에 나오는 천지창조를 옮겨 놓은 것 같았다. 궁창穹蒼에 구름이 있고 비가 내려 바다가 생기고, 높이 뜬 태양 아래 나무가 자라며, 말과 양, 돼지와 계란까지 있었다. 그리고 플라스크와 천

칭, 두꺼운 책, 펜 등…성경에 기록된 천지창조와 다름없었다."⁽박근식⁾

농림축산검역본부는 김천으로 이전하면서, 축혼비와 수령이 오래된 조경수 등을 일부 가져갔지만, 이 부조를 떼어 가져가지는 않았다. 안양시에서 이곳 옛 국립수의과학검역원 자리 개발을 담당하는 김갑순 주무관은 이 부조물과 본관동 전면부 벽체는 보존할 예정이라고 밝혔다. "2019년에 철거가 본격화 되면 부조와 전면부 벽체는 커팅해서 보관했다가, 후일 이 부지에 들어서는 공공시설물 건축 시에 활용할 계획을 갖고 있습니다." 이왕 보존하는 김에 축혼비에 버금가는 위령시설도 설치해야 하지 않겠느냐고 묻자 "적극 검토하겠다."고 답했다.

동물사 내부. 이곳에서 동물 해부가 이뤄진 것으로 추정된다.

안양 가축위생사업소가 1960년대 초에 전국 수의과학의 본산이 된 계기는 태풍이었다. 1961년 태풍으로 부산의 가축위생사업소 본부가 초토화되어 신축해야 할 형편이었다. 정부는 이 무렵 농업연구기관을 수원을 중

부검실

심으로 인근에 집결시킬 방침을 세웠고, 가축위생사업은 안양 지소가 본소로 결정되었다. USOM(미국대외원조기관)의 지원을 받아 본소의 본관이 이 때 지어졌다.

　이후 업무가 늘어나면서 수많은 건물이 새롭게 들어섰다. 〈안양시사〉의 기록에서 알 수 있듯이 신·증축된 건물도 많았고, 시간이 흐르면서 사라진 건물들도 있다. 아직 철거되지 않은 건물은 27개 동에 이른다. 본관 좌측으로 세균연구동, 바이러스 연구동이 있고, 오른쪽으로는 대강당동, 별관동, 독성연구동 등이 간격을 두고 들어서 있다.

　뒤편으로도 동물위생연구동, 동물약품 관리동, 해외전염병 연구동, 질병진단센터 등이 줄지어 있다. 넓은 축구장과 테니스장도 있고, 축구장 뒤로는 감염

연구동과 동물관리사, 검정 동물사, 해부 제제실 등이 있다. 답사일 현재 연구 시설과 기기는 모두 김천으로 옮겨가 대부분의 방이 비어 있으나, 각 건물의 용도를 알리는 표지판이나, 내부 각 실의 표찰은 그대로 붙어 있다. 동물 실험을 했던 건물에서는 동물 해부를 위한 고정 시설들을 볼 수 있었다.

안양의 국립수의과학검역원은 2009년 100주년 기념식을 거행했다. 한반도에서 검역 업무가 시작된 지 만 1세기가 지났음을 기리는 행사였다. 하지만 정부의 공공기관 이전 정책에 따라 국립수의과학검역원 이전은 이미 기정사실화된 상태였다. 더구나 국립수의과학검역원은 안양 도심 한복판이어서 안양의 여론은 진작부터 이전을 바라고 있었다. 안양에 가축위생사업소가 자리 잡을 당시 이 일대는 한적한 교외였다. 안양 자체도 번화한 도시가 되기 전이기도 했다. 하지만 안양은 1970년대부터 급속도로 인구가 늘고, 도심이 팽창했으므로, 가축 관련 시설이 계속 유지되기는 어려운 게 사실이었다.

안양시는 2010년 국토해양부와 1292억 원에 부지 매입 계약을 맺었다. 이후 한 차례 철회 소동이 있기는 했지만 2018년 안양시는 부지 매입비용을 완납하고 2019년부터 본격 개발에 착수하기로 했다. 시가 발표한 개발계획에 따르면 전체 부지의

소각시설

절반은 공공편익시설로, 나머지는 첨단 지식산업 클러스터로 개발된다. 공공시설로는 공원과 어린이 복합문화시설, 복합체육센터, 만안구청사 등이 들어올 예정이다.

옛 국립수의과학검역원 정문 오른쪽에는 미래의 청사진을 그린 큰 입간판이 서 있다. 예전 국립종자원, 국립농산물품질관리원, 식물검역부 등이 있었던 국립수의과학검역원 건너편에는 주상복합건물이 들어서고 있다.

국립수의과학검역원의 역사성을 고려해 일부를 보전해야 한다는 시민사회 일각의 문제 제기도 있었으나, 역시 개발 논리가 승리했다. 결국 이곳에 검역원이 있었다는 역사성은 부조물과 본관 벽체, 위령 시설 정도가 될 것으로 보인다. 결국 열 목숨을 위해 한목숨 내어놓고 떠난 숱한 생명들의 삶은 본관 앞 아름드리 고목들의 몫으로나 남을 듯하다.

| 도움말 주신 분 |

김갑순 안양시 제2부흥과 개발사업팀 주무관
정용훈 주민 (국립수의과학검역원 40년 근무)

| 참고 자료 |

국립수의과학검역원 편집팀, 『국립수의과학검역원 100년사』, 2009
안양시사편찬위원회, 『안양시사』, 2010
최병렬, "옛 국립수의과학검역원은 안양 미래유산", 안양지역시민연대/안양지역정보뱅크, 2017. 2. 18
"국립수의과학검역원 74년 안양 시대 마감", 안양지역시민연대/안양지역정보뱅크, 2016.5.27.
"구 농림축산검역본부 안양 부지, 어떻게 활용되나", 데일리벳, 2018.6.4.

03
안양 유유산업 옛 공장

답사일 : 2010년 5월 25일

신라 고찰古刹 터 위의 첨단 제약공장

유유산업(현 유유제약) 옛 공장은 안양시 석수동 안양예술공원(옛 안양유원지)으로 올라가는 초입에 있다. 지번상으로 석수동 212번지인 이 공장 자리는 아직 남아 있는 굴뚝 때문에 멀리서도 식별이 가능하다. 사전 지식 없이 이곳을 찾은 방문객이라면 입구에서부터 두 번 놀라게 된다. 우선 수위실이 독특하다. 공장의 수

안양천 쪽에서 잡은 유유산업 전경

수위실. 김중업 작품

위실이라고 믿어지지 않는 조형미를 갖추었다. 정문 왼쪽에 큰 가람의 상징인 당간지주와 삼층석탑이 있다는 사실은 더욱 놀랍다. 첨단 의약품이 주 생산품목이었던 공장에 1,200년 전 신라 고찰의 흔적이 남아 있는 것이다.

안으로 들어가 예전 사무동 건물과 생산동 건물을 자세히 살펴보면 정말 예사 공장이 아니었다는 걸 실감하게 된다.

당간지주와 삼층석탑으로 알 수 있듯이 이곳은 원래 신라 흥덕왕 때인 서기 827년을 전후한 시기에 세워진 중초사中初寺가 있던 자리다. 무상한 세월을 따라 고찰은 스러지고 흔적은 땅속에 깊이 묻혔으나

사무동 정면(김중업 작품). 현관의 기둥도 쌍 Y자를 응용했다.

사무동의 빗물 홈. 세심하게 배려한 설계임을 실감케 한다.

당간지주와 삼층석탑만 남았다. 유유산업 설립자 유특한 회장(1999년 작고)은 1959년 이곳 안양 석수동 공장을 세우면서, 이 당간지주와 삼층석탑을 그대로 살리고 공장을 건립하도록 했다. 유특한 회장은 유한양행 유일한 박사의 막냇동생이다.

측면에서 본 사무동.
밖으로 돌출된 부분이 건물을 지탱해주는 기둥 역할을 한다.

건물 지탱 구조가 외부로 돌출됨으로써 벽은 의미가 없어졌다. 따라서 전면 유리로 투명성을 강조하였다.

사무동 뒤편의 계단. 계단이 건물로부터 돌출하듯이 설치되었다. 이를 받치는 구조도 쌍 와이자를 살렸다.

유 회장은 게다가 수위실과 생산동 등 초기 건물의 설계를 김중업金重業 (1988년 작고)에게 부탁했다. 당시 파리에서 돌아와 왕성한 활동을 하던 김중업은 특유의 건축 화법으로 이들 건물을 설계했다. 김중업은 수위실과 공장동 외에도 사무동, 굴뚝, 보일러실 모두 5개 건물을 설계했는데, 이들 건물은 한국 근대 건축의 대가 김중업의 초기 건축세계를 보여주는 대표적인 작품으로 꼽힌다. 특히 김중업이 산업과 관련된 건축물을 설계한 예가 거의 없기 때문에 유유산업 안양공장은 건축사적으로 더욱 높이 평가된다.

유유산업은 1959년부터 2007년 충북 제천으로 공장을 이전할 때까지 반 세기 가까이 이곳에서 숱한 의약품을 생산했다. "셀 수도 없죠, 뭐. 비나폴로, 유

판씨, 비타엠, 은행잎에서 추출한 타나민, 혈압강하제 크리드, 골다공증 치료제 엑스마빌……" 유유산업에서 30년 가까이 근무하다가 지금은 옛 공장 관리인으로 일하는 신흥철 씨는 자신이 얼핏 기억나는 것만도 10여 가지 의약품이라 했다.

유유제약 홈페이지를 보면 이 회사는 1941년 유한무역주식회사로 출발해서 1953년부터 의약제조업을 시작했다. 55년 결핵 치료제 유스파짓, 57년 국내 최초 약리학적 7층 당의정 종합비타민제인 비타엠정, 65년 국내 최초 종합영양제 비나폴로를 개발했는데, 공장이 석수동에 있었으므로 이들 제품이 모두 김중업이 설계한 생산동을 중심으로 제조되었다는 얘기다. 유유제약이 시판한 비타엠, 비나폴로는 현재 장년층 이상이면 누구나 귀에 익은 친숙한 브랜드다. 유

생산동 측면. 1층과 2층 모서리의 모자상이 보인다. 2층까지만 김중업 설계이고 3층은 후에 증축했다.

생산동 2층 철망 역시 쌍 와이자 형태로 만들었다.

유산업은 호마킬러(모기향)라든가 미국 칼믹사와 합작으로 화장실 냄새 제거제를 내놓기도 했다. 천년 고찰의 터 위에 한국 근대 건축의 대표적 인물이 설계한 건물에서 한국인의 건강과 생활에 직결되는 의약품 등을 50년 가까이 만들어낸 것이다.

현재 이 공장 자리는 안양시가 매입해 복합문화공간으로 꾸미는 중이다. 그 과정에서 2009년 10월 안양이라는 지명의 유래가 되는 '안양사安養寺' 명문銘文 와편瓦片이 발견되었고, 경주 황룡사와도 관련이 깊을 것으로 추정되는 중초사의 본래 면모가 드러나면서 현재 공장 터 앞뒤로 발굴 작업이 진행 중이다. 중초사 당간지주는 이미 보물 제4호로, 삼층석탑은 경기도 유형문화재 164호로 지정되어 있지만, 향후 발굴이 진척되면 1,200년간 땅속에 묻혔던 비밀이 더 드러나게 될 것으로 기대된다. 그럴 경우 유유산업 석수동 공장은 전통과 근대 가 멋지게 조화를 이룬 공간으로 다시 태어날 수 있을 것이다.

모자상 세부

굴뚝.(김중업 작품)

김중업 초기 건축론의 실현

건축학자 정인하는 『김중업 건축론-시적 울림의 세계』에서 김중업을 한마디로 이렇게 평했다. "1940년대 초부터 시작하여 타계할 순간까지 타오르는 담배연기와 함께 뿜어져 나온 그의 건축물들은 그의 영혼이 함축되어 있는 그 충일함의 표현이었고, 그 강렬한 작품성 때문에 지금도 그 앞에 서면 심원한 시적 울림을 느낄 수 있다." 김중업은 1952년 유네스코 주최로 열린 베니스 국제예술가대회에 참석했다가 세계적 거장 르 꼬르뷔제를 만나 그의 사무실에서 일하게 되었다. 56년 귀국한 그는 홍익대학교 건축학과 교수로서 새롭게 국내 활동을 시작했다.

보일러실(김중업 작품)

"유특한 회장께서는 예술인들을 좋아하셨어요. 문화예술계 동향에도 항상 관심이 높으셨지요. 석수동에 공장을 짓게 되었을 때 유 회장께서 마침 국내에 돌아와 의욕적으로 건축 활동을 시작한 김중업 선생에게 설계를 맡기라고 하셨다고 해요." 유유제약 최정엽 전무의 증언으로 미루어 유 회장과 김중업 간에 특별한 인연은 없었던 듯하다. 하지만 김중업은 문화예술에 조예가 깊은 기업인 유 회장의 부탁을 흔쾌히 받아들여 공장 건물의 설계에 착수했다.

김중업 초기작품의 특징은 "투명성의 확보"와 "구축체계의 노출"이었다. 유유산업의 건물들은 이러한 특징을 가장 잘 드러내 준다. 예를 들어 원형 수위실은 "투명성"에 대한 그의 표현이 반영되어 있고, 사무동은 두 가지를 모두 표현하고 있다. "이들 건물들 가운데 사무실은 앞서 이야기한 특징들을 잘 보여주고 있다. 2층 높이의 이 건물은 측면으로 돌출해 나와 건물 상부를 가로지르는 구조체에 의해 지탱되는데, 이 구조체는 힘의 전달 방향에 따른 형태를 가지고 있다. 그리고 더이상 내력벽의 의미가 없어진 벽체는 유리로 처리되어 건물의 투명성을 높였다. 매우 간단하고 단순한 기능을 갖지만, 이 건물은 명쾌한 구조체계와 벽면분할로 높은 작품성을 획득하고 있다." (정인하, 『김중업 건축론-시적 울림의 세계』, 60쪽.)

김중업의 섬세한 설계는 생산동에

드라마 '아이리스' 촬영이 이뤄졌던 보일러실 내부

도 적용되었다. 현재 3층 높이인 생산동은 원래 2층까지가 김중업의 설계인데, 1층보다 2층을 더 넓게 하고 네 모서리에 벽감 형식으로 예술적 조형물을 설치할 공간을 배려했다. 이들 모서리에는 국전 대통령상 수상작가인 조각가 박종배의 모자상 파이오니아 조각상 등이 배치되었다. 또한, 김중업은 자신이 설계한 건물의 문과 기둥, 창문 철창에 와이(Y)를 두 개 겹친 유유산업의 이니셜을 일관된 모티프로 다양하게 변주하여 장식하도록 설계했다. 심지어 생산동을 비롯한 각 건물의 환기창도 그대로 노출하지않고, 철제 조형물을 일관되게 씌워 놓았다.

사무동 뒷면의 계단도 외부에서 붙이는 방식이 아니라 건물에서 자연스럽게 돌출되는 형식으로 되어 있다. 보일러실까지 이 대가가 설계하였다는 점도 흥미롭다. 김중업이 설계한 보일러실에서는 드라마 '아이리스' 촬영이 이뤄지기도 했다. 50년대 후반 그 어렵던 시기에 이러한 건축이 이뤄지게 된 것은 유특한 회장의 안목과 치열한 건축정신의 소유자가 의기투합했기 때문이다.

또 한 번의 변신–체험 위주 복합문화 공간화

"유유산업이 한창때는 종업원이 500명 넘었지요. 그래도 사용자와 종업원 관계가 참 좋았습니다. 제천으로 이전할 때 종업원 대부분이 따라갔습니다." 신흥철씨는 안양천 계곡물도 좋고 근무환경도 "그만이었던 그때가 그립다"고 했다. 근무자들에게 그토록 괜찮았던 유유산업 옛 공장은 안양시민 모두를 위한 괜찮은 공간으로 탈바꿈할 준비를 하고 있다. 물론 처음부터 이 작업이 순조롭게 이뤄진 건 아니다. 중초사지의 유적과 유물이 나오면서 시민대책위가 꾸려져 전통과 근대가 어우러진 공간을 어떻게 만들 것인가를 열띠게 토론하는 과정이 있었다.

"안양시에서는 일단 2012년을 목표로 리모델링을 추진하고 있습니다. 컨셉은 통일신라, 고려의 건물지와 현대 건축물이 조화를 이룬 건축공간입니다. 모든 건물은 원형 보전이 원칙이어서 외형을 보전해 산업시설 이미지를 살리고 내부만 리모델링을 할 계획으로 있지요. 리모델링이 끝나면 김중업 박물관, 타전기 등 유유산업이 남기고간 기계 등을 전시하는 유유관, 작가 스튜디오, 어린이에서 어르신까지 모두 직접 해보면서 즐기는 체험아트센터 등으로 활용할 겁니다." 이종근 안양시 문화예술과 문화재 팀장이 들려준 향후 활용계획이다.

물론 이 계획대로 되려면 현재 진행 중인 발굴조사가 끝나야 한다. 이미 공장 입구와 뒷마당 발굴을 통해 중문, 금당, 강당, 좌우 회랑 등 고대 가람의 형

앞마당 발굴지

태를 확인했지만, 설법단 등 중요한 터를 확실히 하기 위해서는 생산동 앞을 더 발굴해 봐야 하기 때문이다. 발굴 때문에 전체 일정이 더 늦어질 가능성이 높지만, 시가 계획한 콘셉트대로 복합문화공간을 꾸리기 위해서는 늦더라도 차근차근 진행하는 끈기가 필요해 보인다. 한마디 더 보탠다면 김중업의 건축세계가

중초사지 당간지주

중초사지 3층석탑

잘 드러나도록 세심한 배려를 하는 동시에, 전통과 근대를 잇는 스토리텔링을 어떻게 할 것인가를 더 치열하게 고민해보면 좋을 듯하다.

| 도움말 주신 분 |

이종근 안양시 문화예술과 문화재팀장
신흥철 유유제약 옛 공장 관리인(안양시 문화예술과 소속)
최정엽 유유제약 전무

| 참고자료 |

정인하, 『김중업 건축론−시적 울림의 세계』, 산업도서출판공사, 1998.
경기도, 『경기도 근대문화유산 조사 및 목록화 보고서』, 2004.
http://www.anyang.go.kr/ 안양시청 홈페이지
http://www.anyang.go.kr/ (주) 유유제약 홈페이지

18부

양평

01
몽양 여운형 생가 터

답사일 : 2009년 4월 7일

5백 살 향나무가 지키는 생가 터

양평읍에서 인강국도를 따라 양수리 방향으로
15㎞쯤 가면 길가에 몽양의 생가 터 방향을 가
리키는, 눈에 잘 띄지 않는 키 작은 안내판이
서 있다. 여기서 우회전하여 중앙선 신원터널
밑 등 두 번 굴다리를 통과하는 샛길로 500m
가량 올라가면 몽양의 생가 터다. 행정구역상
으로는 양평군 양서면 신원1리 묘골妙谷(묘꼴)이
다. 중앙선 신원역에서부터 따지면 약 3㎞ 거
리다. 마을을 둘러싼 뒷동산에 올라가면 서쪽
으로 남한강이 바로 내려다보인다.

　　몽양이 태어났고 청년기를 보낸 집터는
현재 2002년 세운 〈夢陽呂運亨先生生家址碑
文〉이 지키고 있다. 함양 여 씨 집안에서는 이
곳을 몽양의 11대조가 자리를 잡은 명당으로

생가터 비석 뒷면. 이기형 선생의 글이 새겨 있다.

夢陽呂運亨先生家址碑文

몽양 생가 터에 2002년 세워진 비석

뒷동산 쪽에서 본 생가 터   비석 아래로 내려다 본 마을 전경

여긴다. 생가 자리 뒤쪽과 오른쪽은 몽양 집안 선산이다. 9대조의 묘소를 비롯
해서 몽양의 아우 근농 여운홍勤農 呂運弘(1981~1973), 4촌 동생 여성구呂聲九(해방 후
3대 양평군수 역임) 등의 묘가 있다. (몽양은 서울 우이동 태봉에 묻혔다.) 생가 터와 묘역
주변에는 3백 년 된 은행나무, 터 아래쪽에는 5백 년 묵었다는 향나무 등이 여
전히 버티고 서 있다.

　　이기형 시인이 쓴『여운형 평전』에는 생가에 대해 다음과 같이 기록되어
있다. "기역자 기와집 안채와 기역자 초가집 바깥채로 되어 있고 안채는 돌층계
위에 높게 자리 잡았다. 담 안 안채 뒤뜰에는 디딜방아가 있었다. 담 밖 사랑채
앞에는 안마당이 있고 조상대대 분묘가 있는 산으로 연결되었다. 이 집은 원래
재실로 '영회암永懷庵'이라는 택호를 가지고 있었다. 6 · 25때 인민위원회 사무

조옥순 할머니 집 쪽에서 본 생가 터 비석

실로 사용되다가 폭격에 불타버리는 비운을 맞았다."

　1992년 이곳을 답사한 이기형 시인은 "옛날에는 (이 마을에) 열다섯 집이 있었다는데 지금은 겨우 일곱 집만 남아" 있다고 했다. 그러나 현재 묘골에 남은 집은 거의 없다. 생가 터 바로 옆에 조옥순 할머니(78세)의 집이 있고, 아래쪽에 몽양 조카딸의 자손이 사는 집이 한 채 등 두어 채가 있을 뿐이다. 지난 17년 사이에도 몇 집이 불타버리거나 허물어진 셈이다.

　인강국도 쪽에서 생가 터로 올라오는 길은 현재 포장공사가 진행 중이다. 생가 터 바로 왼쪽으로는 신원2리 야골治谷로 넘어가는 작은 길(시멘트 포장)이 나 있다. 원래 뒷마을로 통하는 길은 조옥순 할머니 집 뒤편 동산 쪽으로 돌아가도록 되어 있었다고 한다. "마을 사람들 말로는 여기 집터 옆으로 길이 생기면서

생가 터 아래 향나무 밑에 있는 우물 자리

몽양 선생 오른팔이 끊긴 격이라 선생이 더 큰 인물이 되지 못했다고 하더라고."
　　조 할머니는 '그런 말이 있더라'는 투로 전해주었지만, 자신도 못내 아쉬
운 듯했다. "동네 사람들이 그러는데 몽양 선생은 시대를 잘못 만난 대통령감
이래." 조 할머니는 여 씨 집안 사람이 아니다. 단지 해방 이후 양평군수를 지낸
몽양의 4촌 동생 여성구 씨의 딸과 친구 사이여서 30년 전 이 마을로 이주했다
고 한다. 조 할머니가 친구(작고)에게 들은 얘기에 따르면 몽양의 4촌 제수가 몽
양의 활동자금을 대주었고, 몽양이 그 대가로 생가를 주었다고 한다.

몽양과 묘골 생가

몽양이 이 집에서 태어난 것은 1886년 4월 22일(음력)이다. 어머니 경주 이 씨가 임신 중에 해를 보았다는 태몽을 전해 들은 조부가 몽양夢陽이라는 아호를 직접 지어주었고, 조부는 손자 얼굴을 보자마자 왕의 재목이라 탄복했다는 이야기가 전한다. 그러나 왕조 시절이라 소문이 날까 쉬쉬했다고 한다. 14살에 서울 배재학당에 입학하기 전까지 몽양은 이 집에서 자랐다. 그러나 배재학당에서 예배 불참 사건으로 흥화학교로 옮겼던 몽양은 다시 관립 우체학교에 적을 두었다가 을사늑약에 크게 실망한 나머지 자퇴하고 향리로 돌아와 독서에 힘쓰는 한

생가 터 오른쪽으로 난 길. 이 길 때문에 몽양이 성공하지 못했다는 마을 사람들의 이야기가 전해진다.

편 농사와 목수 일을 배웠다.

　고향에 내려와 있을 때인 1907년 21세 청년 몽양은 고향 집에 광동학교光東學校를 세웠다. '연못에 가서 고기를 탐내는 것은 물러가서 그물을 뜨는 것만 같지 못하다臨淵羨魚不如退而結網'는 옛 가르침을 따른 것이다. 광동학교에서는 지리 역사 산술 수신 이과 성경 등의 과목을 가르쳤다.

　1908년 부친 3년상을 치르고 난 몽양은 상투를 스스로 자르고 역대 신주를 땅속에 묻었다. 또한 집안 종복도 다 면천해 주었다. "내가 정신이 나간 게 아니다. 사람은 타고날 때부터 모두가 평등한 것이니 주종지의는 어제까지의 풍습이다. 오늘부터 그대들은 나의 형제요 자매이니 모두 자유롭게 행동하라."(강준식의『혈농어수(血濃於水)-몽양 여운형 일대기』) 몽양의 행동은 양평 일대에서 큰 파란을 일으켰다. 근동 양반들이 그를 소리 높여 비난했다. 하지만 몽양은 꿋꿋하게 그들을 설득했다.

　이후 몽양은 강릉으로 내려가 초당의숙草堂義塾에서 교편을 잡았으나, 경술국치로 초당의숙이 폐쇄되고

조옥순 할머니

생가 터인 신원1리를 알리는 표지판

몽양 일행은 퇴거명령을 받았다. 몽양은 다시 향리로 돌아왔다. 울분을 삭이지 못한 몽양은 때때로 양수리 지나 용진나루 건너 수종사水鍾寺로 내달리곤 했다고 한다. 1913년 간도로 떠날 때까지 몽양은 고향 집에 머물렀다. 이처럼 신원리 생가는 청년 몽양의 '베이스캠프' 같은 곳이었다.

　이후에도 몽양은 간도, 상해, 모스크바 등지를 떠돌며 독립운동을 하다가 귀국하면 양평 생가에 들러 몸과 마음을 추스르곤 했다. 해방 후 건국준비위원회와 인민공화국, 좌우합작위원회의 소용돌이를 거쳐 1947년 7월 19일 백색테

러분자에게 피격 당해 서거할 때까지도 몽양은 푸근한 고향집을 그리워했다.

몽양 재평가와 생가복원 계획

젊은 시절 '토이기(터키) 청년'이라는 별호를 가질 만큼 이목구비가 뚜렷했던 몽양은 당대의 웅변가로 꼽혔다. 광동 학교를 설립한 교육자이기도 했다. 일제하에서는 조선중앙일보 사장을 역임한 언론인이었으며, 상해에서 신한청년당을 이끈 독립운동가였다. 국내 독립운동 세력이 궤멸하다시피 한 해방 직전에도 '건국동맹'이라는 국내 지하 독립운동 조직을 만들었다. 건준과 인공 역시 해방 조국을 위한 몽양의 결단이었다고 할 수 있다.

그럼에도 불구하고 몽양의 활동은 제대로 평가받지 못했다. 해방 이후는 물론이고 해방 전에도 몽양에게는 기회주의자, 공산주의자, 친일파, 친미파, 친소파라는, 모순되는 비난이 항상 따라다녔다. 몽양은 우파로부터도 좌파로부터도 동시에 매도당했다. 대한민국이 몽양의 공적과 얼을 공식적으로 인정하기까지는 무려 58년이나 걸렸다.

몽양 추모제가 공식적으로 올려지기 시작한 것은 1965년 18주기부터다. 흥미로운 사실은 당시 추모제 준비위원회의 면면이다. 위원장은 민족대표 33인 중 생존자였던 이갑성 옹이 맡았고, 고문에 박정희 당시 대통령, 윤보선 전 대통령, 이효상 국회의장 등의 이름이 올라 있다. 이처럼 당대 최고 권력자들로 추모제 준비위원회를 꾸렸는데도 몽양의 복권은 계속 미루어졌다.

대한민국 정부는 공식추모제 시작으로부터 40년이 지난 2005년에야 3.1절을 맞아 몽양에게 건국훈장 대통령장을 추서했다. 이 과정도 순탄치만은 않았다. 왜곡된 한국 현대사의 영향으로 몽양을 '빨갱이'로 보는 시각이 사라지지

않았기 때문이다. 그러나 몽양 서훈 청원운동이 벌어졌을 때 당시 양평군 인구 8만 명 가운데 2만 명이 청원서에 서명했다는 사실은 현대사를 재인식하고 해방 공간을 재평가하려는 노력이 큰 결실을 보았다는 증거라고 할 수 있다. 이후 2008년 몽양에게는 대한민국 훈장이 다시 한번 추서됐다.

몽양의 생가를 복원하려는 계획은 그 연장선상에 있다. 2009년 4월 현재 생가 터 진입로 일부의 아스팔트 포장이 이뤄졌고, 삼풍엔지니어링에서 맡은 생가와 기념관 신축설계안이 양평군에 제출된 상태다. 이 안에 따르면 양서면

몽양의 동생 근농 여운홍의 묘비 뒷면. 근농은 해방 후 민의원과 참의원을 지냈다.

신원리 623-1 외 2 필지 약 3,480m^2 부지에 생가 112.68m^2를 미음자 형태로 복원하고, 생가 앞마당에 약 1,000m^2 규모로 기념관을 짓는다는 것이다.

생가는 몽양의 족질族姪 여학구呂學九씨의 증언에 따라 기와집으로 짓기로 했다. 원래 이 집은 초가였으나 몽양이 청년기를 보낼 당시에는 기와집으로 바뀐 상태였기 때문이다. 기념관은 앞마당 지하에서 지상으로 이어지는 형식으로 설계됐다. 이는 몽양이 혁신적인 인물이었기 때문에 기념관 역시 혁신적이어야 한다는 의견에 따른 것이다. 복원을 위한 사업비는 총 34억 원이고, 2009년 10월쯤 착공 예정이다. 그러나 군의회 통과 등 절차를 남겨놓고 있기 때문에 복원 사업 일정은 2009년 4월 현재 구체적으로 확정되어 있지 않다.

문제는 기념관에 전시할 몽양 관련 유물 유적을 얼마나 확보할 수 있는가

이다. 현재까지 확보된 몽양의 유물은 집안 후손이 기증한 113점이다. 여기에는 몽양이 피습 당시 혈흔이 남은 옷과 평소 입던 의류, 지팡이, 담배 파이프, 벼루, 가구류 등 유품 12점과 몽양의 데드마스크과 만장 등 장례 물품이 101점이다. 그러나 이 외에 국내에 흩어진 자료를 수집하는 일이 시급하다. 몽양의 족적이 중국 일본 러시아 등지에 흩어져 있기 때문에 자료수집비가 생가 복원사업비의 몇 곱절에 이를 것으로 추정된다. 몽양 생가 복원사업을 담당하고 있는 신동원 양평군 문화관광과 문화예술계장은 "몽양이 국가적 인물이므로 몽양을 기념하는 사업비 전체를 가뜩이나 재정이 열악한 양평군에만 떠맡기는 것은 부당하다"고 지적했다.

남은 과제

몽양에게 대한민국 훈장이 추서된 오늘날도 몽양을 '공산주의자'로 보는 시각은 완전히 사라지지 않고 있다. 이강웅 양평군 학예연구사에 따르면 몽양의 유품과 유물을 전시하고 있는 양평군박물관을 찾는 관람객 중에서 요즘도 "빨갱이의 유물을 왜 전시하느냐"고 거칠게 항의하는 노인층이 간혹 있다고 한다. 해방 정국에서 초기에는 몽양을 공산주의자로 간주했던 미군정 당국도 오해를 풀었다는 역사적 사실이 아직도 이들에게 제대로 알려지지 않은 것이다.

몽양은 좌우 이념의 한가운데에서 좌우 양쪽을 아우르려고 한 지도자로 평가된다. 한국 현대사에서 가장 합리적인 지도자로 몽양을 꼽는 학자들도 있다. 몽양 생가의 복원은 남과 북의 소통통로 구실을 할 수도 있다고 보는 견해도 제시된다. 이런 점을 종합적으로 고려할 때 몽양의 생가 복원을 계기로 몽양을 재조명하고 해방전후사를 재검토하는 학술적 노력이 병행되어야 할 듯하다.

생가 복원 계획에서 광동 학교의 복원이 미뤄진 점도 안타깝다. 광동 학교는 몽양의 교육적 업적이라는 측면도 있지만, 20세기 초 한국 근대교육이 시작되고 확대되는 모습을 보여주는 증거로서도 의미가 크다. 그러므로 광동 학교의 복원도 서둘러야 한다. 이와 함께 당시의 교과서를 비롯한 교재와 교구 등을 광범위하게 수집하여 초기 한국 교육사의 박물관으로 활용하는 방안을 구상해 봄직하다.

| 도움말 주신 분 |

한 수 양평문화원 사무국장
이강웅 양평군 학예연구사
조옥순 할머니 (신원리 주민)
신동원 양평군 문화관광과 문화예술계장

| 참고자료 |

이기형, 『여운형 평전』, 실천문학, 1993
강준식, 『血濃於水(혈농어수)—몽양 여운형 일대기』, 아름다운 책, 2006
(사)몽양여운형선생기념사업회 홈페이지, http://www.mongyang.org

02
지평리지구 전투전적비

답사일 : 2009년 4월 7일

1951년 양평

지평리 외곽에 세워진 전투전적비

전적비 아래쪽에 세워진 프랑스군 참전충혼비

미국군 전승충혼비

1951년 2월에서 5월 사이 양평에서는 한국전사韓國戰史에 기록된 두 건의 중요한 격전이 치러졌다. 그 해 2월13일부터 15일까지 3일간 벌어진 지평리 전투와 5월18일부터 22일까지 5일간 치러진 용문산 전투다. 지평리 전투는 미군과 프랑스군이 공동작전으로 중공군(당시 표현)을 대파하여 1·4후퇴 이후 한국전쟁을 다시 한번 반전시킨 전투이고, 용문산 전투는 한국군 6사단이 중공군의 춘계공세를 저지한, 한국전사 상 가장 큰 전과를 올린 전투로 기록된다. 양평의 공식역사 역시 이들 두 전투만을 상세하게 다루고 있다. 6·25에 관한 양평의 기억은 전쟁이 발발한 1950년이 아니라 그 이듬해인 1951년을 중심축으로 전개되는 셈이다.

현대 한국인에게 6·25는 몸서리쳐지는 악몽이다. "오늘 우리들의 삶에 가장 커다란 영향을 끼친 사건"(정치학자 박명림)임에도 불구하고 그 세세한 기억은 다시 들춰내고 싶지 않은 트라우마에 속한다. 그냥 덮어두고 시간이 낫게 해주기를 기다리는 상처와도 같다. 간혹 6·25의 기억을 불러낸다 해도, 비인간적인 적의 잔인성과 이를 격퇴한 자랑스러운 국군과 UN군을 기리거나, '동족상잔의 비극이 되풀이되어서는 안 된다'는 원론적인 주장을 되풀이하는 것이 고작

정면에서 바라본 전적비와 충혼비

향토사학자 방홍규 옹

방 옹이 소장하고 있는 영어 서적

이다. 1991년 판『양평군지』와 2005년 판『양평군지』역시 같은 입장에서 두 전투를 서술하고 있다.

흥미로운 점은 뒤에 치러진 용문산 전투를 지평리 전투보다 앞세우고 있다는 사실이다. 그 이유는 짐작하기 어렵지 않다. 용문산 전투는 한국군이 대승을 거둔 전투인 반면, 지평리 전투는 미군과 프랑스군이 중공군과 싸워 이긴 전장戰場이기 때문이라고 할 수 있다. 청일전쟁 당시 청국군과 일본군이 이 땅에서 전쟁을 벌였듯, 50여 년 뒤 지평리에서도 외국군대가 2박 3일간 처절한 전투를 치렀다. 이 전투를 계기로 파죽지세로 밀고 내려오던 중공군의 남하가 일단 저지되었고 전쟁의 양상이 바뀌었다는 사실을 고려한다면 지평리 전투는 상대적

방 옹이 소장한 지평리 전투 관련 영문 서적

지평리 현장을 찾아온
유엔군 장성들이 방 옹 자택을 방문했을 때 남긴 방명록

으로 소홀하게 다뤄져 온 셈이다.

　　물론 최근에야 한국 군에서도 지평리 전투를 새롭게 평가하려는 노력이 시작되기는 했다. 군사 유적지 연구가인 이정환 씨가 중국 측 자료까지 섭렵해 재구성한 『지평리를 사수하라』, 양평문화원에서 발간한 장삼현 편저 『한국전쟁 양평전란사략』 등이 그 성과에 해당한다. 하지만 미군을 비롯한 UN 참전군들은 한국전쟁을 다룰 때 일찍부터 지평리 전투를 상세하게 연구해왔다. "한국인은 지평리 전투를 잘 몰라도 미국에서는 관련 책이 1,200권이나 됩니다." 지평리에 거주하는 향토사학자 방홍규 옹은 일찍부터 지평리 전투에 관심을 갖고 연구를 하고 있다.

　　미8군이나 연합군 측 전사연구자들이 지평리를 찾으면 꼭 방 옹에게 들린다고 한다. 현장을 방 옹만큼 잘 아는 이가 없기 때문이다. 방 옹은 자신의 집을 찾은 미군과 영국군 장성의 방명록을 소중하게 간직하고 있다. 방 옹이 소

방 옹의 자택에서 바라본 동쪽 구릉. 중공군과의 격전이 벌어졌던 곳

장한 책 『THE FORGOTTEN WAR-America in Korea 1950-1953』(Clay Blair)이나 『Crossroads in Korean War-The Historic Siege of Chipong-ni』 (T. R. Fehrenbach) 은 수택手澤이 반들반들 하다.

지평리지구 전투전적비는 지평 사거리에서 북쪽 383번 도로를 타고 400m 올라가다가 도로 동편에 세워져 있다. 행정구역상으로는 지평면 지평리 382-1 번지다. 화강암 계단 위에 편평한 대지를 조성하였으며 전적비는 철책들 둘러 보호하고 있다. 그러나 방 옹의 증언에 따르면 이 자리는 전투 장소와는 상관없으며, 단지 전투를 기리기 위해 이 자리를 골랐다고 한다. 전적비 밑에는 왼쪽에 '지평리전투UN(프랑스)군참전충혼비'가 있고, 오른쪽에 '지평리전투UN(미국)군전승충혼비'가 있다. 프랑스군의 경우 참정충혼비이고, 미군은 전승충혼비로 돼 있다는 점이 이채롭다.

또 하나의 관련 유적으로는 지평양조장을 들 수 있다. 지평양조장은 약 100년의 역사를 자랑하는 술도가로서, 1951년 전쟁 당시에도 양조장이었으나, 방 옹의 기억에 의하면 프랑스 외인부대의 본부로 쓰였다고 한다. 지평리 전투를 입체적으로 서술한 이정환 씨의 책에도 지평양조장이 프랑스군의 대대본부였다고 돼 있다. 그러나 방 옹은 미군 기록에 따르면 이 술도가가 부상병동이었다는 기록도 있다고 덧붙였다. 현재 지평 중고등학교 후문 앞에 있는 지평 양조장은 치열했던 전투에도 불구하고 훼손된 흔적은 없다.

지평리 북쪽 산. 이곳 역시 격전이 벌어졌던 곳이다.

갈림길에 선 한국전쟁

평범한 시골 마을 지평리가 격전의 장소가 된 것은 전략적 요충지였기 때문이다. 지평이 뚫리면 중공군과 인민군이 여주 방면으로 진격하여 미8군 1군단과 11군단을 갈라놓은 다음 1군단을 서해 쪽으로 밀어붙일 수 있고, 그 사이 중동부 전선으로 주력부대를 남하시킬 수 있었다. 남한산성에 주둔한 임표의 중공군 제4 야전군과 인민군 48사단은 이러한 작전 하에 2월 대공세에 나섰다. 이에 따라 2월12일에는 횡성에 있던 한국군 3군단이 격파되어 13일에 횡성과 평창이 함락되었다. 중공군 3개 사단은 그 여세를 몰아 지평리를 돌파하기로 했다.

연합군 23연대는 2월 초부터 지평리에 들어와 전면 방어진지를 구축한 상태였다. 연대장 프리먼(Paul L. Freeman) 대령이 이끄는 23연대는 지평리를 둘러싼 해발 280m 내외의 고지를 이용, 직경 1.6㎞의 원형진지를 구축하였다. 13일 아침 수색 정찰을 통해 적 병력이 대규모임을 알아낸 프리먼 대령은 후퇴를 건의했지만, 상부에서는 지평리를 사수하라는 명령을 내렸다. 그날 밤 10시부터 교전이 시작됐다. 연합군과 중공군은 밤새 진지를 빼앗기고 빼앗는 전투를 벌였다. "지옥이 따로 없는" 전투는 14일 낮에도 산발적으로 이어지다가 그날 밤에는 곳곳에서 백병전이 벌어지는 등 더욱 치열해졌다. 날이 밝고 나서도 전투는 계속되었다. 마침내 15일 오후 4시 30분경 크롬베즈(Marcel G. Crombez) 대령이 지휘하는 미군 특수임무 부대가 끊어졌던 지평리까지의 통로를 뚫고 도착하면서 적군은 퇴각하기 시작했다. 이날 밤늦게까지 내린 눈은 수많은 전사자의 시체를 덮어 주었다고 한다.

지평리를 포위했던 중공군은 3개 사단(대략 9만~10만 명)에 이를 것으로 추산된다. 이를 1개 연대가 막아낼 수 있었던 것은 미군과 프랑스군에 독특한 지휘관들이 있었기 때문이라고 할 수 있다. 연대장 프리먼의 경우 14일 정오 박격포 파편에 종아리 관통상을 입었는데도 부대의 지휘권을 넘기기를 거부했다. 프리먼은 후에 23연대와 생사를 같이할 결심이었다고 밝혔다. 프리먼은 1962년 육군 대장으로 진급, 미 육군 유럽 사령관을 역임했고 1988년 사망했다.

또 한 명의 유별난 지휘관은 프랑스 외인 대대를 지휘했던 몽끌레아다. 몽끌레아는 1차대전 당시 프랑스군의 영웅이었다고 한다. 2차대전에도 참전했던 몽끌레아는 한국전쟁이 발발했을 무렵 계급이 중장이었다. 그러나 한국전에 참전하고자 했던 몽끌레아는 자진해서 중령 계급으로 강등을 자처했다. 프랑스는 대대 병력 밖에 파병하지 않았기에 자신이 이 대대를 지휘하기 위해서였다고

지평면사무소 앞 거리. 이 근방에 미군 23연대 지휘소가 있었다고 한다.

한다. 앞서 지평리 전투가 미군과 프랑스군 연합부대와 중공군과의 싸움이라고 했지만, 이 전투에 참여한 한국군도 있었다. 이종환 씨에 따르면 카투사 80명과 일반병 100명 등 180명이 프랑스 대대에 섞여 있었다고 한다.

"지평리 전투는 공산군 2월 공세의 성패를 좌우하는 갈림길이었다."(『양평군지』) 하지만 방홍규 옹은 이 전투의 의미를 더욱 적극적으로 해석했다. 중국의 참전으로 다시 한번 뒤집혔던 전세가 지평리 전투를 계기로 반전되었을 뿐 아니라, 중국이 휴전협정에 적극 나서게 하는 계기가 되었다는 것이다. 이 관점에서 보자면 이후 5월에 벌어진 용문산 전투의 경우 한국군 6사단이 한국 전쟁 최대의 전과를 올리고 화천까지 전선을 밀어붙인 대승이기는 했지만, 이미 지평리 전투 이후 양측의 전투는 휴전협정에서 유리한 위치를 차지하기 위한 공방전이었다고 할 수 있다.

전쟁의 기억과 평화

"지평리 전투의 전과는 어땠나요?" 이 물음에 방 옹의 대답은 의외였다. "적을 얼마나 살상했는가는 중요하지 않습니다. 실제로 정확한 사상자를 추산할 수도 없지만, 그걸 따지는 것은 무의미합니다. 전투가 끝나고 미군 사령관 리지웨이가 현장에 도착했을 때 그는 적 전사자를 위해서도 경례를 올렸습니다. 그는 훗날 『인류의 비극』이라는 저서를 남겼습니다. 휴머니즘에 입각해서 볼 때 적을 많이 죽였다는 것은 결코 자랑이 아니지요." 방 옹은 "굳이 따지자면 당시 대대장은 5,000명 쯤 죽였다고 증언했지만, 초기 전사戰史에서는 5만~6만이라고 과장을 하기도 했다"며 씁쓸해했다.

방 옹의 소망은 지평리 전투의 전모를 자신의 손으로 재구성하는 것이다.

여든 살이 넘었지만, 아직도 관련 서적과 자료를 모으고 직접 번역하는 수고를 그만두지 못하는 까닭도 그 때문이다. 애초에는 대한제국기 의병활동을 연구하는 향토사가였던 방 옹은 지평리 전투가 자신의 고향에서 벌어진 비극이라는 사실을 새삼 깨닫게 되면서 전사 연구를 하기 시작했다고 밝혔다. "죽기 전에 지평리 전투를 평화와 세계인의 연대 6·25의식이라는 측면에서 올바르게 정의하는 책을 한 권 꼭 쓰고 싶습니다."

대다수의 한국인은 더 이상 6·25를 깊이 들여다보고 싶어 하지 않는다. 하지만 한국전쟁을 누가 어떻게, 왜 기억하는가는 중요한 문제다. 남과 북의 관계를 제대로 풀어가려면 언젠가는 한국전쟁의 기억 문제를 해결하고 넘어가지 않으면 안 된다. 방 옹과 같은 향토사학자들의 작업을 지금부터 적극 지원할 필요가 있다. 저술지원이 어렵다면 구술 정리라도 서둘러야 한다.

전적비에서 바라본 지평리 전경

프랑스군 대대본부로 쓰였다는 지평양조장. 아직도 옛 모습을 그대로 간직하고 있다.

| 도움말 주신 분 |

이강웅 양평군 학예연구사
방홍규 향토사학자(지평리 거주)
신동원 양평군 문화관광과 문화예술계장

| 참고자료 |

楊平郡誌編纂委員會, 『楊平郡誌』, 경기출판사, 1991
楊平郡誌編纂委員會, 『楊平郡誌』, (주)역사만들기, 2005
양평군지편찬위원회, 『양평의 역사와 문화』, (주)역사만들기, 2005
이정환, 『지평리를 사수하라』, 양평문화원, 2008
러셀 A. 구겔러, 조상근 편역, 『한국전쟁에서의 소부대 전투기술』, BG북갤러리, 2008

19부

여주

01
도전리 천주교회

답사일 : 2018년 11월 2일

원심이로 피신한 천주교인들

순조 1년^(1801년) 신유박해가 시작되자 한양 서소문 밖에 살던 이조^{吏曹} 관리 한
사람이 가솔을 이끌고 잠적했다. 천주교 신도였던 그는 강원도 원주로 피난길

도전리 공소

공소 마당의 오래된 향나무 두 그루

을 떠났다. 도마라는 세례명과 성을 붙여 정도마라고 알려진 이 신도는 원주에
그럭저럭 정착했다. 그러나 어느 날 밀정의 밀고로 포졸들이 들이닥쳤다. 아내
임카타리나는 자신이 천주교인이라 밝히고 끌려가 순교했으나, 정도마는 마침
출타 중이어서 화를 면했다. 정도마는 작은아들 정안토니오만을 데리고 원심이
로 피난했다.

　　원심이는 현재 지명으로 여주시 강천면 도전리에 해당한다. 강천면은 20
세기 초 행정구역 개편 이전에는 강원도 땅이었다. 강천면은 산세가 험하다. 강
천면 북쪽은 양평이고, 동쪽은 원주 문막이며, 면 경계 서남쪽을 섬강이 휘돌아
남쪽으로 흐르는 남한강에 합류한다. 도전리는 강천면에서도 가장 북쪽에 있는
데, 도전리를 종으로 가로지르며 섬강 지류인 원심천이 지나간다. 원심이는 원

정면

돌벽 상단의 환기구

좌측면 벽

심천 덕분에 붙은 이름인 듯하다.

정도마는 원심이에 도착한 날 바위 위에 서 밤새 묵주 기도를 올렸다고 전해진다. 이 바위는 지금도 줄바위라 불린다. 오늘날도 도전리 원심동2길을 따라 올라가면 줄바우골이라는 마을이 있다. 줄바우골의 산은 당산이라고 하는데, 산 정상 아래에 움푹 파인 곳이 있고, 거기에 바위가 있다고 한다. 아마도 정도마는 그곳에 몸을 숨기고 천주에게 감사와 무사를 간구하는 기도를 드렸을 터이다.

정도마의 둘째아들 재영(세례명 아오스딩)이 원심이 공소의 초대회장이다. 재영은 농사꾼으로서 주위에 모범을 보이는 인물이었다. 재영은 성을 정 씨에서 이 씨로 바꾸었다. 짐작건대, 박해를 피해서였을 것이다. 재영의 할아버지 정도

마의 외가가 전주 이씨였다고 한다. 이재영이 작고했을 때 옷을 벗기자 허리에 서른세 마디로 엮은 새끼줄이 둘러 있었다. 예수의 생애 햇수를 상징하는 새끼 줄은 평생 푼 적이 없어서인지 반들반들 윤이 났다. 이재영의 신앙과 성품을 넉 넉히 짐작하게 해 주는 일화다.

포졸이 닥치면 도망가기 좋은 곳에 지은 공소

도전리 천주교회는 19세기 중반 형성된 원심이 교우촌과 공소의 후신이다. 최 소한 170년을 이어온 천주교 신앙의 구심점에 해당한다. 현재의 건물은 교우촌 이 형성된 지 한 세기 이상 흐른 1957년 세워졌다. 초기의 공소 위치는 정확히 알 수 없다. "바로 직전 공소 자리는 뒤편 산 쪽으로 100m가량 떨어진 곳에 있 었다고 해요. 비좁아서 옮긴 것인지, 낡아서 옮긴 것인지는 알 수 없지만, 현재

공소 지붕 뒤로 보이는 산

의 터에 새로 지었다고 들었습니다."(최창호 도전리 교우회장) 도전리 천주교회의 도로명 주소는 여주시 강천면 원심동1길 109다.

　　도전리 공소는 뒤편으로 당산(오른쪽)과

제대 부분

예전에 사용하던 제대

공소 천장. 목조 트러스와 한옥 서까래 양식이 보인다.

공소 내부

갈번데기산(왼쪽)을 배경
으로 널찍한 터에 자리
잡았다. 부지가 500평은
넘어 보인다. 장방형인

예전 사진. 마당이 정비되기 전 사진이다.

공소 건물은 얼핏 돌로 외벽을 쌓은 듯 보이나 자세히 보면 돌을 시멘트 모르타르로 붙였다. 진흙 벽을 보강하기 위해 돌 외벽을 시공한 것으로 짐작된다. 언제 보강이 이루어졌는지는 기록이 남아 있지 않다. 다섯 개의 창을 낸 돌 공소 건물은 흰색 마리아상, 그 옆에 그늘을 드리운 나무와 어울려 단단하면서 단아한 느낌을 준다. 지붕과 출입구 상부의 십자가 탑은 하늘색을 입힌 함석 슬레이트를 올렸다.

공소 내부는 목조 트러스에 기둥이 없는 강당형 구조다. 장식적 요소가 없어 정갈하다. 내벽 상단에 14처 그림이 일정한 간격으로 걸려 있는 게 전부다. 바닥에는 장판을 깔고 1인용 의자를 가지런히 놓았다. 본당은 30평 정도 되는데, 신도 70명이 예배를 드릴 수 있다고 한다. 건물의 전체 건평은 제의실과 창고를 포함해 50평가량 된다. 건물 곳곳을 자세히 살펴보면 나뭇가지와 진흙을 엮은 부분이 보인다. 공소 마당 너머에는 덩그렇게 지은 사제관과 식당이 있다. 한옥 형식으로 지은 사제관과 식당은 10여 년 전에 신축했다.

여주는 한국천주교회사에서 발상지 가운데 한 곳으로 꼽히는 곳이다. 여주시 산북면 하품리 앵자산의 주어사走魚寺에서 1776년 경부터 천주학 강학회가 열렸기 때문이다. 신유박해 때 옥사 순교한 권철신權哲身 등이 주어사에 모여서 천주교 연구 모임을 했다. 신유박해 당시 여주에서는 11명이 순교했다.

여주시 강천면 부평리에는 강원도 최초의 성당으로 기록되는 1880년대에 부엉골 성당이 세워지기도 했다. 앞에서도 서술했듯이 강천면은 당시 강원도였다. 부엉골은 호랑이와 부엉이가 사는 깊은 골이라는 의미를 담고 있다. 부평리 부엉골에서 북쪽으로 조금 올라가면 도전리다.

1885년 부엉골에는 신학교가 설립되기도 했다. 충북 제천의 배론 성지 성요셉 신학교가 병인박해(1866)로 폐쇄된 지 20년 만에 문을 연 부엉골 예수 성심 신학교는 전염병(콜레라) 등의 이유로 1887년 서울 용산으로 이전하고 말았지만, 강천면 일대는 천주교의 주요 거점이었다는 충분한 증거다. 부엉골 성당은 1896년까지 본당으로 있다가 그해 본당이 장호원 감곡으로 옮겨가면서 풍수원 본당의 공소가 되었다.

흥미로운 사실은 동학의 2대 교주였던 해월 최시형海月 崔時亨이 한때 박해를 피해 강천면 도전리에 5개월간 머문 적이 있다는 점이다. 해월은 이곳에서 둘째 아들을 낳았고, 손병희孫秉熙에게 도통道統을 전수했다고 한다. 밖에서 들어온 근대 종교와 안에서 자생적으로 움트기 시작한 근대 종교가 강천면 도전리에 은거하면서 새로운 시대를 기다렸던 셈이다.

한국 천주교의 역사가 연면히 이어지는 도전리에는 원심이 공소 외에도 여러 천주교 시설이 있다. 성 바오로딸 수도회 분원, 스승 예수의 제자 수녀회, 파티마 성모의 집 등이 도전리 공소 근처에 자리 잡았다. "아무래도 신도들의 마을이어서, 수녀회나 수도원이 들어설 때 이곳 원심동 사람들이 많은 도움을 준 걸로 알고 있습니다."(최창호 신도회장)

여주성당 설립 50주년 기념집
남한강의 순례자

천주교 수원교구 여주성당

여주 지역 천주교회사가 담긴 책자. 2000년 말에 발간됐다.

돌벽 상단 나뭇가지가 그대로 드러난 부분

도전리 천주교회는 북여주성당에 소속되어 있다. 1년 6개월 전만 해도 신부가 상주하기도 했으나 지금은 상주하지 않는다. 그래도 원심이 사람들은 170년 신앙을 이어가는 중이다. 70명가량 되는 신도들은 주일 미사나 대축일 때는 북여주성당까지 가지만, 거리가 멀어 평소에는 주로 파티마 성모의 집에 가서 미사를 드린다. 하지만 "신도들, 특히 할머니 신도들은 공소 건물을 매우 소중하게 생각하십니다. 손수 지으셨으니까요." (최창호 신도회장)

| 도움말 주신 분 |

최창호 도전리 천주교회 신도회장

| 참고자료 |

『남한강의 순례자–여주성당 서립 50주년 기념집』 (천주교 수원교구 여주성당, 2000)
조성문, 『당산 · 보금산 · 마감산에 둘러싸인 아늑한 '어머니 품속'』 (경인일보, 2009년7월2일)

02
여주 금광 터

답사일 : 2009년 2월 16일

여주 금광 터의 의미

여주에는 옛 금광 자리 2곳이 뚜렷하게 남아 있다. 일명 '옥녀봉 금광'이라 불리는 북내면 주암리 일대와 이포나루에서 멀지 않은 금사면 상호리와 소유리에 걸친 주봉산 일대다. 지질 구조상 강원도 홍천군, 횡성군, 경기도 양평군과 함께

여주군 금사면 소유리 소유암 근처에 있는 금광 갱도 입구

소유암 근처 금광 갱도 내부

홍천지구 금광상에 속하는 이들 금광은 일제강점기에 채굴이 시작되어 1970년
대까지 여주를 흥성하게 했던 금광이었다.

1989년에 출간된 『여주군지』에 따르면 '옥녀봉 금광'의 경우 남북한을 통
틀어 금 매장량이 국내 8위에 이를 정도로 큰 광산이었다고 한다. 금사면 역시
금모래가 많아 사금업자들의 발길이 끊이지 않았기에 금사金沙라는 이름을 얻
었다는 지명유래담이 전해올 정도로 금 산지로 유명했다. 이들 금광 터에는 현
재도 굴의 형태가 뚜렷이 남아 있으며, 금 채취와 관련된 흔적들을 확인할 수
있다.

소유암 근처 금방아자리. 몇 년 전만 해도 건물이 있었다고 하나 지금은 터만 남아 있다.

소유리 마을 회관 건너편 웅덩이. 이 물을 끌어들여 감돌을 분쇄하고 금을 제련하는데 썼다고 한다.

소유리 이장 황광수씨가 당시 광부들이 썼던 우물을 가리키고 있다

근대 자본주의 교환경제의 기반을 이루었던 금은 우리의 근대화 과정에서도 욕망과 수탈의 대상이자 물신주의의 뿌리라는 상징성을 갖는다. 1930년대 일제하 조선에 불어 닥쳤던 금광 개발의 열기를 일컬어 '황금광黃金狂의 시대'라고 하거니와, 이때로부터 현대에 이르기까지 금을 둘러싼 소동과 애환의 이야기는 끊어진 적이 없다. 하지만 1930년대 중반 세계 5위를 기록했던 한반도의 금 생산량은 분단 이후 급격하게 줄어들었고 그나마도 1980년대에 들어서면 극히 일부 광산에서 간신히 명맥만 유지하는 형편이다.

여주의 폐금광 터는 이러한 금의 생산과정과 그 의미를 되새기게 하는, 한국 근현대사의 문화유산으로서 손색이 없다고 판단된다. 이들 터가 더는 훼손

소유리에서 상호리로 넘어가는 막거리의 갱도 입구.

막거리 갱도 내부

되기 전에 정비·복원하여 금광박물관 등으로 활용할 필요가 있다. 이는 자연 자원으로서의 금과 특수한 사회경제적 위치를 갖는 재화로서의 금을 다시 보게 하고 금에 얽힌 우리의 근현대 삶을 성찰하게 하는 교육적 효과도 거둘 수 있을 것으로 기대된다.

금사면 소유리 금광 터

대신면에서 광주시 방향으로 이포대교를 건너 오른쪽 도로를 따라 올라가다가 45번 국도 교차로를 지나 좌회전하여 올라가면 여주군 금사면 소유리에 이른다. 하늘에서 내려다보면 학이 알을 품고 있는 둥지 형상이라 하여 소유리巢由里라

상호리 석수가든. 이 자리에 금 제련시설과 광산 사무실이 있었다고 한다. 건물 뒤편으로 갱도가 나 있었다.

부른다는 이 동리에는 금광 굴이 여러 군데 있었으나 2009년 2월 현재 두 곳만 남아 있다. 우선, 현대아산에서 중부내륙고속도로 공사 폐기물장을 조성하고 있는 곳을 지나 '소유암'이라는 현대식 사찰 부근에 금광 갱도 입구가 하나 있다.

이곳 굴 입구는 비교적 원형을 간직하고 있다. 굴 입구는 약 150㎝이며, 들어갈수록 좁아진다. 굴 안쪽에는 바닥에 물이 고여 있어 들어갈 수 없었다. 2007년 들어선 소유암 자리에는 원래 복대기(일명 '금똥'. 금을 함유한 광석을 의미하는 감돌(감석)에서 금을 채취하고 남은 광석 찌꺼기)가 있었던 자리라고 한다. 소유리 이장 황광수 씨는 자신이 이 마을로 이주했던 20년 전까지 이곳에 '금똥' 무더기가 쌓여있었다고 기억한다.

황 이장에 따르면 소유암 근처에 금방아(물레방아로 감돌을 빻는 시설)가 있었고, 소유암을 지나 좀 더 올라가 소유리 마을회관 옆에 금광 관리사무소가 있었다고 한다. 2004년 출간된 『경기도 근대문화유산 조사 및 목록화 보고서』(이하 『목록보고서』)에는 이 관리사무소 사진이 실려 있지만, 그 사이에 건물이 헐린 것이다. 그 자리에서 길 건너 개울가에 금전꾼들이 사용했다고 전해지는 우물의 흔적은 남아 있다.

또 하나의 굴은 광주 곤지암 방면으로 통한다는 마을 도로를 타고 더 올라가다가 막실(막거리) 상호고개에 남아 있다. 굴 입구는 마을 쪽 굴보다 크고 넓다. 허리를 굽히지 않고도 굴 안쪽으로 수십 미터 들어갈 수 있다. 그러나 입구의 빛이 들어오는 약 10m 이후 지점부터는 조명시설이 없기 때문에 진입할 수 없다. 이 굴 자리는 마을 주민이 한때 농산물 저장시설로 이용하기도 했다. 현재 그 흔적이 희미하게 남아있어 육안으로도 확인 가능하다. 굴 입구 앞은 밭으로 경작되고 있다.

원래 이 굴은 산 너머 상호리로 연결되어 있었다고 하나 현재는 막혀있다. 굴이 막히기 전에는 소유리 아이들이 이 굴을 통해 건너편 상호리로 통학을 했다고 한다. 이 굴이 지름길이었기 때문이다. 황 씨는 6·25 당시 소유리 사람들이 전부 가재도구를 이 굴로 옮기고 피신했다는 이야기를 들었다고 한다. 상호리 편에서 후술할 권혁진 씨에 따르면 이 굴은 상호리 쪽에 들어선 주택으로 통한다. 굴이 중간에 막힌 것은 사실이고, 반대편 입구는 이 집에서 저온 저장고 용도로 사용 중이라고 한다.

소유리 금광이 언제부터 개발되었는지를 확인할 자료는 찾지 못하였다. 『여주군지』에는 소유리 '팔보광산'(삼정광업소)이라는 명칭만 보이고, 『목록보고서』에는 이곳 광산 덕에 1960년대부터 이 동네에 전기가 들어왔고 70년대까지 운영되었다는 기록이 있을 뿐이다. 황 이장도 금광이 흥성할 당시에는 마을이 100여 호에 이르렀고 면 소재지에 아직 전기가 들어오지 않았을 때도 소유리에 서는 자가발전으로 전기를 사용했다고 전해주었다. 현재 소유리 가구는 30여 호에 불과하다. 소유리의 땅은 대부분 밀양 박씨 종중 땅으로서 거주자들이 미 등기 상태로 이용하다가 10년 전쯤 특별조치가 있었으나, 마을의 발전이 낙후 되었다고 한다.

금사면 상호리 금광 터

상호리上虎里는 주봉산을 사이에 두고 소유리 북쪽에 있다. 상호리는 남쪽 주봉 산을 비롯해 금수봉 용두봉 대관봉 맹호봉 독암산 등으로 둘러싸여 있는 산골 로서, 호랑이가 출몰하는 지역이라 하여 범실이라 부른다. 상호리는 90년대 중 반부터 산촌개발에 착수해 국내 팜스테이 1호를 기록한 곳이기도 하며, 상호리 버섯마을로도 유명하다. 팜스테이는 현재 상호리에서 음식점 겸 체험 민박시설 인 석수공원을 운영하는 권혁진 씨가 주도했다.

이곳 태생인 권 씨 부부에 따르면 상호리 금광은 일제강점기 한때 남북 합 해 3위의 금광으로 꼽혔다고 한다. 북내면 옥녀봉 금광보다 컸다는 것이다. 그 러나 이곳 금광의 발견시기, 매장량 및 생산량 등을 객관적으로 입증해줄 자료 는 찾지 못하였다. 권 씨는 상호리 금광 역시 70년대에 폐광하였으며, 최종 소 유주는 지영덕 씨이고, 대명광산으로 광업권을 넘겼다고 기억했다.

권 씨는 상호리 광산에 현재도 금이 매장되어 있으나, 깊이 묻혀 있고 수직 갱에 물이 차 있어 더는 개발을 하지 못할 뿐이라고 주장했다. 그러나 상호리 금

금방아가 있었던 자리에 들어선 석수공원 부속건물 전경

북내면 주암리 옥녀봉. 겉으로는 멀쩡한 산이지만 내부는
수직 수평 갱도가 거미줄처럼 뚫려있다고 한다.

광은 굴이 뚜렷이 남아있는 소유리 쪽과는 달리 금광의 흔적이 많이 남아있지는 않다. 석수공원 부근 주유소 옆에 갱 입구로 추정되는 곳이 있을 뿐이다.

권 씨는 자신이 운영 중인 석수공원 자리가 금방아 자리(금을 빻던 자리)라고 증언했다. 이곳에서는 3층 높이에서 3단계로 금방아가 돌아갔다고 한다. 맨 위층에서 큰 광석 상태인 감돌을 작게 부수어 2층으로 보내고, 이를 다시 잘게 빻아 1층으로 보내면, 마지막 과정으로 수은을 뿌려 금이 달라붙게 하고, 이를 짜서 수은을 걸러낸 다음 금을 채취하는 방식이다. 석수공원 본 건물 뒤쪽이 갱도 주 출입구였다고 한다.

옥녀봉 광산 주 갱도가 있었던 자리. 현재는 평강교회 연수원 부속 시설이 자리를 잡고 있다.

상호리 금광이 가장 활발했던 시기에는 광부가 1,000여 명에 이르렀다. 이들의 서열은 감독-덕대-주임-반장-금점꾼 순이었는데, 직접 채광작업을 하는 금점꾼 가운데 가장 깊이 들어가는 사람을 막장이라고 불렀다. 산골 마을이 이렇듯 사람으로 북적거리면서 여주 읍내보다 상호리에 먼저 전기가 들어왔고, 이포 오일장도 흥성거렸다. 이곳 태생인 권 씨는 당시를 생생하게 기억하고 있다.

광산의 삶이 불안정했으므로 사고도 빈번하게 발생했고, 그날 벌어 그날 쓰는 분위기가 팽배했다. 평양기생 등 각도의 기생들이 모여들었고, 서울의 유행이 곧바로 유입되기도 했다. 빨간 립스틱과 양장 차림이 여주에 가장 먼저 들어온 곳도 상호리였다. 경기도지사가 여주에 순시를 오면 군수가 이곳으로 모시고 와서 접대를 할 정도였다. 또한 백중 때는 금점꾼들의 사기 진작을 위해 갱도 파기 폭파 경연대회를 벌였는데, 근동의 구경거리였다.

금점꾼과 덕대 사이에는 치열한 머리싸움이 전개되었다. 막장 일꾼들은 금이 함유된 감돌을 빼돌리기 위해 수단과 방법을 가리지 않았고, 덕대 입장에서는 이를 막기 위해 철저하게 감시해야 했기 때문이다. 금점꾼들은 귀 코 입 항문 등 감돌을 숨길 수 있는 신체 부위를 총동원했고, 덕대들은 이들을 철저하게 수색했다. 카이스트 전봉관 교수가 쓴 『황금광시대』에는 1930년대 전국의 금광에서 벌어졌던 기상천외한 금 빼돌리기 수법과 이를 막으려는 가혹한 몸 수색과 인권유린 실상이 기록되어 있다.

『여주군지』에도 감돌을 삼키고 나왔다가 숨진 금전꾼도 있었다는 이야기가 실려 있다. 상호리 금광에서도 그러한 금 빼돌리기를 둘러싼 애환이 이어졌을 터이나, 권 씨는 어린 시절 들었던 단편적인 에피소드만 기억하고 있었다.

권 씨는 팜스테이 개척과 더불어 2002년경 이곳에 농촌체험과 광산체험을 결합한 박물관 건립을 구상했다. 지금은 막힌 금광을 일부 보수하여, 레일과 밀차 등을 설치하고, 금방아 등 선광과 제련 시설 및 채굴 연장, 그리고 금광 채굴 전 과정을 밀랍 인형으로 재현하여 관람과 체험을 동시에 해볼 수 있게 한다는 구상이었다. 권 씨는 이를 경기도와 농림부에 제시하여, 호평을 받았으나 이후 진척은 보지 못하였다고 한다.

여주문화원 조성문 사무국장은 상호리 금광의 역사에 대한 신뢰할만한 기록을 『상호리지』에서 찾을 수 있을 것이라고 했다. 『상호리지』는 이 마을에서 대대로 살아온 민봉기 씨가 중심이 되어 1998년경 펴낸 마을지다. 민봉기 씨의 형님(민완기 씨·작고)은 일제강점기 상호리 광산의 서무책임자였다. 그러나 아쉽게도 답사를 갔을 당시 민봉기 씨는 노환으로 대전 딸네 집에 가 있어 만나지 못했고, 권 씨도 〈상호리지〉를 소장하고 있지 않았다.

북내면 주암리 금광 터(옥녀봉 금광)

'옥녀봉'은 여주읍에서 345번 지방도를 따라 북쪽으로 올라가다가 양평군 지제면과 경계를 이루는 지점에 있다. 해발 340m인 옥녀봉은 1910년 금광이 발견된 이래 1981년 폐광될 때까지 70년 동안 금과 규석을 채취하는 과정에서 산 전체를 거의 다 채굴했다고 해도 과언이 아니다. 채굴 방식이 산 정상 부근에서 수직갱을 파고 내려가면서 광맥을 따라 수평갱을 뚫는 방식이어서, 외관상으로는 지금도 산의 형태를 갖추고는 있으나 내부는 거의 비어있는 상태다.

이곳 광산이 1981년 최종 폐쇄될 때까지 광업소에서 일했다는 추정웅 씨는 수직갱 깊이가 250m에 이르기 때문에 옥녀봉에 함부로 올라가서는 안 된다고 했다. 낙엽더미 속에 어떤 갱도 입구가 가려져 있을지 모르므로 발을 헛디디면 그대로 추락사고를 당한다는 것이다. 올해 68세인 추 씨는 18세부터 이곳 광산에서 일했으며, 1981 폐광 당시에는 옥봉광업소 생산부장이었다.

옥봉광업소의 마지막 소유주는 백인수 씨다. 백 씨는 1960년대 말 이곳 광산을 매입해서 180억을 투자했으나 결국은 손을 들고 말았다. 금은 이미 1930년대 '황금광시대'에 거의 채굴한 상태였기 때문에, 70년대 이곳 광산의 금 생산량은 많지 않았다. 금이 많이 나올 때는 2관씩 채굴되기도 했으나, 평소엔 15~20냥 수준이 고작이어서, 주로 규석을 캐서 경기도 광주의 유리공장으로 보냈다. 그래도 1970년대 후반까지는 전국에서 모인 광부가 120명 정도나 되었다.

옥녀봉 광산은 현재 서울의 모 교회 소유다. 이 교회는 이곳에 연수원을 설치하고 외부인의 출입을 엄격히 통제하고 있다. 연수원에 들어가 확인한 결과 이운상 주암2리 이장이 20여 년 전까지 복대기가 산더미처럼 쌓여 있었다고 증언해준 자리는 매립을 하여 대운동장으로 변해 있었다. 주 갱도 입구는 '엔게디(Engedi·구약성서에서 다윗이 사울을 피해 몸을 숨겼던 염소의 우물)라 명명되어 있고 굳게 닫혀 있었다. 갱도 입구는 너비 4m, 높이 2m 정도로 금사면의 금광터보다 컸다.

현장을 안내해준 추정웅 씨에 따르면 이 출입구 앞에 도광장이 있었다고

옥녀봉 광산이 폐광될 당시 생산부장을 지냈던 추정웅씨가 금을 채광하고 남은 버럭 더미가 작은 산을 이루며 쌓여있던 자리를 가리키고 있다.

한다. 도광장에는 금방아가 100개나 설치되어 있었다는 것이다. 갱도 입구가 현재 10여 곳 남아있는데, 교회 측에서 이 중 한 곳을 기도실로 쓰고 있다. 기도실은 굴 입구에서 450m가량 들어가서 20여 명을 수용할 수 있는 규모라고 했다. 연수원 측은 내부 공개를 거부했다. 유일하게 들어가 볼 수 있었던 갱도는 연수원 정문 밖에 위치한 굴이었다. 이 갱도는 너비 2m, 높이 1.5m 정도 되는 작은 굴의 형태로 남아 있다.

역사의 한 페이지 황금광시대

향가 〈서동요薯童謠〉에 얽힌 설화를 보면 서동은 마를 캐던 자리에서 발견한 황금을 구릉丘陵처럼 쌓아두고 있었으나 그 가치를 몰랐다는 대목이 나온다. 이는 삼국 시대부터 한반도에는 많은 금이 산출되었다는 간접증거라고 할 수 있을 것이다. 1930년대에 황금열풍이 불었던 것도 그만큼 매장량이 많았기 때문이다.

그러나 현재 한국은 금을 전량 수입한다. 더 이상 자체 채굴과 생산을 하지 않는다. 21세기 초반 세계를 뒤덮은 경제위기 속에서 금값은 하루가 다르

평강교회 연수원에서 마을쪽으로
내려오다가 왼편에 있는 작은 갱도 입구

게 치솟고 있다. 세계의 기축 통화인 달러가 흔들리면서 금은 가장 안전한 가치 저장 수단으로 주목을 받는 것이다. 그러나 이렇듯 오로지 투자 혹은 투기의 대상으로 변한 이 특수한 상품 1g에 응결된 피눈물과 웃음, 환희와 좌절의 역사는 우리 근현대사의 밑바닥을 관통한다. 폐금광을 근대문화의 유산으로 갈무리하고 활용해야 하는 이유는 바로 그 때문이다.

소유리·상호리 금광과 옥녀봉 금광을 활용하기 위해서는 우선 철저한 정밀 조사가 이루어져야 할 것이다. 두 곳 금광의 정확한 갱도 위치와 상태는 마을 주민들도 모르는 상태이므로 광산 탐사 전문가팀이 실측을 해야 할 필요가 있다. 이를 통해 활용 가능한 갱도를 가려내야 할 것으로 보인다.

직접 답사해본 결과 소유리·상호리 금광을 활용하는 편이 용이할 것으로 판단된다. 특히 소유리 막실의 경우 갱도 입구가 뚜렷이 남아있고, 지금도 출입이 가능하므로 이 굴을 이용해 금광 역사박물관 등을 건립하는 방안을 구상해볼 수 있다. 옥녀봉 금광의 경우 종교단체가 소유한 사유지이므로 조사작업을 진행하는데 상대적으로 애로가 많을 듯하다.

옥녀봉 금광이 있는 주암리에는 앞에서 언급한 추정웅 씨 등 폐광 이전, 이곳에서 일했던 주민들이 생존해 있다. 그러므로 60~70대인 이분들의 구술을 더 늦기 전에 체계적으로 채록하는 일도 시급하다. 이분들의 증언은 그대로 한국 광업사의 소중한 재산이자, 여주와 경기도 근현대사의 생생한 자료다. 상호리 민봉기 씨의 기억도 마찬가지다.

소유리·상호리 금광에 금광박물관을 세울 경우 권혁진 씨가 2002년 구상했던 안을 참고할 수 있을 듯하다. 갱도 안에 레일을 다시 설치해 관람객이 실제로 갱도로 들어가 금 채취 과정을 견학하고 체험할 수 있도록 하는 것이다.

아울러 우리나라 금 채굴의 역사와 관련자료, 금과 금광을 둘러싸고 빚어졌던 환희와 좌절, 탐욕과 애환의 이야기를 모아 입체적으로 보여주는 전시관 건립을 구상해 볼 수 있다. 이를 이포나루 복원계획과 연계해 멀지 않은 남한강변에 사금 채취 과정을 보여주는 코스도 설치 가능하다. 또한 팜스테이 프로그램과도 연결하면 지역 관광 측면에서도 시너지 효과를 거둘 수 있지 않을까?

| 도움말 주신 분 |

이난우 여주문화원장
조성문 여주문화원 사무국장
권혁진 석수공원 팜스테이 대표
황광수 금사면 소유리 이장
이운상 북내면 주암2리 이장
추정웅 북내면 주암2리 주민

| 참고자료 |

여주군지편찬위원회, 『여주군지』, 경인일보사, 1989
『경기도 근대문화유산 조사 및 목록화 보고서』, 2004
이현구 · 문희수, 『한국의 광상』, 이카넷, 2007
전봉관, 『황금광시대』, 살림, 2005
min.kores.or.kr (한국광물자원공사 광업전시관 광업역사관)

03
북내탁주(옛 극장 겸 마을공동회관)

답사일 : 2010년 10월 12일

극장 시절 분위기를 간직한 양조장

여주군 북내면 당우리 152-8 북내탁주 건물은 어느 모로 보나 양조장 같지 않다. 대문이 따로 있고 앞마당이 넓기도 하지만, 건물 외관이 한눈에도 술도가로

극장 구실을 했던 북내면 당우리 회관. 현재는 북내탁주 건물이다.

영사실의 영사기 창

보이지 않는다. 시멘트 블록조에 목조 함석 박공지붕, 단순한 사각형 평면 형태와 입면 구성을 하고 있으나 건물 전면과 후면을 지붕보다 약간 높여 공공건물 태가 역력하다. 대지면적 744㎡, 연면적 290㎡ 1층 건물이지만 높이 또한 예사 1층이 아니다. 보통 건물이라면 2층 이상이다.

이 건물은 원래 박정희 정권 시기인 1965년 9월에 지어진 공공 회관이었다. 1970년대에 여주 읍내로 통하는 다리가 놓이기 전까지 북내면은 별도의 생활권이었고, 당우리가 북내면의 중심지였기에 당우리 중심가에 회관을 신축했던 것으로 추정된다. 회관에서는 면민들의 집회나 교육 등이 이루어졌을 것이다. 또한 극장이 없는 지역인지라 때때로 영화필름을 가져다 상영하기도 했다. 이 때문에 이곳이 극장이었다고 기억하는 주민들이 많다. 그래서 이곳을 옛 북내 극장이라고 부르는 듯하다.

당시에 사용되었던 것으로 추정되는 내부 할로겐 조명

건물 입구에 극장의 분위기를 보여주는 창문이 남아 있다. 예전 극장의 매표소처럼 보이는 창이다. 건물 내부에는 영사기를 돌리던 구멍이 그대로 있다. 스크린을 향해 영상을 쏘던 흔적이다. 하지만 애석하게도 영사막이 있던 무대 자리는 사라졌다. 북내탁주 측이 막아서 창고로 사용하기 때문이다. 건물 내부 양쪽 벽에 아직도 달린 할로겐 등燈과 영사기 창窓 만이 희미한 극장 시절 추

억을 보여주는 증거다.

"바닥은 입구에서 무대 쪽으로 경사가 져 있었습니다. 의자는 없었구요. 신문지를 깔고 앉아 영화를 보았지요." 당우리에서 50년을 살았다는 김남철 씨(1940년생)의 말이다. 김 씨 기억으로는 영화가 매일 상영되지는 않았다. 때때로 영화가 들어오면 상영하는 정도였다. 하지만 가끔 상영하는 영화도 1970년대 중반쯤에는 들어오지 않았다. 건물은 용도를 잃고 방치되다시피 했다는 것이다.

"1978년쯤 북내중앙교회가 이 건물을 인수했습니다. 영사막이 있던 무대는 그대로 강대상이 있는 강단으로 사용했고, 경사졌던 바닥은 평평하게 고쳤지요. 벽면은 원래 골판지 같은 걸로 도배돼 있었는데, 뜯어내고 나무 장식으로 바꾸었습니다. 제가 그 공사에 직접 참여했지요." 김 씨는 현재 북내중앙교회 장로다. 교회가 이 건물을 사용한 기간은 1978년부터 1995년까지다. 그러니까

이 건물은 처음 13년간은 마을의 회관 겸 극장이었고, 이후 17년간은 교회였다가, 이후 15년은 양조장으로 버텨온 셈이다.

건물의 유전流轉

당우리는 북쪽으로 양평 용문으로 통하고, 서쪽으로 원주와 가깝다. 남한강을 건너 여주로 넘어가는 다리가 없었을 때는 당연히 독립 생활권을 이루었다. 한적한 벽지 농촌인 동시에 내륙의 길목이었다. 국가에서 이곳에 마을의 회관 겸 극장을 지어준 이유도 그 때문이었으리라 짐작된다.

"우리 교회가 이 건물을 20만 원에 인수했습니다. 건평이 75평가량이었고, 인수 당시 비어있는 상태였어요. 관리를 하지 않고 방치돼 있었지요." 건물 소유자는 군으로 돼 있었고, 관리는 면에서 담당했다. 북내중앙교회는 1898년에 창립된 유서 깊은 예배당이다. 당시 교회는 현 위치(당우리 92-10)에 있었는데, 마을 외곽인 데다 진입로가 진창이어서 마을 중심가인 극장 자리를 인수하기로 결정했다.

"원래 우리 교회는 조근수라는 분이 개척한 교회입니다. 그분 부친이 북내에서 소문난 땅 부자였지요. 일제 때는 사오백 명 모이던 큰 교회였다고 해요. 교회가 삼흥학교라는 학교를 세워서 한글을 가르쳤고, 독립운동가도 여러 명 배출했습니다. 조근수 씨 부인이 이화여전 출신인데, 그 인연인지 김활란 박사가 1년간 우리 교회에 피신해 와서 교육 활동을 하기도 했습니다."

교회는 극장 자리로 이전한 뒤 새롭게 부흥했다. 줄었던 신도가 150명 선으로 다시 늘었다. "극장을 교회로 쓸 때 중학교 과정 고등공민학교를 운영하기도 했습니다. 학생이 50~60명 정도였던 걸로 기억해요. 여강 중고교는 그 후신

격이나 다름없습니다." 마을 공회당 겸 극장이었던 건물이 교회 겸 학교로 탈바꿈 한 것이다. 교회는 1995년 현 위치에 번듯한 새 교회를 신축하여 이전했다. 20만 원에 매입했던 건물은 양조장에 1억5,000만 원을 받고 넘겼다고 한다.

건물이 45년간 겪은 유전流轉은 안팎으로 각각의 흔적을 남겼다. 우선 회관과 극장 시절 흔적은 너른 앞마당의 나무와 건물의 외양에서 드러난다. 건물 전면과 후면은 공회당의 성격을 그대로 보여준다. 특히 건물 출입구의 기둥머리는 라운딩으로 멋을 냈다. 소박한 양식

현재의 북내중앙교회

이지만 당시로서는 꽤 신경 쓴 설계라 할 수 있다. 건물 양 측면과 후면의 쪽문들은 무대로 통하는 문이었을 것으로 짐작된다.

교회 시절의 흔적은 평평해진 바닥과 지금도 남아 있는 내부 벽면 나무 장식 및 천장 나무 반자다. 양조장이 들어섰어도 이를 그대도 남겨두었다. 북내탁주는 양조장 시설에 걸맞게 주모실, 사무실 등 공간을 일부 분할하고 뒷벽에 잇대어 가건물을 세웠지만, 내부의 영사창이나 할로겐 등, 나무 장식은 그대로 두었다. 건물은 비록 낡았으나 이제는 흔히 찾아보기 어려운 60년대 건물의 유전 사례라고 판단된다.

미려사진관 건물

마미야 카메라

사진관 초창기에 쓰던 뷰 카메라

미려사진관

당우리에는 미려사진관이라는 옛 사진관이 한 곳 남아 있다. 디지털카메라가 널리 보급되면서 이제는 찾아보기 어려운 시골사진관이다. 한 세대 전쯤 당우리에 사진관을 연 이는 탁완순 씨(1930년생). 탁 씨는 북내중앙교회 원로장로이기도 하다. 미려사진관은 북내탁주에서 북내중앙교회로 가는 길목에 있다.

"6·25 때 군대 갔다가 제대한 후에 여주읍에 있는 장춘식 사진관에 드나들면서 사진을 배웠습니다. 당시에 우리 집은 점동면 처리에 있었어요. 사진을 배워서 처리에서 주암리 옥녀봉 광산에 금광 사진을 찍어주러 다녔지요. 처리에서 옥녀봉으로 가는 길목이 당우리여서 당우리에 방을 하나 얻었습니다."

그게 사진사 탁 씨가 당우리에 정착하게 된 계기였다. 처음에 탁 씨는 주로 출장사진을 찍어주러 다녔다. 예를 들어 신륵사에 가서 유락객들 기념사진을 촬영하기도 했고, 이 마을 저 마을 불려 다니면서 잔치 사진, 예식 사진을 찍었다. 그러다가 40년 전쯤 아예 당우리에 자리를 잡았다.

"4~5년간 당우리 이곳저곳 이사 다니다가 이 자리에 정착했지요. 디피점을 겸하지는 않았고, 촬영만 했습니다. 디피점은 여주읍에 많았어요. 하지만 사진관 운영만으로는 살기 힘들어서 젖소도 좀 기르고 택시운전도 좀 하고 그랬지요." 시골사진사 탁 씨는 그래도 사진관 운영으로 2남 2녀를 길렀다. "우리 큰아들은 대전에서 목회를 하는 목사가 되었지요."

가로명 주소가 여양2로 296인 미려사진관 입구는 정겨운 추억을 불러일으킨다. '미려사진관'이라는 현관의 간판은 칠이 벗겨져 있고, '비디오 촬영, 사진, 백일 돌 회갑'이라 써 붙인 선팅 글씨가 독특하다. 사진관에서 으레 밖으로 내 거는 견

사진관 내부 왼쪽 벽면 견본 사진들

본 사진도 많이 바랜 사진이다. 진열장이 작아 2장의 사진만 내걸렸다. 60년대 여배우 사진 같은 짙은 화장에 양장한 여인 사진과 그 밑에 돌사진이 보인다. 돌사진은 얼마나 색이 바랬는지 마치 사진이 아니라 그림처럼 보인다.

내부도 단출하다. 뷰 카메라로 증명사진을 찍는 의자가 하나 있고, 한쪽 벽면엔 찍은 지 10년은 넘어 보이는 이런저런 사진이 걸려 있다. 한 세대 전쯤 사용하던 뷰 카메라 한 대가 구석에 놓였다. "기념으로 간직하고 있지요. 그 전에 출장사진 찍으러 다닐 때 쓰던 카메라는 도둑을 맞았어요."

사진관 입구 옆엔 작은 텃밭이 딸려 있다. 낮은 담장 안으로 호박넝쿨과 여러 가지 채소가 자란다. "요즘은 손님이 거의 없어요. 급한 증명사진을 찍으러 며칠에 한 번 손님이 찾아오는 정도지요." 팔순을 넘긴 노 사진사는 조만간 사진관 간판을 내려야 할 것 같다면 웃었다. 한 세대 전 시골사진관의 향수를 불러일으키는 북내농협 맞은편 미려사진관이 사라질 날도 멀지 않은 듯하다.

| 도움말 주신 분 |

김남철 여주 북내중앙교회 장로
탁완순 여주 북내면 미려사진관 주인

| 참고 자료 |

경기도, 『경기도 근대문화유산 조사 및 목록화 보고서』, 2004.

20부

연천

01
신망리 주택

답사일 : 2009년 3월 23일

신망리 주택의 의미

연천군 연천읍 상1리에 있는 작은 주택단지인 신망리주택은 한국전쟁 이후 최초로 건립된 '뉴타운'일 것이다. 전쟁의 폐허 위에 세워진 첫 뉴타운은 반세기가 넘는 세월이 지난 지금도 당시의 마을 구조를 가지고 있으며 가옥의 형태가 남아있어 한국현대사의 한 장면을 그대로 보여준다.

신망리마을 전경. 계획주거단지답게 가로 세로 길들이 널찍하게 나있다.

38선 북쪽에 위치해 1945년 해방과 동시에 공산 치하에 놓였던 연천지역의 대부분은 한국전쟁이 끝난 후 약 1년 동안 미군이 행정권을 가지고 있었다.(1954년 11월 17일 '수복지구임시행정조치법'에 따라 행정권이 우리 정부로 수복되었다.) 그 기간 동안 미군은 전쟁피해복구 사업의 일환으로 연천읍 상리를 지나는 경원선 철로를 따라 100호 규모의 구호 주택단지를 건설했다.

1954년 5월, 미군 제7사단은 경원선 서쪽의 벌판 3만 평을 택지지구로 선정해 가구당 330㎡의 부지에 건축면적 59.4㎡ 크기의 지상 1층 목조 루핑조 가옥 1백 동을 건립했다. 그리고 현 상리초등학교 자리에 천막을 치고 지내던 피난민 임시촌 사람들을 선착순으로 입주시켰다. 당시 연천읍에서 가장 먼저 입주가 시작된 이곳을 미군들을 '새로운 희망을 가지고 살라'는 뜻의 신망리新望里(New Hope Town)라 이름 붙였다. 미군들이 건설한 계획주거단지의 필지계획은 지금까지 남아 있는데 지금의 신망리역 서쪽으로 철로를 따라 한 블록이 형성되었고 길을 사이에 두고 건너편으로 또 한 블록이 형성돼 2개 블록이 위치하는 구성을 취했다.

신망리주택에서 현재 남아 있는 가옥 2채를 확인할 수 있다. 처음에 지어졌던 집은 초가지붕이었으나 슬레이트로 바뀌었고 흙벽은 시멘트를 발라 개보수를 한 상태였다. 마을은 뉴타운답게 가로 세로 길들이 널찍하게 나 있으며 초기 주택 형태와 유사하게 지어진 축사, 가옥도 여러 채 남아있다. 주민들 의하면 미군이 지어줬던 집이 5~6채 남아 있다고 한다. 주택의 구조는 3칸으로 이루어진 간단한 형태이다. 확인된 2채의 보존상태는 지난 2004년 9월 조사된 1채는 비교적 양호해 아직도 할머니 한 분이 거주하고 있으나 다른 1채는 부분적으로 파손되어 창고로 방치되어 있다.

전쟁의 폐허 위에 세워진 첫 뉴타운 신망리주택

창고로 방치되고 있는 신망리주택

신망리주택 측면. 수수깡에 흙을 발랐던 초기 모습이 드러나 있다.

신망리주택 측면. 흙벽에 시멘트를 발라 보수한 모습

할머니 한 분이 거주하고 있는 신망이 주택 뒷면

마을 주민 증언

상1리 이장 고흥진

전쟁이 끝난 후 피난민들이 상리초등학교 자리와 차탄천 옆 경원선 철로변 여기저기에 천막이나 움막을 짓고 살았는데 미군이 구호 주택을 짓고 그 사람들을 선착순으로 입주시켰다. 당시에는 모든 가옥이 초가지붕이었는데 박정희 전 대통령 때 새마을운동을 하면서 슬레이트 지붕으로 개량했다. 미군이 신망리 주택단지를 조성하면서 도로정비를 잘해놨다.(실제로 오래된 마을의 좁은 골목과는 달리 동네 골목들은 4~5미터 정도로 널찍했다.)

일제 강점기 지적과 구호 주택의 지적이 달라서 지번이 불일치하는 경우가 대부분이었다. 전쟁 폐허 위에 조성된 마을이니만큼 서류 관계가 정리될 형편이 아니었다. 따라서 대부분 남의 땅에 집을 지은 셈이다. 전쟁 때 피

고흥진 연천읍 상1리 이장이 신망리주택의 역사를 설명하고 있다.

난을 갔던 지주들이 돌아와서 보니 남의 집터에 구호 주택이 들어서 있어 황당해 했다. 이후에 토지 소유 관계를 정리했지만 신망리주택 거주민들을 쫓아낼 수도 없고 해서 주민들에게 대지를 임대하는 형식을 취했다. 토지 소유 관계가 복잡했지만, 주민들 대다수가 그런 형편이어서 사람들 간에 분란이 크지는 않았다. 이후 땅을 임대해 쓰던 거주민들이 자신들이 사는 집의 땅을 많이 매입했다. 아직도 땅을 매입하지 못한 채 임대해 사는 사람도 있다. 현재는 땅값이 평당 70~80만 원에 이를 만큼 올랐기 때문에 대지를 매입하기가 쉽지 않다.

당시 미군들이 구호 주택을 지어줬을 뿐만 아니라 상리초등학교(상1리 산23 소재)도 지어줬다. 연천읍에서는 전쟁 후 가장 먼저 복구된 초등학교다. 현재 상1리에는 약 400가구가 살고 있지만, 아직도 연천서 가장 규모가 큰 마을이다. 그중 신망리 주택단지는 전쟁 후 연천읍에서 가장 먼저 사람들이 정착한 곳이고 주택문제가 해결돼 비교적 여유가 있는 편이었다. 그래서 영농자금을 안 쓸 정도로 부촌이라고 소문이 났었다.

신망리주택 주민 조응선 씨(1933년생) 증언

조응선 신망리주택 주민

전쟁 전엔 여기가 북쪽 땅이었어. 내가 열세 살에 해방이 됐고, 해방 후엔 나도 인민학교에 다녔었지. 18살에 중학교를 졸업했는데 그해에 전쟁이 터졌어. 피난을 나갔다가 돌아와 보니까 멀쩡한 건물이 하나도 없더구만. 그야말로 허허벌판이었지. 학교 운동장에 텐트를 치고 지내다가 미군들이 지어준 구호 주택으로 입주했지. 그때 미군들이 스리쿼터로 자재를 날라다가 여기에 집을 지을 때 집집마다 똑같이 1백 평씩 나눠서 건물을 지었는데 집을 완전하게 지어줬던 것은 아니야. 네 귀퉁이에 기둥을 세우고 서까래를 해줬지. 집에 골격을 만들어준 거지. 그게 다야. 나머지는 마을 사람들이 직접 다 만들었어. 초가지붕을 올리고 수수깡으로 벽을 만들어서 흙을 발랐지. 그리고 불에 타버린 집들을 뒤져서 구들장을 떠다가 놓고 살았지. 집들이 방 두 칸에 부엌 하나였는데 모두 열두 평쯤 됐지. 9자×10자 방이었으니까, 방은 컸어. 그런데 마을의 집들이 한꺼번에 똑같은 형태로 지어놓으니까 사람들이 자기 집을 찾지 못해서 남의 집으로 들어가기도했었지. 하도 집을 헷갈려 해서 경찰지소 순경들이 집을 찾아주기도 했었다니까. 그래도 전쟁통에 모든 걸 잃고 비 피할 곳 하나 없던 시절이었으니 미군들이 정말 고마웠지.

신망리주택 주민 윤석화 씨(1935년생) 증언

나는 군대 나갔다가 돌아와서 1958년 20대 초반에 입주했어. 피난 나가기 전에는 여기 주택단지가 다 벌판이었어. 전쟁 전에는 북한 치하에서 땅을 분배했었는데 수복 후에 땅 주인들이 등기를 했지. 그래서 여기 신망리주택 입주민들이 땅주인에게 텃도지를 내고 살았지. 1년에 쌀 한 말쯤 줬어. 집집마다 대지가 1백 평쯤 됐으니까 조그만 텃밭도 있었어. 마을에 전기는 70

윤석화 신망리주택 주민

년대에 들어왔지. 박통때 내무부장관 했던 오치성이가 국회의원이 되고 나서 들어온 거지.

여기가 한때는 잘나가던 동네야. 1954년에 신망리주택이 지어졌고 1955

년부터 연천읍에 사람들이 들어와 살았으니까, 읍내보다 먼저 발전했지. 상리 초등학교 학생 수가 1,200명가량 됐던 적도 있었지. 그땐 연천초등학교보다 더 쳐줬다니까. 여기서 군인 가족들이 세를 얻어서 살았어. 80년대에 군인아파트를 짓기 시작할 때까지 세 사는 사람들이 많았지. 예전엔 이쪽이 읍내보다 나으니까 군인들로 북적거렸지. 그러다 보니까 연천에서 다방이 제일 먼저 생기기도 했고 거기를 다방 거리라 불렀어.

정덕영 신망리주택 주민

신망리주택 주민 정덕영 씨(1936년생) 증언

경원선 철로를 끼고 서쪽이 상1리고 동쪽이 상2리야. 상2리에는 외지사람들이 많이 들어와 살았지. 옥산리에 미군 탱크 사격장이 있었는데 포탄 피를 줍기 위해 많이들 다녔지. 포탄피 줍는 게 농사짓는 것보다 더 수입이 나았으니까. 불발탄이 터져서 사고도 많이 났지. 이래저래 동네 사람들도 많이 죽었고. 포 사격장에 탄 피 주으러 몰래 들어갔다가 걸려서 맞아 죽으면 그 자리에 묻어줬지. 그땐 탄피 줍던 사람들이 더 잘 먹고 잘살았어. 그래서 목숨 걸고 위험을 감수했던 거고.

　여기 신망리주택은 새마을운동 때 지붕들을 고쳤고 88올림픽을 앞두고 주택융자를 받아서 개보수를 대대적으로 했지. 그 뒤에 아예 새로 지은 집들이 많아졌고. 50년대에 지은 집은 지금 동네에 한 다섯 채쯤 남아있을 거야.

활용방안

신망리주택은 전후 복구기의 역사를 잘 보여주는 마을이다. 기존 연천의 안보

관광과 연계해 전쟁유적의 한 코스로 개발하거나 이후 경원선 철도문화유적과의 연계도 가능해 보인다. 전쟁유적으로 활용할 경우 연천역 급수탑에 남은 연천 시가지전투의 흔적이나 북한군의 탱크를 실어날랐던 화물 플랫폼, 철도중단점 탑이 있는 신탄리역, 역고드름으로 유명해진 고대산 경원선 폐터널 등과 연계 하는 방안이 있다.

이를 위해서는 현재 방치되고 있는 가옥을 관리하는 일이 시급하다. 비교적 온전한 형태로 남아있는 1채에는 할머니가 홀로 거주하고 있으나 청력을 상실한 채 와병 중이어서 폐가와 다름없는 상태이며 창고로 쓰이는 다른 한 채도 외벽이 훼손된 채 관리가 안 되고 있다. 따라서 활용하기 위해서는 가옥 매입 등의 방법으로 주택을 보존하거나 다른 관리방법을 강구하는 일이 시급하다.

| 도움말 주신 분 |

이윤승 연천문화원 사무국장
고흥진 연천읍 상1리 이장
조응선 신망리주택 주민
윤석화 신망리주택 주민
정덕영 신망리주택 주민

| 참고자료 |

연천군지편찬위원회, 『연천군지』, 경기출판사, 2000
『경기도 근대문화유산 조사 및 목록화 보고서』, 2004

02
연천 경원선 철도

답사일 : 2009년 3월 23일

연천 경원선 철도유적의 의미

경원선(서울~원산)의 최북단인 경기도 연천군 신탄리역에서 레일을 따라 북쪽으로 200m쯤 가다 보면 철제간판 하나가 길을 막는다. 철도 중단점을 알리는 푯말이다. 그 푯말에는 "철마는 달리고 싶다"라는 저 유명한 문구가 커다랗게 씌어있다. 한반도의 허리를 자른 군사분계선으로 인해 끊겨버린 철길. 경원선의 주요 역과 화물창고가 있었던 연천은 녹슬어가는 철길과 함께 50여 년간 분단

1914년 7월 25일 영업을 개시한 연천역은 한국전쟁 때 역사가 소실돼 1958년 10월에 다시 지어졌다.

의 후유증을 앓고 있는 땅이다. 군사분계선으로 인해 둘로 나뉜 연천은 대부분의 지역이 군사시설보호구역 등의 각종 규제로 묶여있다. 그로 인해 1917년 일제강점기에도 7만 명이 넘던 인구는 현재 4만5천여 명으로 줄어들어 경기도에서 가장 인구가 적은 도시가 되어버린 것이다. 따라서 지역에 활력을 불어넣어 줄 대안이 절실하다.

연천에는 일제강점기에 만들어진 급수탑과 북한 치하에서 군사적 목적으로 조성된 화물터미널이 있는 연천역, 철도중단점으로 분단시대의 상징물인 신탄리역, 거꾸로 자라는 고드름으로 유명해진 고대산 폐터널 등 많은 근현대 철도유적이 존재한다. 연천에 소재한 경원선의 철도유적은 한국 현대사의 주요한 유산일 뿐 아니라 향후 통일시대를 대비한 문화관광 자원이다. 근현대사의 생생한 현장을 보존하고 향후 지역을 살리는데 일조할 역사관광자원인 연천 철도유적을 개발하는 것은 경원선 철도복원과 더불어 추진되어야 할 중요한 사업이다.

경원선의 역사

서울~원산 간의 경원선은 경의선과 더불어 우리나라의 동서 축을 연결하는 종단철도이다. 경원선이 두만강까지 연결되면 경제, 산업, 군사 면에서 중요한 역할을 하기 때문에 일찍부터 서구 열강의 시선을 끌었다. 1899년 한국 정부에서는 프랑스 등 서구열강의 경원선 부설 요청을 거부하고 경원선 부설을 국내의 철도회사에 허가했다. 그러나 국내의 철도회사가 자금 사정으로 착공을 못 하고 있던 중 1905년^(고종 42) 러 · 일 전쟁이 일어났다. 일본은 군사상의 목적을 위하여 경원선의 부설권을 얻어 그해 11월 용산에서 기공식을 했다. 1911년 용산

연천역에 있는 원통형 급수탑

연천역의 상자형 급수탑.
서울과 원산 중간지점의 단 하나뿐인 급수탑이었다.

연천역 급수탑에 난 총탄자

~의정부 구간이 처음 개통되었고, 1914년 9월 세포~고산 구간이 개통되어 전
노선이 완공되었다. 철도 구간은 용산~서빙고~왕십리~청량리~창동~의정부
~덕형~동두천~전곡~연천~대광리~철원~월정리~평강~복계~검불랑~세포~
삼방~고산~용지원~석왕사~남산~안변~갈마~원산이었다.

  1914년 9월 6일 개통된 경원선은 용산에서 원산간 223.7km의 단선철도였
으나 1945년 8월 24일 광복과 더불어 38선 이북으로는 운행이 중단됐고 한국
전쟁 이후 연천지역이 수복되면서 현재는 용산에서 신탄리역까지 88.8km만 운
행되고 있다. 1982년 복선 전철화 사업이 시작되어 현재는 서울서 동두천 소요
산역까지 전철화가 진행된 상태이다. 경원선의 소요산~연천역 구간 전철화사
업은 최근 국토해양부의 예비타당성 조사에 포함되어 추진되고 있다. 또한 신

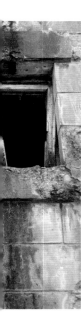

상자형 급수탑 측면

탄리역에서 민간인출입통
제선이 있는 철원 대마리까
지 경원선복원공사가 진행
되고 있다.

연천 철도유적의 역사와 현황

1. 연천역

연천읍 차탄리 34번지에 있
는 연천역은 1914년 7월 25
일 보통역으로 영업을 개시
했다. 1919년경에는 서빙고

역, 철원역, 원산역 등과 함께 경원선의 중심역으로 화물창고가 영업을 할 정도
로 주요한 역할을 했던 역으로 당시의 역사驛舍는 일본의 전통적 목조양식의 단
층으로 지어졌다. 1945년 8월 15일 해방으로 연천역은 이북지역에 편입되었으
나 한국전쟁의 과정에서 탈환되어 1951년 9월 30일 영업을 재개했다. 1958년
10월 8일 현재의 역사가 준공되었고 1993년 철도 표준역으로 지정되었다.

　　연천역의 경우 경원선 부설 이후 1930년대 후반까지 창동, 동두천역보다
훨씬 이용 빈도가 높았다. 이는 현재의 철도 이용 현황과는 판이하지만, 이는
분단으로 인한 것이고 통일 후에는 또 다른 양상을 띨 것이다. 경원선이 이어질
그날을 염원하듯 연천역의 한쪽 벽에는 〈경원선-매혹의 질주〉란 노선도가 붙
어있다. 노선도는 용산~청량리~성북~녹양~덕정~동두천~소요산~한탄강~전

곡~연천~대광리~신탄리~철원~월정리~가곡~평강~복계~이목~세포~금봉
강~고산~용지원~안변~배화~원산 등의 전 구간이 표시되어 있다.

　연천역이 주요한 역이었음을 증명하는 시설물로 증기기관차에 물을 공급
하던 2개의 철근콘크리트 급수탑이 아직도 남아있다. 경원선은 처음에는 서울
에서 연천까지만 철도 운행을 하다가 1914년 원산까지 증설 개통되었는데, 이
때 연천역에 급수탑이 세워졌다. 당시 서울에서 출발한 경원선 증기기관차가
연천역에 정차하여 급수한 후 원산까지 운행하였고 원산발 열차는 연천역에 와
서 급수하여 서울로 가던, 서울과 원산 중간지점의 단 하나뿐인 급수탑이었다.

　급수탑은 상자형과 원통형 2개인데 상자형 급수탑은 경원선의 개통과 관
련된 것으로 추정되며 철근 콘크리트 재질이나 외관에 줄눈을 그려 넣어서 출
입구 부분은 조적組積인 것처럼 보인다. 기단, 몸통, 처마의 구성을 확실히 갖추
고 있고 출입구 부분은 아치 모양으로 조성했으며 사방으로 창이 하나씩 나있
다. 원통형 급수탑은 높이 23m, 둘레 18m, 용량 100m/td 규모로 청량리역 급수

북한이 탱크를 실어 나르기 위해 만들었다는 화물플랫폼(오른편). 콘크리트 승강장이 일반 승강장보다 조금 높게 올라와 있다.

탑 등과 같은 형식이어서 1930년대의 것으로 추정된다. 출입구 반대쪽에 계기 조작판이 있으며 세 개의 급수관과 기계장치가 양호하게 보존되어 있다.

증기기관차와 급수탑은 1889년 9월 서울~인천 간 경인선이 개통되면서 처음 등장했으나 1950년대 디젤기관차가 등장하면서 사라졌다. 급수탑 건립 당시에는 기관차 뒤에 달린 탄수차에 물을 공급하는 동안 물물교환 등 상거래가 활발하여 시장의 역할을 했었다고 전한다. 한국전쟁 당시 연천은 북한군과 국군, 중공군, 유엔군이 점령과 탈환을 반복하던 전투지역이어서 주변에 있는 역사 건물은 모두 전소되었으나 급수탑만은 무너지지 않고 살아남았다.

급수탑의 전신에 찍힌 수백 발의 총탄 자국이 치열했던 연천 시가지전투를 증언하고 있다. 연천역 급수탑은 강원도 도계역 급수탑, 추풍령역 급수탑, 충남 연산역 급수탑 등과 함께 철도 역사의 이해와 근대 교통사 연구를 위한 주요 유산으로 인정받아 2003년 1월 등록 문화재로 지정되었다. 현재 급수탑 주변은 체육시설과 휴게시설이 갖춰진 작은 공원으로 꾸며져 있다.

한국전쟁 당시만 해도 연천역은 북한의 최남단 지역으로 경원선을 통해 북한의 군사 물자가 대량으로 하역되기도 하였다. 연천역에는 급수탑을 마주보는 선로 건너편에 현재는 이용하지 않고 있는 플랫폼이 하나 있는데 이를 화물 플랫폼이라 부른다. 일반 플랫폼보다 조금 높게 설치된 화물 플랫폼은 한국전쟁 이전, 연천이 북측 영역일 때인 1948년 4월에 만들어졌다. 길이가 240m인 이 오래된 플랫폼은 북한이 전쟁물자, 특히 각종 야포와 전차를 전방 부근까지 수송 배치하기 위해 조성한 것이다.

북한은 1950년 6월 초 개전을 준비하면서 각 사단을 '대기동작전 연습'이란 명분으로 38선 쪽으로 배치했다. 이때 짧은 시간에 부대 및 장비 이동을 가능케 했던 것은 다름 아닌 철도였다. 1950년 4월 15일 「맥아더사령부 정보보고」에 따르면 6월 8일을 기해 북한 전역의 철도는 비상 태세에 들어갔다. 38선을 향하여 남하하는 열차는 줄을 이었고 열차에는 군인, 전차, 포, 차량, 마차 등이 실려 있었다고 기록되어 있다.

당시 인민군 4사단과 제 203 전차연대가 연천-옥계 전선에 전진 배치되었으며 당시 화물 플랫폼을 통해 수송되었던 북한군 T-34 전차는 전쟁 초기 한국군이 감당하기 어려울 만큼 맹위를 떨쳤다. 대전차 로켓이 무력했으므로 한국군은 전차를 저지하기 위해 수류탄을 들고 육탄 공격을 가하기도 했다. 한국전쟁 당시 철도시설은 주요 폭격목표였으므로 연천역 역시 큰 피해를 입었다. 연천읍 주민 조응선 씨는 연천역과 경찰서, 군청, 연천국민학교도 모두 난리 때 파괴돼서 없어졌지만, 왜정 때 있던 그 자리에 모두 다시 지어졌다고 말했다.

연천의 주민들은 한국전쟁 이후 의정부역에서 신탄리역까지 운행하는 경원선 통근열차에 대한 추억을 많이 가지고 있다. 현재는 동두천역과 신탄리역을 왕복하는 통근형 디젤 동차가 운용되고 있으며 운임은 1,000원이다. 연천의 문화유산해설사인 최병수 씨에 따르면 해방 후 연천역에는 일제에 징용자로 끌려갔던 가족을 기다리기 위해 나와 있던 사람들이 많았다고 한다. 끌려간 가족의 생사를 알지 못한 채 역전에 나와 하염없이 기다리며 눈물을 흘렸던 슬픈 시간들이 역사 곳곳에 배어있다는 것이다.

최씨는 60~70년대에는 통학생이 많았다고 술회했다. 자신도 중학교와 고등학교를 서울로 경원선을 타고 통학했는데 통학 시간이 2~3시간이 걸리니까 기차에서 학생들 간에 싸움도 잦았고 추억도 많이 있다고 했다. 당시에는 디젤 차량이 10량 정도 됐으며 석탄 등의 화물차도 싣고 다녔는데 지금은 이용객이 줄어 4량 정도만 운행하고 있다.

2. 신탄리역

신탄리역은 경원선 철도중단점이 있는 곳이다. 동해선 제진역이 신설되긴 했
지만 현재까지 영업노선으로 치면 남한의 최북단에 있는 경원선의 마지막 역
이다. 신탄리역은 1913년 7월 10일 영업을 시작하였다. 1914년에 경원성의 전
구간이 개통되었으니까 신탄리역은 경원선의 완전 개통 이전에 세워진 역이
다. 이 역은 연천역과 마찬가지로 1945년 8·15 광복과 동시에 북한에 귀속되
었다가 1951년 수복되었다. 1950년 한국전쟁 때 소실된 신탄리역 역사는 1961
년 11월
에 현재

경원선 마지막 역인 신탄리역　　신탄리역에 설치된 철도중단역 안내판

의 역사로 다시 건립되었다. 건물은 시멘트 벽돌 조적조로 외관은 붉은색으로 칠해져 있다. 역의 운영은 역무원 9명이 3교대로 일하고 있으며 주말과 휴일에는 역 바로 옆에 있는 고대산 등산객과 실향민, 안보 관광객이 찾아와 이용객이 1,800~2,000명에 이른다.

역 이름인 신탄리新炭里는 역 주위에 있는 자연마을 이름으로, 현재 신서면 대광2리에 속한다. 순우리말로 새숯막이다. 예전부터 고대산의 풍부한 임산 자원을 숯으로 가공하여 생계를 유지했던 마을로 철도가 부설된 뒤로는 숯가공이 더욱 번창했다고 한다. 그러나 '새숯막'이라는 지명이 대광리와 철원 사이에 주막거리가 새로 생겼다 하여 '새술막新酒幕'으로 불리기도 했는데, 한자로 지명을 옮기는 과정에서 '술'을 '숯炭'자로 잘못 표기하였다는 설도 있다.

신탄리역에는 특이하게도 역사 주변 여기저기에 수많은 솟대가 세워져 있다. 역장인 유종일 씨가 직접 깎아 세운 것으로 이색적인 역 풍경을 연출하고 있다. 솟대는 삼한三韓시대에 신을 모시던 장소인 소도蘇塗에서 유래한 것으로 소도에 세우는 솟대立木가 그것이며, 소도라는 발음 자체도 솟대의 음이 변한 것이라는 설이 있다. 농가에서 섣달 무렵에 새해의 풍년을 바라는 뜻에서 볍씨를 주머니에 넣어 장대에 높이 달아맨다. 그리고 이 볏가릿대禾竿를 넓은 마당에 세워 두고 정월 보름날 마을 사람들이 농악을 벌이는데, 이렇게 하면 그 해에 풍년이 든다는 것이다. 또 민간신앙의 상징물인 장승 옆에 장대를 세우고 장대 끝에 새를 나무로 깎아서 달기도 하였다. 신탄리역의 솟대는 장대 끝에 새가 올라앉은 모양들이며 수많은 새는 동서남북 사방을 바라보고 있다. 유종일 역장은 애환이 어린 남쪽의 마지막 철도역에 솟대를 세워 통일과 경원선 철로가 이어지는 날이 하루빨리 오기를 간절히 바라는 마음으로 솟대를 세워 놓았다.

남북분단으로 신탄리역이 임시 시 종착역이 되었으므로 신탄리역에는 소요산까지 왕복하는 통근 열차가 회차 하기 위해 오랫동안 정차한다. 연기를 내뿜으며 경원선의 최북단 지점까지 달려온 통근 열차는 레일 위로 가로걸린 그물벽에 막혀 다시 발길을 돌릴 채비를 하는 것이다.

그물로 막힌 신탄리역 승강장 끝에서 조금 더 철로를 따라 올라가면 철로가 끊긴 곳에 높이 3m의 철제 간판이 철길을 막는다. 휴전선에서 약 9.5km 떨어진 남한 최북단 철로에 세워진 철도중단점이다. 이 철제 간판의 상단부에는 "철마는 달리고 싶다"는 글이 적혀 있다. 이 푯말은 1971년에 세워졌으며 하단부의 검은 철판에는 '용산~신탄리 88km, 신탄리~원산 131km'라고 씌어있다. 철마는 군사분계선을 넘어 북쪽으로 131km 더 달리고 싶지만, 현재 신탄리에서 남방한계선인 월정리까지의 민통선 구간 14.1km는 폐선 상태로 방치되어 대부분 군사용도 및 농로, 경작지 등으로 사용되고 있다.

하지만 2008년 9월부터 북쪽을 향한 선로 복원공사가 시작됐다. 경원선이 끊긴 지 55년 만이다. 공사 구간은 신탄리역에서 강원 철원군 철원읍 대마리까지 5.6km. 대마리에서 민간인통제선까지는 1km도 채 되지 않고 군사분계선까지도 직선으로 5km 남짓한 거리다. 남북의 경원선 단절구간은 신탄리역에서 군사분계선을 넘어 북한의 평강까지 31km에 불과하다. 신탄리역에서 다시 북쪽으로 철마가 달릴 수 있는 날이 결국 올 것이다. 경원선 철도유적은 머지않은 미래에 더욱 귀중한 문화유산으로 자리매김할 것이다.

3. 고대산 폐터널과 역고드름

신탄리역에서 차탄천을 끼고 뻗어있는 3번 국도를 따라 북쪽으로 3.5km가량 올라가면 오른편 고대산의 북쪽 능선 중턱에 자리한 폐터널이 나온다. 연천군 신서면 대광2리에 위치한 이 터널은 1945년 9월 경원선 북한 쪽 구간의 운행이 중단되면서 폐터널이 됐다.

이 터널은 최근 들어 역逆고드름 현상으로 유명해졌다. 석회암 동굴의 석순과 같은 원리인 역고드름은 터널 안의 상부와 하부의 온도 차로 인해 떨어지는 물방울이 바닥부터 결빙되는 현상이다. 역광에 비치는 얼음의 모습이 장관이어서 자연이 빚은 멋진 예술품을 구경하기 위해 해마다 겨울이면 하루 200여 명이 넘게 이곳을 찾는다고 한다. 고대산 등산을 마치고 경원선 폐선부지 답사를 하는 등산객도 많이 있다. 매해 12월 중순부터 2월 중순까지는 역고드름의 현상을 만날 수 있다.

하지만 이 역고드름은 엄밀히 보자면 순수한 자연의 산물은 아니다. 전쟁이 남긴 상처를 자연이 아름다운 예술품으로 승화시킨 것이다. 한국전쟁 중에 철도시설은 양쪽 진영으로부터 집중적인 공격을 받아 만신창이가 되었다. 더욱이 3개월간이나 계속되었던 유엔군의 전략폭격은 철도가 언제나 주 공격목표였기 때문에 피해가 컸다. 그중에서도 터널과 교량의 피해가 심했다. 북한군은 교량과 터널을 탄약집적소나 대피 장소로 이용하였으므로 유엔군의 제1 공격목표가 되었던 것이다.

고대산 폐터널 역시 북한군의 탄약 창고로 쓰였고, 미군의 폭격으로 터널 상부에 영향을 미치게 되었는데 그 후로 겨울이면 천장에 일정한 간격으로 심어져있던 철근 쪽 콘크리트에 균열이 생기며 물방울이 떨어지고, 독특한 자연 현상과 맞물려 역고드름이 형성된 것이다. 폭격으로 예술을 만든 역사의 아이러니인 것이다.

경원선 남북연결을 기원하는 의미로 신탄리역에 세워진 솟대

고대산 폐터널에서는 고드름이 땅에서 솟아올라 길이 50~150cm, 직경 5~30cm의 크고 작은 고드름 수천여 개가 만들어진다. 아름다운 자연의 얼음조각들이 빛과 결합해 영롱한 신비스러움을 연출해 낸다. 고드름의 절경은 2월까지 형성되며 2월 중순에 역고드름이 땅에서 천장까지 닿아 원기둥을 이루는 절정을 볼 수 있다. 폐터널의 역고드름은 남쪽 입구가 아니라 북쪽 입구 쪽에서 만들어지는데 터널 내부보다는 입구 쪽이 더 크고 많다. 이에 대해 연천군이 의뢰한 학자들은 열 분자압력에 의한 서리 융기 현상의 일종으로 추정하고 있다.

하지만 고대산 폐터널은 접근이 쉽지 않은 곳이다. 마른 억새가 무성한 좁은 농로를 어렵게 헤쳐가야 하며 그나마 잘 보이지도 않는 곳에 안내판이 하나 서있을 뿐이다.

경원선 철도중단점을 알리는 철제푯말

역고드름이 있는 고대산 페터널 북쪽 진입로

역고드름이 있는
고대산 페터널 입구

남은 과제

경기도 최북단 중앙에 위치한 연천은 한국전쟁 이후 장남면, 백학면, 왕징면, 중면, 신서면 일부 지역이 군사분계선 안쪽에 해당하는 민간인 출입 통제구역으로 남아 있다. 미수복등기 면적이 연천군 면적의 12.5%인 88㎢에 달할 정도로 분단의 고통이 심한 지역이다. 군사요충지라 전체면적의 98%가 군사시설보호구역으로 묶여있어서 주민들의 개발행위 제한은 물론, 수도권정비법 등 중복규제로 인해 낙후된 지역으로 남아있다. 또한 군부대가 많아서 도시발달이 미약하며 주민의 80% 이상이 유입인구로 구성된 독특한 인구구조로, 인구가 경기도에서 가장 적은 인구 유출 지역이다.

연천군이 군사요충지여서 당하는 고통은 오랜 역사를 통해 반복되어왔다. 연천의 향토사학자이자 문화유산해설사인 최병수 씨는 오랜 역사를 통해 떨쳐버릴 수 없었던 군사요충지로서의 연천의 운명에 대해 말한다. 삼국시대 때도 서로 다투던 곳이라며 당나라 군대가 쫓겨 갔던 통일신라의 마지막 격전지 매소성은 현재 헬기 착륙장이 되어있다고 한다. 또한 3번 국도변의 포 사격장은

조선 세종 때도 군사를 이끌고 자주 찾았던 훈련장이었다는 것이다.

1960년대 이후 불어닥친 근대화·산업화의 물결 속에서도 연천군은 비켜나 있었다. 이쯤 되면 무력 대치로 인한 긴장과 쇠락은 연천이 벗어나기 힘든 굴레처럼 보인다. 그러나 바로 그러한 군사적 이유로 인한 개발의 지체가 현재는 풍부한 문화유산을 비교적 훼손이 적게 간직할 수 있게 만들었다. 문화재를 연구·발굴하는 한 학자는 연천에 묻혀서 여생을 보내고 싶을 만큼 연천은 곳곳에 숨겨진 문화재가 풍부한 곳이다. 고대산 페터널이 역고드름이라는 아름다운 아이러니를 만들었듯이 연천지역에서도 근대와 탈근대적 지역발전을 병행하는 역발상이 필요해 보인다. 그와 같은 방식으로 역사를 자원화할 수 있는 대상 중의 하나가 경원선 철도유적이 될 것이다. 통일을 대비한 남북연결 철도의 전진기지로서의 연천의 철도유적은 더욱 중요하다.

현재 경원선 복원과 관련해서는 연천역까지의 경원선 전철 연장사업이 추진되고 있으며 남북교류 확대와 통일을 대비한 철도기반시설 구축 차원에서 신탄리에서 대마리에 이르는 노선복원공사가 이미 진행 중이다. 이와 같은 노력들은 경기 북부지역의 경제 활성화라는 지역의 숙원을 넘어 통일시대를 대비한 한반도종단철도(TKR)라는 국가적 교통망 인프라 구축사업으로 구체화 되고 있다. 또한 이는 더 나아가 중국횡단철도(TCR)와 시베리아횡단철도(TSR)를 거쳐 유럽을 잇는 철의 실크로드라는 거대한 미래구상으로 성큼 나아가고 있다.

경원선의 경우 신탄진에서 군사분계선 너머 북한의 평강까지 철도단절구간 31km를 연결하게 되면 안진이나 청진을 거쳐 두만강역과 러시아 핫산역을 경유하여 시베리아횡단철도와 연계가 가능하다.

기술의 발달로 인해 에너지 효율이 높고 저공해의 친환경 교통수단이 된 철도는 한때 근대의 표상이었지만 '저탄소 녹색성장'의 시대를 맞아 미래교통수단으로 다시 부상하고 있다. 앞으로 철도의 역할은 더 증대될 것이다. 이와 더불어 철도와 관련된 유적 역시 그 문화적 가치를 재평가받을 듯하다. 남북 철도연결 및 유라시아를 잇는 철의 실크로드는 그 경제적 필요성으로 인해 '내일이 아닌 오늘'이 될 것이며 군사적 대치 관계 역시 완화 및 해소될 것이다. 그에 따라 군사요충지로서의 연천의 비극은 언젠가 희극이 될 날이 온다. 연천의 철도문화유적의 보존 및 활용은 조급한 근시안적 개발방식이 아니라 미래를 차분히 내다보는 장기적 포석이 필요하다.

| 도움말 주신 분 |

이윤승 연천문화원 사무국장
최병수 문화유산해설사
조응선 신망리주택 주민
김중일 신탄리역 직원

| 참고자료 |

연천군지편찬위원회, 『연천군지』, 경기출판사, 2000
『경기도 근대문화유산 조사 및 목록화 보고서』, 2004
『한국철도100년사』, 철도청, 1999
『연천지역연구』, 경기개발연구원, 2001
박명림, 『한국전쟁의 발발과 기원 Ⅰ·Ⅱ』, 나남출판, 1996
이웅현 편, 『동아시아 철도네트워크의 역사와 정치경제학 Ⅰ·Ⅱ』, 리북, 2008

경기그레이트북스 ⑲
경기도 근현대 생활문화 II

초판 1쇄 발행 2019년 12월 23일

발 행 처 경기문화재단
        (16614 경기도 수원시 권선구 서둔로 166 생생 1990)
기 획 경기문화재단 경기학연구센터
집 필 양훈도
편 집 진디자인 (전화 031-256-3614)
인 쇄 우리들행복나눔 인쇄사업단 (전화 031-442-0470)

ISBN 979-11-958557-4-2 04900
      979-11-958557-1-1 (세트)